나는
오늘부터
나를
믿기로
했다

THE CONFIDENCE CODE
Copyright © 1st edition
Published by arrangement with HarperCollins Publishers
All rights reserved.

Korean translation copyright © 2014 by WINNER'S BOOK
Korean translation rights arranged with HarperCollins Publishers,
through EYA(Eric Yang Agency)

이 책의 한국어판 저작권은 EYA(Eric Yang Agency)를 통한
HarperCollins Publishers사와의 독점계약으로 위너스북에 있습니다.
저작권법에 의하여 한국 내에서 보호를 받는 저작물이므로 무단전재와 복제를 금합니다.

자신이 없어서 늘 손해만 보는 당신에게

나는 오늘부터 나를 믿기로 했다

케티 케이, 클레어 시프먼 지음
엄성수 옮김

절대로 고개 떨구지 마라.
고개를 쳐들고 세상을 똑바로 바라보라.

_ 헬렌 켈러

20년간 세계에서 가장 영향력 있는
여성들과의 인터뷰를 통해 밝혀낸 자신감 코드

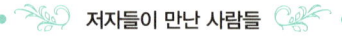
저자들이 만난 사람들

크리스틴 라가르드 IMF 총재

"나는 눈빛이나 행동만 봐도 그 여성이 이미 준비가 된 여성이란 걸 알 수 있어요. 단지 과감히 손을 들어 세상에 기여할 용기를 내지 못하고 있을 뿐이죠. 과감히 달라져야 합니다. 여성들은 남성들과 다르다는 그 자체에 자신감을 가질 필요가 있어요."

셰릴 샌드버그 페이스북 최고운영책임자

"지금도 저는 자다가 깨면 사기꾼이 된 듯한 기분이 들곤 해요. 내가 지금의 위치에 있어도 되는지 확신이 안 서는 거죠."

힐러리 클린턴 전 미국 국무 장관

"실패를 감수하는 건 쉽지 않은 일이에요. 저 역시 2000년 상원의원 출마를 고민할 때 혹시 선거에서 질까 두려웠죠. 그때 한 고등학교 여자 농구 코치가 이렇게 말하더군요. '선거에서 지면 진 거지. 그게 무슨 상관이에요? 미즈 클린턴, 과감하게 출마하세요. 과감하게요!' 그 말에 출마를 결심했죠."

앙겔라 메르켈 독일 총리

"지나치게 많은 준비를 하고, 문제를 철두철미하게 파악해서 실수를 하지 않으려 하는 것도 사실 자신감 부족에서 오는 면이 있어요. 그리고 이런 습관은 시간을 엄청 잡아먹죠!"

발레리 재럿 오바마 미국 대통령 선임 고문

"여성들은 스스로 자신을 낮춰야 한다고 배우고 있어요. 나는 그 모든 게 놀이터에서 시작되고, 사회에 나가서 더 강화된다고 생각해요. 우리 여성들은 뭔가를 요구하려면 그럴 만한 자격을 완벽하게 갖출 때까지 기다려야 한다고 믿어요."

크리스틴 길리브랜드 미국 상원의원

"여성이 남성처럼 되길 원해선 안 됩니다. 여성들 스스로 자신의 강점을 자랑스러워해야죠. 여성들은 어떤 면에서도 남성들에게 꿀릴 게 없다는 걸 자각해야 해요. 성공하려면 어떤 것이 필요한지 알아야 하고 또 그걸 완전히 이해할 수 있어야 해요."

• CONTENT •

저자들이 만난 사람들 • 6
프롤로그 • 10

CHAPTER 1   진짜 내 모습을 찾아서   • 29

흔들리지 않는 자신감을 찾아서 32 | 운 때문이라고? 39 | 용기를 짜내야 하는 순간 44 | 생각만 하는 여자, 요구해서 얻어내는 남자 49 | 나는 왜 결정적인 순간에 망설일까 55 | 능력보다 자신감이 더 중요하다고? 61 | 자신감은 주어진 상황을 대하는 태도다 66

CHAPTER 2   조금만 생각하고 더 많이 행동하기   • 69

확신이 있어야 기다릴 수 있다 73 | 여자를 불안하게 만드는 것들 79 | 장군의 자신감을 배우다 83 | 자신감이 뭐라고 생각하세요? 87 | 비슷하지만 다른 자신감의 사촌들 89 | 생각을 멈추고, 행동에 나서라 99 | 약간 지나친 자신감이 가장 좋다 104

CHAPTER 3   자신감도 선택할 수 있을까   • 109

자신감을 타고난 사람들 112 | IQ보다 중요한 자신감 118 | 자신감에 영향을 미치는 호르몬들 123 | 본성이냐, 양육이냐 129 | 민감성 유전자를 가진 사람들 133 | 스스로 탄력성을 기를 수 있다 136 | 유전자에 휘둘리지 않기 141

CHAPTER 4   나는 왜 착한 여자가 되었나   • 145

인생이 계속 초등학교 시절만 같다면, 여성들은 세계를 지배할 것이다 150 | 경쟁을 두려워하지 않는 습관 154 | 미움받기 싫은 마음 162 | 고정관념은 나를 더 긴장시킨다 165 | 여자들은 거울 사용법을 모른다 168 | 호감을 사고 있을 시간이 없다 172 | 지나치게 생각하고 곱씹는 습관 181 | 테스토스테론은 왕의 자신감을 줄까? 186

CHAPTER 5   실패할 줄 알아야 성공도 할 수 있다 • 193

충분히 실패하기 *200* | 무엇이든 배울 수 있다는 믿음 *206* | 남들과 다름을 받아들이기 *208* | 칭찬에 휘둘리지 않기 *213* | 한 방에 해결할 수는 없지만 *217*

CHAPTER 6   작은 일부터 시작하기 • 221

잘못된 결정이라도 해야 한다 *225* | 신경 회로를 변화시키기 *229* | 부정적인 생각 털어내기 *232* | 생각을 내 편으로 만들기 *235* | 나에게 집중하는 것이 최선은 아니다 *238* | 사람들은 각자 자기 생각으로 바쁘다 *240* | 칭찬에 감사하는 법을 배우자 *244* | 자신감은 내 손으로 만드는 것이다 *246* | 끝을 올리지 않고 말하라 *248* | 자신감을 높이는 습관들 *254*

CHAPTER 7   딸에게 자신감을 물려주자 • 259

결과 대신 과정을 칭찬하라 *263* | 혼자 힘으로 버스 타기 *265* | 나의 불안을 아이에게 지우지 말기 *267* | 완벽하지 않아도 괜찮아 *269* | 점수 대신 큰 그림을 보라 *273* | 뚜렷한 목표를 갖는 법 *275* | 잘한 일은 알려라 *280* | 팔꿈치로 한번 쿡 찔러주기 *286*

CHAPTER 8   나만의 자신감을 찾다 • 291

자신감의 모습은 서로 다를 수 있다 *298* | 스스로의 롤모델이 되기 *303* | 달라질 땐 과감하게 *306* | 적게 생각하라. 행동에 나서라. 진실해져라 *309*

감사의 글 • *311*
Notes • *321*
참고 도서 • *326*
주요 인명 원문 표기 • *327*

프 • 롤 • 로 • 그

세상에는 다른 사람들보다 한결 돋보이게 만드는 '그것'을 가진 사람들이 있다. 그것이 무엇인지에 대해 쉽게 정의 내리긴 힘들지만, 누구든 보면 금방 알 수가 있다. 그것이 있다면 온 세상을 떠안을 수도 있다. 반면, 그것이 없는 사람은 출발 지점에서 한 발짝도 앞으로 가지 못한 채, 자신의 잠재력을 펼칠 기회조차 없게 된다.

스물여덟 살이 된 수전은 '그것'을 많이 가지고 있었다. 물론 대부분의 사람들처럼, 그녀 역시 사람들 앞에 나가 말하길 매우 두려워했다. 할 말은 많았지만 스포트라이트를 받는 걸 원치 않았기 때문이다. 연설을 앞두고 있으면 언제나 걱정이 되었고, 혹시나 실수를 해서 조롱을 당하진 않을까 두려워 며칠씩 잠을 못 이루던 일을 친구들에게 털어놓기도 했다.

하지만 그녀는 포기하지 않았다. 한 뭉치나 되는 노트로 철저히 대비를 하고, 감각적인 옷차림으로 스스로를 보호한 채, 불안감에 맞서 싸운 것이다. 심지어 가끔은 삐딱한 눈으로 자신을 바라보는 남자들 앞에서 논란을 불러일으킬 만한 메시지를 전달하기까지 했다. 그녀는 분명히 알고 있었다. 두려움을 극복하지 않고서는 자기 일을 잘해낼 수 없다는 것을.

수전 B. 앤서니는 결국 그 두려움을 극복했고, 매우 설득력 있는 대중 연설가가 되어, 미국 여성 참정권의 대모로 불리게 된다.

그녀는 여성의 투표권을 쟁취하기 위해 50년간 노력했다. 그리고 1906년 그녀가 세상을 떠난 후 14년이 지나서야 미국 여성들은 투표권을 쟁취하게 된다.

그녀에게도 이런저런 약점은 있었다. 자신의 목표가 쉽게 손 닿지 않는 먼 곳에 있다는 사실 또한 잘 알고 있었다. 하지만 그런 것들은 그녀에게 조금도 문제가 되지 않았다.

오늘날의 상황으로 가보자. 파키스탄의 여자아이들은 매일 등굣길에 나서기 위해서 바로 '그것'이 필요하다. 상상해보라. 열두 살 난 어린 소녀가 탈레반에 맞서 교육개혁을 요구하거나, 블로그에 지금 주변의 학교들이 폭파되고 있다는 사실을 올리려면 얼마나 큰 용기가 필요하겠는가. 어린 소녀의 몸으로 이슬람 극단주의자들에 의해 버스에서 끌어내려지고, 머리에 총을 맞고 심지어 죽음 직전까지 가서도 소신을 굽히지 않으려면 정말 대단한 용기가 필요하다.

말랄라 유사프자이는 분명 그런 용기를 가진 소녀다. 탈레반이 자신을 죽일 거라는 성명을 발표했을 때도 그녀는 눈 하나 깜박하지 않고 이렇게 말했다. "전 또렷이 머릿속에 그런 상황을 그려보곤 했어요. 설사 그들이 다가와서 죽이려 한대도, 전 분명히 말할 거예요. 당신들이 하려는 일은 잘못되었고, 교육은 우리의 기본적인 권리라고요."

하지만 말랄라 유사프자이의 내면에는 용기 말고도 다른 무언가가 있다. 그녀의 저항 정신을 활활 타오르게 하고, 계속 앞으로 나아가게 만드는 '그 무엇' 말이다. 거대한 장애물이 앞을 가로막아도, 그녀에게는 해낼 수 있다는 남다른 믿음이 있었다.

수전 B. 앤서니와 말랄라 유사프자이. 1세기라는 시간의 차이가 있지만, 두 여성은 같은 믿음을 공유하고 있다. '자신이 마음먹고 시작한 일은 어떻게든 해낼 수 있다'는 믿음 말이다. 그들이 공통적으로 가지고 있는 것은 바로 자신감이다. 자신감의 힘은 아주 강력하다. 그리고 살아가는 데 꼭 필요한 것이지만, 안타깝게도 여성들에게는 그것이 놀랄 만큼 부족하다.

자신감은 한마디로 단정 짓기 어려운 개념이다. 그래서 우리는 2008년 《위미노믹스Womenomics》를 쓰기 시작한 이후 자신감이란 단어에 사로잡혀 있었다. 우리는 여성들 앞에 펼쳐진 긍정적인 변화들을 열심히, 또 자세히 들여다보았다.

각종 자료에 따르면, 기업 내에서 여성의 비중은 놀랄 만큼 커졌다. 직장 업무와 집안일 사이에서 균형을 잡으며 성공한 사례도 늘었다. 하지만 실제로 자기 분야에서 뭔가를 이뤄낸 수십 명의 여성들을 만나 얘기하는 과정에서, 우리는 정체를 알 수 없는 그림자에 계속 부딪치는 느낌이 들었다. 어떤 힘이 우리 여성들을 더 이상 앞으로 나가지 못하게 가로막고 있는 것이었다.

한 여성 투자은행가는 놀라운 실적을 올리고 있었고, 실제로 그에 걸맞은 승진을 한 상태였다. 하지만 그럼에도 불구하고, 자신은 사실 그럴 만한 자격이 되지 않는다고 말했다. 그녀는 왜 그런 말을 했을까? 한 여성 엔지니어는 자기 분야에서 수십 년간 선구자적인 길을 걸어왔으며, 고속 승진까지 했다. 하지만 자신이 정말 새로 시작하는 회사의 대형 프로젝트를 맡을 최적임자인지 확신이 서지 않는다고 했다. 이건 또 무슨 뜻일까?

우리 두 사람은 지난 20년간 미국 정책 전반에 대해 조사해온 덕분에 미국을 비롯해 세계에서 가장 영향력 있는 여성들을 만나 인터뷰를 할 수 있었다. 사람들이 흔히 자신감이 넘쳐날 거라고 생각하는 여성들 틈에 끼어 살다시피 한 것이다. 그런데 막상 새로운 관점으로 더 자세히 그들을 들여다보면서 우리는 놀랄 수밖에 없었다. 미국을 움직이는 주요 분야에서 맹활약 중인 여성들이 보여준 의외의 모습 때문이었다.

우리가 만난 여성들은 성공한 기업 CEO부터 국회의원에 이르기까지 자기 분야에서 최정상에 올라 있었다. 하지만 하나같이 자신이 그 자리에 오를 만한 자격이 부족하다며 이해하기 힘든 자기 회의감을 드러냈다. 객관적으로 그들은 정말 놀라운 능력을 가지고 있음에도 불구하고 배짱 같은 건 찾아볼 수 없었고, 자기 능력에 대한 확고한 믿음도 없어 보였다. 성공한 여성들이 이런 상황이라면, 우리 같은 나머지 여성들이야 오죽하겠는가.

마음속의 생각을 그대로 꺼내 놓으면 바보 같아 보이거나 혹은 허풍을 떠는 것처럼 보일지 모른다는 두려움. 나의 성공은 예상치 못한 일이라는, 아니면 자신에게 과분한 일이라는 느낌. 위험을 무릅쓰고 무언가 어렵고 도전적인 일을 할 경우, 안전하지 못할 수 있다는 걱정. 여성이라면 이런 불안한 느낌들을 잘 알 것이다.

누구나 가끔은 과감하게 말하지 못하고 엉거주춤 망설인다. 몇 년 전 우리는 저녁 식사를 마치고 자신감의 수준에 대해 이야기를 나누었는데, 그때도 여성들에게 특유의 망설임이 있음을 확인할 수 있었다.

그중 케티는 뛰어난 성적으로 일류 대학을 졸업하고 여러 나라의 언어를 구사하는 재원이었다. 하지만 마음속으로는 늘 자신이 언론계에서 최고의 자리에 앉기 위한 경쟁에 뛰어들 만큼 지적이지 않다고 생각했다. 클레어는 케티가 그런 생각을 하고 있다는 사실을 믿기 힘들었고, 실제로 터무니없는 생각이란 걸 잘 알았다. 그러면서도 자신 또한 여러 해 동안 중요한 문제에선 늘 잘나가는 주변 남자 기자들의 의견을 따랐다는 사실을 부인할 수 없었다. 남자 기자들은 훨씬 목소리도 크고 늘 확신에 차 보였다. 그런 이유로 그들이 자신보다 더 잘 알고 있다고 생각한 것이다. 그녀는 남자 기자들이 텔레비전에 더 많이 얼굴을 내미는 것도 당연하다고 믿었는데, 거의 무의식적으로 그렇게 받아들였다.

그런데 정말로 그 남자 기자들이 더 자신감이 많았던 걸까? 의문은 계속 이어졌다. 근본적으로 여성은 남성보다 자신감이 적은 것일까? 성공한 여성들에게서 발견한 놀라운 사실은 그저 일부의 사례일 뿐일까? 대체 자신감이란 무엇이며, 우리가 무엇을 할 수 있게 만들까? 행복한 삶을 사는 데 자신감은 얼마나 중요할까? 성공하는 데는? 자신감은 타고날까? 노력하면 자신감이 더 커질 수 있을까? 지금 우리는 아이들에게 자신감을 심어주고 있을까 아니면 자신감을 없애고 있는 걸까? 이 모든 것들이 우리가 달려들이야 할 과제였다.

우리는 애초에 생각했던 것보다 더 많은 영역을 살펴볼 필요가 있었다. 많은 여성들을 만나 인터뷰하고 대답을 들으면서, 자신감이란 것은 삶에 꼭 필요한 요소일 뿐 아니라 예상 외로 복잡한 개념임을 확신하게 되었기 때문이다.

우리는 쥐와 원숭이를 연구하는 학자들을 만나서 이들에게 자신감이 어떤 형태로 나타나는지 알아보았다. 자신감이란 태어날 때부터 이미 DNA 속에 들어 있다고 말하는 신경학자들과도 만나서 대화를 했다. 어떤 심리학자들은 우리가 내리는 각각의 모든 결정들이 모여서 자신감으로 나타난다고 말했다. 스포츠 코치들도 만났는데, 그들은 자신감을 부단한 노력과 훈련의 결과로 바라보았다.

확고한 자신감을 가진 여성과 자신감이 많지 않은 여성들을 찾아가 의견을 구하기도 했다. 그리고 여성들의 사장, 친구, 배우자인 남자들과도 만나서 이야기를 나눴다. 그 과정에서 우리는 남성과 여성의 자신감이 결국 다르지 않다는 사실을 알게 되었다. 다시 말해, 자신감에 관한 한 남성과 여성의 유전학적 특징은 별 차이가 없었다. 그런데 여성들에게서 한 가지 문제점이 발견되었다.

지금까지 여성들은 묵묵히 정해진 규칙들을 따라왔다. 그 결과 어떤 부분에서는 발전이 있었지만 아직 우리가 오를 수 있는 높이까지 오르지는 못한 것이 사실이다. 여성에 대한 편견이 있는 사람들은 그 이유가 '여성들이 높은 자리에 오를 만큼 유능하지 못하기 때문'이라고 말한다. (하지만 개인적으로 우리는 무능한 여성들을 별로 보지 못했다.) 또 어떤 사람들은 자녀가 여성들에게 있어서 우선이기 때문이라고 주장한다. 맞는 말이다. 적어도 현재의 상황에서 그 말은 어느 정도 일리가 있다. 집안일과 직장 일 사이에서 갈등하게 될 경우, 모성 본능 탓인지 여성들의 머릿속이 복잡해지는 것은 사실이니까. 반면 남성들은 그런 식의 갈등을 여성만큼 심하게 겪지 않는다. 또 많은 사람들은 여성들에게 불리하게 작용하는 문화적·제도적 장애들을 지적하기도 한다. 그 역시 맞는 말이다. 하지만 이 모든 주장에는 더 중요한 한 가지가 빠져 있다. 바로 여성들에게는 '자기 신뢰'가 부족하다는 사실 말이다.

그런 현상은 주변에서 쉽게 볼 수 있다. 회의실의 한 장면을 떠올려보라. 멋진 아이디어가 넘치는 총명한 여성들도 좀처럼 손을 들지 않는다. 뛰어난 지도자의 자격을 갖춘 열정적인 여성들조차 자신에게 표를 달라거나 선거 자금을 모금해달라고 요청하는 일을 불편해한다. 의식 있는 엄마들도 직접 학부모회의 회장으로 나서기보단 다른 누군가를 추천하면서 스스로는 뒤에서 묵묵히 일할 뿐이다.

남성들은 자신이 적임자가 아니라는 사실을 아는 순간마저도 자신감을 보이는데, 왜 여성들은 자신이 적임자라고 생각하면서도 자신감이 부족해 보일까?

여성들의 자신감 부족 현상은 일터에서 공적인 업무를 추진할 때 가장 확연히 드러난다. 그뿐 아니다. 심지어 가정생활 전반에도 영향을 미치는 바람에, 스스로 생각해도 자신 있다고 느끼는 분야에서까지 제 능력을 발휘하지 못하게 된다.

이런 경우는 어떨까? 당신은 가장 친한 친구의 생일 파티에서 멋지고 사려 깊은 건배사를 하고 싶다. 하지만 30명에 가까운 사람들 앞에서 말한다는 생각만으로도 식은땀이 나기 시작한다. 결국 주눅 든 목소리로 중얼거리듯 아주 짧은 몇 마디를 하고, 친구를 위해 제대로 된 건배사조차 해주지 못했다는 자책감과 아쉬움만 남게 된다. 대학 시절에는 늘 과대표로 출마하고 싶었지만, 다른 사람들에게 나를 뽑아달라고 부탁하는 게 너무 거만한 일로 느껴져 포기하곤 했다. 또 구태의연한 성차별 의식으로 정말 짜증나게 만드는 시동생에게도, 공격적인 여성으로 오해받을까 두려워 정식으로 따끔하게 말 한마디 못하고 있다.

그동안 당신이 말하고 싶었던, 혹은 하고 싶었지만 차마 못했던 모든 것들을 떠올려보라. 늘 당신을 가로막았던 그것의 정체가 자신감 부족이었음을 느끼는가?

자신감이 부족한 사람은 늘 실현시키지 못한 욕구들 속에서 허우적거리게 된다. 또 완전한 무력감에 빠져 포기가 될 때까지 머릿속에서 계속 핑곗거리나 찾는다. 하지만 이건 정말 사람의 진을 빼고, 좌절감이 들게 하고, 가슴을 답답하게 만드는 일이다. 그런데 만일 이 모든 것들에 대한 불안감과 조바심을 싹 몰아낼 수 있다면 어떨까? 정말 멋진 일 아닐까? 당신이 직장에 다니든, 다니지 않든 혹은 직장에서 최고의 위치에 오르고 싶어 하든 단순한 파트타임 일을 원하든 관계없이 말이다.

기본적으로 우리 여성에게 필요한 것은 위험을 무릅쓰고라도 일단 행동에 나서고, 실패도 맛보고, 중얼거리듯 말하거나 사과하거나 얼버무리는 걸 그만두는 일이다. 여성들에게는 이미 성공하는 데 필요한 능력이 충분하다. 다만 자신이 성공할 거라는 믿음이 없어서 시도조차 못하고 있을 뿐이다.

여성들은 모든 걸 제대로 해야 한다는 생각이 지나치게 강하다. 늘 무언가가 잘못되면 어쩌나 하며 두려워하고 있다. 하지만 위험을 감수하지 않고서는 절대 다음 단계로 올라설 수가 없다. 자신의 분야에서 경지에 오른 21세기 여성이라면, 자신에게 충분한 능력이 없으면 어쩌나 하는 걱정은 그만 접는 것이 맞다. 이제 자신을 믿고 행동에 나서는 데 더 많은 시간을 쏟아야 한다. 여성들의 능력은 이미 충분히 검증되었다.

얼마 전, 영국 경제 전문지 〈이코노미스트〉는 여성들이 경제적 권한을 쥐게 된 일이야말로 우리 시대의 가장 큰 사회적 변화라고 밝혔다. 지금 미국에서는 남성들보다 더 많은 수의 여성들이 대학에 가고, 학위 역시 더 많이 받고 있다. 또 여성들이 가장 영향력 있는 몇몇 기업들을 운영하고 있기도 하다. 현재 전 세계적으로 무려 17명의 여성이 국가의 최고 지도자 자리에 앉아 있다.

현재 미국은 전체 소비자 지출의 80퍼센트 이상을 여성들이 좌지우지하고 있고, 2018년에 이르면 여성들의 수입이 남편들의 수입을 앞지를 전망이다. 여성들은 현재 노동 인구의 절반을 차지하며, 부족한 중간 관리자들의 자리를 메우는 역할을 하고 있다. 요즘처럼 우리 여성들의 능력과 잠재력이 확연히 드러난 때는 없었다. 만일 당신이 사회 변화를 잘 따라가고 있는 여성이라면, 세밀하게 주변의 상황을 들여다보라. 지금 세상이 여성에게 유리한 쪽으로 움직이고 있음을 알게 될 것이다.

그럼에도 불구하고, 아직 갈 길은 멀다.

최고의 자리에 오른 여성의 수는 아직 미미하다. 그나마 아주 조금씩 늘고 있는 상황이다. 전체적으로 본다면, 여성들의 재능은 아직 제대로 구현되지 못하고 있다. 어쩌면 지금 여성들은 진흙탕 속에 빠져 있는지도 모른다. 자신이 할 수 있는 일이 무엇인지 알지 못하고, 심지어 머릿속에 그려보지도 못하는 것이다. 여성 정치 운동가 마리 월슨의 한마디가 정곡을 찌른다.

"남성의 경우, 미래의 자기 위치를 상상하며 거울을 볼 때 거울 속에서 상원의원이 자신을 쳐다보고 있는 걸 봅니다. 하지만 여성은 절대 그 정도까지 뻔뻔하거나 대담하지 못하죠."

여러 면에서 자신감 탐구의 출발점으로 삼을 만한 말이다. 그리고 아마 많은 여성들이 이 의견에 공감할 것이다. 왜냐하면 우리 여성들이 '과묵했던' 이유와 불안감을 느끼는 이유를 완벽하게 압축하고 있기 때문이다.

여기에 우리는 이 말을 보태고 싶다. "설사 자기 분야에서 최고의 자리에 오른다 해도, 우리 여성들은 스스로 그걸 인정하지 못하죠. 거울을 보면서 자신의 성공을 만끽하지도 못하고요."

높은 지위에 오르고 많은 사람들에게서 존경받는 여성들조차 자신이 그 자리에 걸맞은 인물이 못 된다는 사실이 밝혀질까 불안해한다. 게다가 그런 불안감은 성공과 함께 사라지지도 않는다. 오히려 높은 지위에 오를수록 더 커지는 경우가 많다.

페이스북의 최고운영책임자 셰릴 샌드버그는 자신의 저서 《린인 Lean In》이 발간되기 1년 전, 우리에게 이런 말을 했다. "지금도 저는 자다가 깨면 사기꾼이 된 듯한 기분이 들곤 해요. 내가 지금의 위치에 있어도 되는지 확신이 안 서는 거죠."

우리 두 사람 역시 다르지 않았다. 그녀와 마찬가지로 몇 년간 계속 우리가 성공한 건 순전히 운이거나, 아니면 누군가의 호의 덕분이라고 생각했기 때문이다. 우리가 일부러 자기 비하를 하려고 그랬던 것도 아니다. 정말로 그렇게 믿었던 것이다. 과연 우리에게 현재의 성공을 누릴 자격이 있는 걸까?

여성들의 자신감은 다소 맥 빠지는 형태로 꼬리를 감추곤 한다. 이른바 '사기꾼 증후군'이라 불리는 심리적 현상에 대한 책을 다수 쓴 웰슬리대학의 사회학 교수 페기 매킨토시는 자신이 참석했던 한 학회에서의 일을 생생히 기억한다. "본회의에서 열일곱 명의 여성들이 연이어 연설을 했는데요. 그 열일곱 명 모두 사과성 발언 혹은 부인성 발언으로 연설을 시작했어요. '저는 단지 한 가지 얘기를 하려 하는데요.' 아니면 '제가 이 문제에 대해 많은 생각을 해본 적은 없는데요.' 또는 '이 말이 정확한 건지는 잘 모르겠는데요.' 이런 식이었죠. 더욱이 그 자리는 여성의 리더십을 주제로 한 학회였는데 말이죠."

통계자료를 보면 더 암울하다. 남성들과 달리 여성들은 대개 승진할 때가 되어도 아직 준비가 안 됐다고 생각하며, 시험에서 더 안 좋은 결과를 예상하고, 각종 설문 조사에서도 하나같이 자신이 하는 일에 자신감을 보이지 않는다.

왜 이런 일이 벌어지는 걸까? 하나의 실마리는 우리가 실제 세상 속 '게임 룰'을 제대로 이해하지 못했기 때문이다. 오랜 세월 동안 여성들은 이렇게 길들여져 왔다. 더 열심히 일하고 문제만 일으키지 않는다면, 언젠가 자신의 재능이 빛을 발할 것이고 그 보상을 받게 될 거라고.

하지만 막상 그 시기가 오면 남성들이 먼저 승진해버리고 더 좋은 대우를 받는 모습을 지켜보게 된다. 물론 여성들은 이미 알고 있다. 남성들이 더 능력 있어서 이런 일이 벌어지는 것은 아니며, 실은 우리보다 능력이 떨어지는 경우도 많다는 사실을 말이다. 단지 남성들은 왠지 모를 안도감을 주고, 그래서 더 눈에 띄고 더 많은 보상을 받는 것뿐이다. 그렇다면 남성들에게서 느껴지는 안도감의 실체는 무엇일까?

그것은 바로 자기 확신, 즉 자신감이거나 아니면 적어도 자신감의 형태를 띤 그 무엇이다. 그런데 이상하게도 남성들이 보여주는 자신감은 대부분의 경우 여성들에게는 아주 낯선 데다가 전혀 마음에 와 닿지 않는다.

남성들은 대개 대화를 지배하려 하고, 회의 때 자신의 존재감을 과시하지 못해 안달한다. 자기주장을 펴기 위해서 다른 사람의 말을 끊는 것은 기본이고, 심지어 자신의 업적을 자기 입으로 내세우기까지 한다. 하지만 대부분의 여성들은 이런 일을 하는 것이 불편하다고 느낀다. 그런 전략을 구사하려고 애쓰는 여성들도 더러 있긴 하지만, 대개는 얼마 지나지 않아 그런 전략이 여성에게는 적절치 않다고 깨달을 뿐이다.

물론 세상에는 이미 자신감 코드를 스스로 풀어낸 여성들도 있다. 하지만 지금도 많은 수의 여성들은 자신들이 처한 문제조차 깨닫지 못하는 것이 현실이다. 따라서 우리가 이 책에서 가끔 여성을 일반화해서 얘기하더라도 양해해주기 바란다. 어찌 되었든 우리는 이 자신감의 문제를 넓고 깊게 파고들어갈 것이다. 이 문제는 분명 그럴 만한 가치가 있다.

우리 사회를 시배하는 남성들이 흔히 보여주는 자신감 모델이 여성들에게 맞지 않는다고 느낄 수도 있다. 또 실제로 주어진 현실 역시 여성들에게 녹록치 않아 보이기도 한다. 하지만 그럼에도 불구하고 자신감을 찾는 일을 포기하기엔, 그 대가가 너무 크다. 여성들이 잡지 못하고 놓치는 기회가 워낙 많기 때문이다. 각종 학술 논문을 분석하고 인터뷰 대본들을 면밀히 검토하고 나서, 우리는 이런 결론에 도달했다. 지금 우리 여성들에게 필요한 것은 자신감의 청사진, 그러니까 자신감 코드이며, 의지만 있다면 얼마든지 그것을 통해 올바른 길로 나아갈 수 있다.

한 비영리 단체에서 기금 모금에 뛰어난 능력을 발휘하고 있는 바네사의 사례를 보자. 최근 그녀가 속한 단체의 장은 인사고과 문제로 바네사를 불렀다. 이미 많은 기금을 모금한 그녀는 많은 격려와 칭찬을 받을 거라 내심 기대했다. 그런데 막상 면담은 그녀가 현실을 직시하도록 만들었다. 물론 기금 모금에 바네사가 뛰어난 능력을 발휘한 것은 사실이었다. 하지만 정말 그 조직에서 중책을 맡고 싶었다면, 직접 이런저런 의사결정을 했어야 했다. 그녀의 보스는 이렇게 말했다.

"그 결정이 옳든 그르든, 그건 문제가 아니에요. 당신 팀 동료들이 '당신이라는 사람은 어떤 결정을 내리고 끝까지 그걸 밀어붙일 수도 있다'고 믿어야 해요."

바네사는 귀를 의심하지 않을 수 없었다. '옳고 그른 건 문제가 아니라니?' 대부분의 여성들이 그렇듯, 그녀는 보스의 그런 생각 자체가 용납되지 않았다. 하지만 시간이 지나 바네사는 보스의 말 속에 숨은 진실을 깨닫게 되었다. 사실 그녀는 늘 완벽해야 한다는 생각, 그러니까 완벽하게 옳아야 한다는 생각에 집착했다. 그래서 이런저런 결정, 특히 시간을 다투는 결정들을 제대로 내리지 못하고 있었던 것이다. 정말 많은 여성들이 그렇듯이, 바네사는 완벽주의자다. 하지만 그녀의 조직은 그렇게 완벽을 추구하고, 하루 8시간 내내 죽어라 일하길 바란 것이 아니었다. 그녀는 정작 필요한 단호한 행동들을 못하고 있었던 것이다.

사실 자신감에는 그야말로 수수께끼 같은 면들이 있다. 게다가 자신감에 대해 알게 된 사실들은, 우리가 처음에 예상했던 것과 전혀 달랐다.

우선, 자신감은 허세와 다르다. 자신감은 마음속에만 있는 것도 아니고 훈련을 통해 높일 수 있는 것도 아니었다. 그리고 무엇보다 놀라운 것은 성공과 가장 밀접한 관련이 있는 덕목은 능력보다 오히려 자신감이라는 사실이었다. 좀 더 쉽게 말하자면, 성공하기 위해서는 능력도 필요하지만, 더 중요한 것은 자신감이 있어야 한다는 것이다. 더 나은 능력을 갖추기 위해 평생을 노력해온 우리로서는 정말 당혹스러운 발견이었다.

더 당혹스러운 발견은 따로 있었다. 바로 어떤 사람들은 다른 사람들보다 더 큰 자신감을 갖고 태어난다는 사실이었다. 자신감의 일부는 유전적인 것이기 때문이다. 우리는 그것이 사실인지 확인하기 위해 심지어 유전자 검사를 받아보기도 했다. 그에 대해서는 나중에 공개하기로 하고, 일단 그 결과가 아주 놀라웠다는 얘기만 하고 넘어가겠다.

하지만 정말 중요한 것은 우리가 '어떻게 살아가는지'에 따라 애초에 정해진 자신감의 틀이 놀랄 만큼 변화한다는 것이다. 최근 연구 결과에 따르면, 인간은 자신의 뇌를 변화시킬 수가 있다. 그리고 그 결과, 생각하고 행동하는 것 역시 달라질 수 있다. 자신감 코드의 상당 부분은 다행스럽게도 이른바 '자유 의지'에 따라, 그러니까 우리의 선택에 따라 달라진다. 노력을 하는 쪽으로 선택했다면, 자신감이 커질 수도 있다는 것이다. 그러기 위해서는 먼저 마음의 준비가 필요하다. 완벽해지려는 노력을 중단하고, 실패할 수도 있음을 받아들여야 한다.

희망. 이 단어를 신경과학자들은 '뇌 가소성'이라고 부른다. 여기서 가소성 plasticity 이란, 말 그대로 고정되어 있지 않고 변화하는 뇌의 유연성이다. 이 이론에 따르면 인간의 뇌는 스스로가 원하는 대로 맞춤 설계가 가능하다. 열심히 노력한다면, 뇌 구조를 바꿔서 더 큰 자신감을 가질 수 있다는 이야기다. 게다가 우리가 잘 알고 있듯이, '열심히 노력하기'는 여성들의 주특기다.

  우리의 직업이 기자라는 사실은 운이 좋았다. 덕분에 기삿거리를 찾아다니며 전 세계 권력의 핵심부에 있는 이들을 그 누구보다 자세히 살펴볼 수 있었다. 또 그 과정에서 자신감이라는 것이 어떤 가능성을 줄 수 있는지 또렷하게 목격했다. 성공할 수 있다는 확신 하나로 높은 목표를 향해 나가는 사람도 있는 반면, 어떤 이들은 성공할 수 없는 이런저런 이유를 생각하느라 아까운 시간과 에너지를 뺏기고 있었다.
  우리 여성들은 아이를 키우는 엄마의 입장에서, 자신감이 자녀들에게 어떤 영향을 주는지도 안다. 자유롭게 말하고 행동하고 위험을 무릅쓰는 아이들은, 행동을 통해 배우고 또 그 과정에서 미래를 위한 교훈들을 축적해간다. 한편 어떤 아이들은 준비되지 않은 상태에서 감당할 수 없는 결과를 맞는 게 두려워 스스로 뒤로 물러선다.
  자신감 프로젝트를 진행하면서 우리 두 사람이 확실히 알게 된 한 가지는, 자신감에는 사회생활과 개인적인 삶을 변화시키는 힘이 있다는 사실이다. 성취나 뛰어난 업적만이 자신감이 가져다주는 유일한 결실은 아니다. 자신감을 갖고, 그것을 충분히 잘 활용하는 사람은 더욱 큰 성취감을 느끼게 된다. 한 여성 과학자가 인터뷰 도중에 한 말은 큰 공감을 불러일으킨다.

"이 세상과 나는 마치 '자물쇠와 열쇠' 같은 관계라고 느껴요. 나는 해낼 수가 있어요. 그리고 늘 세상과 연결되어 있죠."

자신감 넘치는 삶은 당신을 진정 놀라운 삶으로 연결해줄 것이다.

The ConfidenceCode

CHAPTER 1

진짜 내 모습을 찾아서

남자들은 어째서, 스스로 그리 대단하다고 여길까?
이런저런 실수 혹은 칭찬인지 욕인지조차 애매한 말들을
대체 어떻게 그렇게 별것 아닌 듯 넘길 수 있을까?

'탕탕탕.' 농구공이 튀는 소리와 함께 큰 소리로 지시를 하는 코치의 목소리가 복도를 따라 메아리치듯 울렸다. 아직 코트로 들어서는 문을 찾기도 전이었다. 그렇다. 우리는 '원초적인 자신감'을 찾아 워싱턴 D.C.에 자리한 버라이즌센터의 심장부에 와 있었다. 코트 위를 누비는 선수들에게서 살아 숨 쉬는 자신감을 보고 싶었던 것이다. 골치 아픈 일상사가 끼어들 틈이 없는 곳, 게다가 남녀 성 대결이 이루어지지 않는 이곳에서라면 그야말로 모든 것을 벗어던진 자신감, 그 본연의 모습을 볼 수 있으리라.

우리는 "유레카!"를 외치며 무릎을 탁 칠 만한 순간을 찾고 있었다. 의심할 여지없는 확실한 자신감을 찾아내, 우리 여성들 마음속에 내재된 GPS(위성항법장치)가 이렇게 외치도록 만들고 싶었다. "바로 여기요! 여기 당신이 찾는 게 있어요. 이쪽으로 가야 해요."

그곳에서는 프로 여자 농구 팀인 워싱턴 미스틱스의 선수들이 한창 오프닝 연습 중이었다. 지하 연습장으로 들어섰을 때, 가장 먼저 눈길을 사로잡은 것은 장대같이 큰 여자 선수들의 체격이었다. 평균 182센티미터가 넘는 선수들은 단순히 키만 큰 것이 아니었다. 팔 근육도 우리 같은 평범한 여성들은 꿈도 꾸지 못할 만큼 탄탄했다. 여성이 할 수 있는 가장 거칠고 도전적인 스포츠를 마스터한 선수들답게, 왠지 모를 위압감마저 느껴졌다.

흔들리지 않는 자신감을 찾아서

100퍼센트 순수한 자신감을 찾아내는 건 쉬운 일이 아니다. 우리는 그와 비슷한 자신감을 중역 회의실에서, 연구실에서, 정치인 사무실에서, 그리고 공장 작업 현장에서 흔히 봐왔다. 하지만 그런 자신감은 곧 사라져버리거나 필요에 따라 변질되는 경우가 많다. 심지어 가짜인 경우도 있다. 밖에서 볼 때는 자신감으로 비춰진 것이 알고 보면 자기 회의감이라는 깊은 우물 속에 교묘히 감추어진 케이스다.

우리는 스포츠 선수들이라면 다를 거라 기대했다. 넓고 탁 트인, 이 윤기 나는 농구 코트 위에서 거짓으로 자신감을 꾸며낼 수는 없을 테니까. 그곳에서 이기기 위해선 자신을 믿어야만 한다. 자기 회의감에 젖거나 머릿속으로 할 말을 정리하거나 머뭇거릴 여유가 없다.

육상 종목에서 그렇듯이 농구에서도 선수들의 기량은 정확히 측정되고, 기록되고, 평가받는다. 그리고 기본적인 기량을 갖췄다고 가정할 경우, 경쟁이 치열한 스포츠에서 가장 중요한 성공 요소는 역시 자신감이다. 경기에서 무엇보다 자신감이 중요하다는 사실은 이미 많은 스포츠 심리학자들에 의해 입증되었다. 만일 자신감 부족이 경기에 별 문제가 되지 않는다면, 굳이 스포츠 심리학자들이 존재할 이유도 없을 테니까.

우리는 '여자 농구'라는 실험실이 우리에게 풍성한 결실을 안겨 줄 거라 믿었다. 여자 농구는 우리에게 특정 균을 배양하는 연구실 페트리접시와 비슷했다. 여성들의 입장에서 자신감을 잃게 하는 가장 큰 요인 중 하나는 바로 남성들이다. 그런데 여자 농구는 남성들이 배제된 상태에서 이루어진다. 오로지 성인 여성들끼리 서로 협력해 움직이는 모습을 볼 수 있는 몇 안 되는 분야 중 하나인 것이다.

그날 아침, 농구 코트에서는 강도 높은 다양한 훈련들이 진행됐다. 워싱턴 미스틱스는 미국 여자프로농구협회 17년 역사상 최악의 두 시즌을 보낸 터라, 슬럼프에서 빠져나오기 위해 안간힘을 쏟고 있었다. 우리는 특히 두 명의 선수를 눈여겨봤다.

그중 하나는 팀에서 맹활약 중인 모니크 커리로, 동료 선수들은 그녀를 모Mo라는 애칭으로 불렀다. 워싱턴 토박이인 그녀는 사립 명문고를 거쳐 듀크대에 진학했고, 곧 대학 농구 팀의 스타가 되었다. 당시 워싱턴 미스틱스에서도 스타급 선수로 자리 잡아 포워드를 맡고 있었는데, 우리는 그렇게 터프한 여자 농구 선수를 본 적이 없었다. 182센티미터의 떡 벌어진 어깨를 가진 그녀가 유연하게 몸을 틀어가며 골대를 공략하는 모습은 정말이지 인상적이었다.

또 한 명의 선수는 188센티미터의 장신인 크리스탈 랭혼이었다. 그녀는 스피드와 점프력, 민첩성, 넓은 시야 등이 요구되는 파워 포워드를 맡고 있었다. 고등학교 시절, 그녀는 일요일마다 독실한 기독교 신자인 아버지를 설득해가며 농구를 해야 했다. 프로 선수로 전향한 뒤에는 평범한 신인 선수에서 일약 올스타 선수로 발돋움했고, 많은 돈을 받고 스포츠 의류 브랜드인 언더아머Under Armour의 전속 모델로도 활동했다. 하얀 머리띠로 검은 긴 머리를 질끈 동여맨 그녀는 미끄러지듯 농구 골대로 달려가 슛을 날리곤 했다. 마치 참선을 수행하는 듯 평온한 모습이었다.

그곳에 도착하고 얼마 지나지 않아, 더 강도 높은 연습 경기가 시작됐다. 정말 대단한 열기였다. 완벽한 타이밍의 패스와 교묘하게 상대를 속이는 페이크, 거기에 연이어 터지는 3점 슛까지. 연습 경기는 그 어느 때보다 치열했고 선수들의 움직임은 넋이 나갈 정도로 빨랐다. 마치 폭발적인 힘을 보여주는 놀라운 쇼를 보는 듯했다.

우리의 동료 중 하나는 자신감에 대해 이렇게 정의했다. "자신감이란, 의심 없는 마음에서 나오는 행동의 결정체야." 그날 우리는 코트 위에서 바로 그, 의심 없는 마음에서 나오는 자신감을 확인했다. 들뜬 마음 때문인지는 몰라도 일단 그렇게 믿었다.

하지만 연습이 끝난 뒤의 현실은 그게 아니었다. 두 사람과 함께 이야기를 나누기 위해 자리에 앉았을 때였다. 모니크와 크리스탈이 코트 위에서 보여준 강렬한 인상은 이후의 여러 질문이 이어지면서 모순된 이야기들로 희뿌옇게 흐려졌다. 여자 프로 농구계에서조차 자신감의 장벽이 완전히 허물어지지 않았던 것이다.

멋진 운동복을 벗고, 마치 후광처럼 두 사람을 비추던 농구 코트를 벗어난 모니크와 크리스탈은 왠지 덜 위압적으로 보였다. 녹초가 된 몸을 푹신한 안락의자에 깊이 묻고 앉은 그녀들의 모습은 남달리 키만 클 뿐 여느 매력 넘치는 젊은 여성들과 다를 게 없었다.

진 재킷과 티셔츠로 갈아입은 늘씬한 모습의 모니크는 자신감이란 주제가 나오자 이내 적극적으로 대화에 참여했다. 전에도 여러 번 그런 대화를 해본 것처럼 느껴질 정도였다.

"선수 입장에서, 가끔은 자신감 문제로 고심할 때가 있어요."

모니크의 말이었다. "일이 잘 풀리지 않아서일 수도 있고, 생각처럼 플레이가 잘되지 않아서일 수도 있죠. 하지만 그런 상태에서 경기를 계속하려면 자신이 할 수 있는 플레이에 대한 믿음은 물론이고, 스스로의 능력에 대한 기본적인 믿음도 있어야 해요."

크리스탈은 고개를 끄덕이며 끼어들었다. 그녀는 남자 선수들에 비해 유독 여자 선수들에겐 자신감 상실의 원인이 되는 것들이 많다고 말했다.

"예를 들어, 경기가 잘 안 풀린다고 가정해봐요. 그럴 때 난 이런 생각을 해요. '오, 젠장! 우리가 졌어.' 그러면서 이러죠. '아 정말, 우리 팀이 이기는 데 도움을 주고 싶었는데. 팬들을 위해서도 꼭 이기고 싶었고.' 그런데 남자들 경우라면, 경기가 안 풀릴 때 이런 생각들을 하죠. '빌어먹을, 경기가 잘 안 풀리네.' 그러고선 별일 아니라는 듯 금방 툭툭 털어버리는 거예요. 그런 면에선 우리보다 상당히 빠르죠."

이야기를 나누면서 놀랐던 건, 두 사람 모두 질문에 답할 때마다 묻지도 않은 '남자들과의 비교'가 튀어나온다는 사실이었다. 워싱턴 미스틱스 팀이 남자 선수들과 경기를 할 일조차 없는데도 말이다. 사실 남자들과의 비교는 다른 업계의 여성들과 대화할 때도 자주 등장한다. 크리스탈과 모니크가 밝힌 좌절감은 그만큼 이미 우리 귀에 익었다. 남자들은 어째서, 스스로 그리 대단하다고 여길까? 이런저런 실수 혹은 칭찬인지 욕인지조차 애매한 말들을, 대체 어떻게 그렇게 별것 아닌 듯 넘길 수 있을까?

크리스탈은 이런 말을 했다. "코트 위에서 거친 플레이를 하거나 솔직하게 어떤 이야기를 하는 게 쉽지 않아요. 여자들은 쉽게 마음이 상하거든요. 코치님 말씀으론, 남자들은 서로 욕을 해대고 금방 잊어버린다는데 말이에요."

"제 경우는 좀 달라요." 씨익 웃으며 모니크가 말했다. "저는 성질이 고약한 편이거든요."

크리스탈이 전적으로 동의한다는 듯 웃었다. "맞아요. 모니크는 달라요. 이 친구는 꼭 남자 선수 같죠. 무슨 말을 해도 금방 툭툭 털어버려요. 버럭 고함을 지르기도 하고요."

"그렇다면 당신의 자신감의 원천이 남자들의 그것만큼 깊다고 생각해요?" 당당하던 모니크마저도 미세하지만 우리 눈에 띌 만큼 혼란스럽고 짜증이 밴 어조로 이렇게 답했다. "남자 선수들의 경우에는 선수 명단에 13명에서 15명 정도가 있다고 들었어요. 그중에는 단 1분도 뛰어보지 못하고 벤치를 지키는 선수도 있겠죠. 그런데 제 눈에는 그런 사람들에게서도 팀 내의 그 어떤 슈퍼스타 못지않은 자신감이 보여요. 하나같이 말이죠." 그녀는 얼굴에 미소를 띤 채, 고개를 좌우로 저었다. "그런데 우리 여자들은 달라요. 경기를 뛰지 못하거나 팀의 다른 선수보다 못한다고 여겨지면, 그야말로 자신감이고 뭐고 다 흔들려버리거든요."

우리는 이 팀의 코치라면 이 모든 문제에 대해 어떻게 생각할지 궁금했다. 마이크 티볼트 코치는 코트 위에서 볼 수 있는 몇 안 되는 남자들 중 한 사람이었다. 그는 수년간 워싱턴 미스틱스의 라이벌 팀인 코네티컷 선을 리그 챔피언에 올려놓은 전설적인 코치로, 수렁에 빠진 워싱턴 미스틱스를 되살리기 위해 워싱턴에 온 지 얼마 안 된 상태였다.

이제 10년째 여자 농구 팀 코치로 일하고 있는 그는 남자 선수들과 여자 선수들의 자신감 문제에 대해 할 말이 많았다. 왜냐하면 남자 팀과 여자 팀 코치를 두루 거친 독특한 경험을 했기 때문이다.

그가 꼽은 여자 선수들의 가장 큰 심리적 장애물은 '실패와 실수를 지나치게 곱씹는 경향'과 '경기 외적인 세계와 자신을 분리하지 못하는 점'이었다. 그런 것들이 결국 코트 위에서 자신감 있게 플레이를 하는 데 직접적인 영향을 준다는 것이다.

"스스로에게 지나치게 엄한 것과 지나치게 비판적인 것은 분명 다릅니다." 그가 말을 이었다. "마이클 조던이든 아니면 그런 류의 선수들이든, 제가 코치했던 가장 우수한 남자 선수들은 모두 자신에게 엄했습니다. 자기 자신을 끝까지 몰아대죠. 하지만 그러면서도 좌절을 딛고 일어서는 능력 또한 남다릅니다. 좌절이 오래 지속되도록 용납하질 않아요. 그런데 여자 선수들의 경우는 좌절이 오래 가는 경우가 많죠."

모니크가 코치의 말에 공감을 나타냈다. "맞아요, 저도 가끔 실패나 실수에 필요 이상으로 오래 집착할 때가 있어요. 그게 절대 쉬운 일이 아니죠. 나름대로 최선을 다했다는 걸 잘 알면서도, 슛을 놓치고 나면 제 자신을 자책하곤 해요. 그때 나에게 이렇게 말하죠. '좋아. 일단 이 플레이는 잊고 다음 플레이에 집중하는 거야.' 나이 서른에, WNBA에서 벌써 여덟 시즌을 보냈는데도, 그렇게 하려면 아직 무지 애를 써야 해요."

이때 크리스탈이 한숨 쉬듯 말했다. "저 역시 다른 여성들처럼 아직도 저 자신보다는 사람들을 기쁘게 해주고 싶어요. 지난해에도 플레이를 하면서 그런 생각을 했던 것 같아요. 제 문제는 바로 그거예요. 사람들을 기쁘게 해주고 싶을 때가 많다는 거죠."

모니크가 어깨를 으쓱하며 크리스탈에게 말했다. "남자들 식으로 행동한다면, 그러니까 허세도 좀 부리고 자기 자신에 대해 자신감을 갖는다면, 플레이도 한결 나아질 거야."

솔직히 밝히자면, 우리는 그런 말들을 듣고 싶은 게 아니었다. 우린 순수한 자신감을 볼 수 있길 원했다. 하지만 기대했던 여자 농구 스타들에게서조차 그런 자신감을 볼 수 없었다. 오히려 아주 익숙한 요인들 때문에 자신감이 쪼그라드는 모습을 보다니, 얼마나 맥 빠지는 일인가!

적어도 우리 눈에는 모니크와 크리스탈이 그렇게 보였다. 두 사람이 코트 위를 누빌 때까지만 해도 분명 제대로 된 자신감을 볼 수 있으리라 확신했는데. 두 사람과 대화를 시작한 지 30분도 채 되지 않아서, 자신감을 떨어뜨리는 블랙리스트에 오른 세 가지 특징이 모습을 드러낸 것이다. 그 세 가지는 다음과 같다. 첫째, 지나치게 생각이 많은 것. 둘째, 다른 사람들을 즐겁게 해주려는 것. 셋째, 패배를 쉽게 털어버리지 못하는 것.

프로 선수들에게서도 제대로 된 자신감을 찾을 수 없다면, 대체 어디서 찾아야 할까? 우리는 여성들이 직접 남성들과 치열한 경쟁을 벌여야 하는 쪽으로 눈을 돌렸다. 안전지대를 벗어난 분야를 들여다보기로 한 것이다.

운 때문이라고?

미카엘라 비올로타는 우수한 성적으로 해군사관학교를 졸업한 여군 장교다. 그녀는 최근 졸업생들 가운데 치열한 경쟁을 뚫고 그 유명한 특수부대 폭발물 처리반 EOD에 들어간 14명 중 한 명으로 뽑혔다. 폭발물 처리반은 전 세계 분쟁 지역에서 화학무기나 생물학무기 또는 핵무기 등을 다루고 해체하는 일을 하는데, 요원들 중 일부는 정기적으로 특수작전부대에 배치되기도 한다. 최정예 군인이어야만 그곳에 들어갈 수 있는 것이다.

우리는 먼저 비올로타에게 폭발물 처리반에 들어간 걸 축하했는데, 칭찬을 듣자마자 그녀는 즉각적으로 그저 운이 좀 따랐을 뿐이라고 겸손해 했다. 그렇게 어렵게 들어갔는데, 운 덕분이라는 건 말도 안 된다고 하자, 그녀는 살짝 미소를 지으며 솔직한 심정을 털어놨다. "사실 저는 제가 폭발물 처리반에 들어갈 자격이 있다고 인정하기까지 다른 사람들보다 더 시간이 걸렸어요. 그래서 스스로 이렇게 생각했죠. '네가 할 수 있는 일은 다 했어. 충분한 자격이 있어.'"

우리는 그녀의 집 지하실에 함께 앉아 있었다. 방에는 많은 운동복과 트로피가 빼곡했다. 다섯 명의 딸들을 다부지게 키워낸 부모님과의 추억이 담긴 기념물들을 보면서, 자신감을 갖지 못할 만한 어린 시절의 흔적 같은 건 전혀 찾아볼 수 없었다. 그녀가 고개를 저으며 말을 꺼냈다. "믿을 수가 없었어요. 어떻게 나한테 이런 일이 일어났나, 어안이 벙벙했죠. 정말 운이 좋았던 거예요."

운 때문이라고? 군대는 명확한 기준에 따라 객관적으로 평가해서 비올로타 같은 정예 군인들을 가려낸다. 온갖 육체적·정신적·지적 장애물들을 깔아놓고 말이다. 그리고 그녀는 그 모든 장애물을 통과했다. 그보다 운과 거리가 먼 일이 또 있을까? 그녀는 어째서 자신이 이룬 일이 단순한 요행이나 운이 아니라는 사실을 보지 못하는 걸까?

우리는 높은 곳에 올라 사방을 둘러보며 자신감이 무성하게 자라는 지역을 찾으려 했다. 하지만 아무리 해도 그런 곳은 찾을 길이 없었다. 남녀의 자신감 차이는 생각보다 크고 깊은 골이었다. 직업과 소득 수준, 세대를 불문하고 모든 곳에 뻗어 있고, 교묘하게 위장한 모습들을 하고 있으며, 그야말로 전혀 예상치 못한 데서도 나타났다.

우리 둘은 미 국무부의 한 모임에서 사회를 보게 되었을 때 힐러리 클린턴 전 국무장관을 만났다. 당시 그녀는 대통령의 부인으로서 8년, 그리고 정치인 아내이자 성공한 법조인으로 수십 년을 보낸 뒤였다. 이때 그녀는 2000년 상원의원 출마를 결심하면서 느꼈던 두려움을 사람들 앞에서 솔직히 털어놓았다. "공공연한 실패를 감수해야 한다는 건 쉬운 일이 아니에요. 선거에서 질까봐 두렵더군요. 그런데 결국 한 고등학교 여자 농구 코치의 말에 출마를 결심하게 됐죠. 그가 이러더군요. '물론 질 수도 있겠죠. 하지만 지면 진 거지. 그게 뭔 상관이에요? 미즈 클린턴, 과감하게 출마하세요. 과감하게요!'"

일레인 차오 역시 과감하게 경쟁에 뛰어들었고, 미국 최초의 중국계 장관이 되었다. 그녀는 조지 W. 부시 대통령 재임 기간 8년 동안 노동 장관을 지냈는데, 대통령 임기 내내 장관을 지낸 사람은 그녀밖에 없었다. 그녀의 배경만 보았을 때, 그렇게 대단한 경력을 쌓을 거라 예측한 사람은 거의 없었다. 대만에서 태어난 차오는 여덟 살이 되던 해에 화물선을 타고 미국으로 건너왔는데, 당시 그녀의 아버지는 간신히 뱃삯을 마련할 만큼 가난했다. 그녀는 어려운 환경에서도 꾸준한 노력과 불굴의 자신감으로 성공에 이른 입지전적인 인물 중 한 사람이다.

그런 차오에게 장관 재임 기간 중 자신의 능력에 대해 회의감을 품어본 적은 없냐고 물었다. 그녀는 놀랄 만큼 솔직하면서도 장난기 어린 말투로 이렇게 말했다. "농담하세요? 난 아시아계 미국인이에요. 당연히 허구한 날 회의를 품었죠. 늘 이런 기사가 신문에 대문짝만하게 날지도 모른다는 두려움 속에서 살았어요."

'일레인 차오, 결국 실패! 가문에 먹칠을 하다'

젊은 세대들이라면 조금 다른 이야기를 들려줄 수 있을까? 클라라 샤이는 스물아홉이란 젊은 나이에 스타벅스 이사로 선임되기도 했던 드물게 큰 성공을 거둔 Y세대다. 올해 서른한 살인 이 하이테크 기업가는 2010년 소셜 미디어 기업 히어세이랩스를 설립해 큰 성공을 거두었다. 아직까지도 남자들이 지배하는 실리콘밸리에서 맹활약 중인 몇 안 되는 여성 최고경영자들 중 하나이기도 하고,

매우 인상적인 업적들을 쌓아가고 있다. 하지만 놀랍게도 그런 그녀조차 자신감 부족 때문에 자주 고전했다고 실토한다.

"스탠퍼드대학 시절, 컴퓨터 공학을 전공하는 게 너무 힘들었어요. 특히 고급 과정으로 올라가면서 정말 죽어라 공부해야 했죠. 그런데 웬일인지 다른 학생들은 별로 힘들지 않아 보이는 거예요. 그 속에서 저는 가끔 자신이 무슨 사기꾼처럼 느껴지기도 했죠." 전공인 컴퓨터 공학을 포기하고 좀 더 쉬운 전공으로 바꿀까 하는 생각까지 했던 그녀는 졸업식 날 깜짝 놀랄 수밖에 없었다. 자신이 과 수석으로 졸업하게 됐다는 소식을 들었기 때문이다.

"결국 저는 그동안 컴퓨터 공학을 전공할 자격이 충분했고, 허풍을 떨어 아주 특별해 보이던 일부 남학생들이 실은 나보다 더 똑똑한 것도 아니었다는 사실을 깨닫게 된 거예요."

티아 쿠다히는 늘 차분하고 긍정적이며 절제력이 아주 강한 변호사다. 최근 그녀는 한 동료와 손잡고 오랜 숙원 사업인 외부 컨설팅에 나섰고 유능한 두 사람은 제휴를 시작하자마자 즉시 계약을 성사시켰다. 그녀는 우리에게 이렇게 말했다. "사실 마음속으로는 괜히 하지도 못할 일에 뛰어든 게 아닌가 싶었어요. 외부 컨설팅은 제 능력 밖의 일인 것 같았거든요." 물론 일을 하는 과정에서 계약 포기 직전까지 가는 상황도 있었지만 그녀는 결국 여러 노력 끝에 자기 회의감과의 싸움에서 승리를 거뒀다.

술 한 잔 나누며 이야기를 나누던 우리는, 다행히 그녀의 얘기가 해피엔딩으로 끝나 안도하며 웃을 수 있었다. 자기 회의는 그야말로 시간과 에너지 낭비다. 그런데 여성들은 누구나 순간순간 그런 자기 회의에 빠지곤 한다. 우리는 대체 왜 그러는 걸까?

용기를 짜내야 하는 순간

워싱턴의 한 레스토랑에서 키가 182센티미터인 은발의 여성이 우리 쪽으로 다가오고 있었다. 세련된 검정 드레스를 입은 그녀의 몸에선 자신감과 남다른 재능이 빛을 발하고 있었다. 그녀가 멋진 레스토랑으로 걸어 들어오는 동안, 사람들은 그녀 쪽으로 고개를 돌렸다. 이제 세계에서 가장 영향력이 강한 인물 중 하나가 된 그녀를 알아본 것이다.

크리스틴 라가르드는 현재 국제통화기금IMF을 이끌고 있다. 세계 금융 시스템을 안정시키고, 선정된 국가들에게 돈을 빌려주고 필요한 개혁을 강제할 수 있는 국제기구를 이끌고 있는 것이다. 무려 186개 국가가 가입되어 있으니, 그녀가 얼마나 바쁜 몸일지는 굳이 설명할 필요도 없어 보인다.

우리가 자신감 프로젝트를 생각해낸 이래, 그녀야말로 자신감의 숲을 헤쳐 나가도록 가장 큰 도움을 줄 안내인이라고 믿어왔다. 남성들이 지배하다시피 하는 세계 금융계에서 막강한 자리에 앉아 있을 뿐 아니라, '더 많은 여성을 고위직에 앉히라'는 압력을 자신의 엄청난 영향력을 발휘해 각국 지도자와 기업들에게 행사하고 있기 때문이다. 그렇게 해야 세계 경제가 건강해진다는 것이 그녀의 신념이다.

그녀가 현재의 위치에 오르게 된 것도 어쩌면 시의적절한 일이었다. 우선 그녀는 프랑스 재무 장관 자리에 있으면서 전 세계 금융 붕괴를 막는 데 일조하고 있었다. 게다가 그녀의 전임자 도미니크 스트로스칸은 유력한 프랑스 대통령 후보였으나 성공한 아름다운 부인을 놔두고 수시로 외도를 한 사실이 드러났다. 물론 그런 그의 여성 편력 때문에 오히려 그가 프랑스 대통령에 훨씬 더 잘 어울린다고 생각하는 사람이 있을 수도 있다. (전직 대통령인 니콜라 사르코지와 현직 대통령인 프랑수아 올랑드도 여성 편력이 심하니까.) 그러나 도미니크 스트로스칸의 경우, 단순한 여성 편력에 그친 것이 아니라 호텔 여종업원과 저널리스트를 성폭행했다는 혐의까지 불거졌다. 호텔 여종원업 성폭행 건은 결국 무혐의로 끝났지만, 그 스캔들은 미국 내에서도 대서특필되어 대서양 양쪽에 다 알려지게 되었다. 잘 알다시피, 프랑스인들은 불륜 문제에 관한 한 관대한 편이지만, 이 경우는 도가 지나쳤던 것이다.

그런 상황에서 라가르드는 모든 문제를 말끔히 정리해줄 최적임자로 여겨졌다. 솔직담백한 성격과 합리적이면서도 친화적인 스타일이 그녀의 무기인데, 그런 것들이 지금 남성호르몬 과다 분비로

발생한 세계 경제 위기를 진정시키고 IMF 내부 문제를 해결하는 데 도움이 되고 있다.

라가르드 총재를 직접 만난 우리는 그녀의 당당한 태도에 깊은 감명을 받았다. 숱이 많은 은빛 머리칼 때문에 그녀의 얼굴은 여성적이면서도 왠지 소탈해 보였다. 그녀는 다정다감하면서도 꿰뚫어 볼 듯한 눈으로 우리를 쳐다보며 자기소개를 했다. 그러고는 이내 환한 미소를 지어 보였다.

그녀는 파리에서 법학 대학을 졸업한 뒤에 한 프랑스 법률 회사에 근무했지만 그 회사 사장의 이 한마디에 바로 다시 미국으로 돌아가기로 결심했다. "여자는 절대 파트너로 함께 일할 수 없다."

그로부터 15년 후, 그녀는 최고 유명한 법률 회사 베이커 앤 맥킨지 Baker & McKenzie의 파트너가 되었을 뿐 아니라, 그 회사 최초의 여성 회장이 되었다.

숭어구이와 살짝 익힌 시금치를 먹으면서, 그녀는 자신이 현재 위치에 이르기까지 얼마나 많은 자기 회의감에 빠졌었는지 떠올렸다. "연설이나 프레젠테이션을 앞두고 전전긍긍하기 일쑤였어요. 쭈뼛거리지 않고 번쩍 손을 들거나 어떤 주장을 하려면 그야말로 있는 용기를 다 짜내야 할 때도 많았고요."

세계에서 가장 영향력 있는 남성들과 한 자리에 앉아 회의를 하고, 그들에게 '사고방식을 바꾸라'느니 '경제를 더 잘 이끌라'고 말하는 여성. 하지만 그녀조차도 사람들에게 혹시나 허점을 보이게 될까 두려워하고 있었다. "어떤 사안을 주장하기 위해서, 내 내면의 깊숙한 곳으로 들어가 힘과 자신감, 배경, 역사, 경험 등등을 끌어내야 하는 순간들이 있어요."

라가르드는 모든 상황에 대비하는 데 지나칠 정도로 많은 준비를 하고 있었다. 다행히도 그녀는 그런 과정이 얼마나 힘든 일인지에 대해 마음을 터놓고 나누는 사람이 있었다. 바로 자신과 비슷한 위치에 오른 몇 안 되는 여성들 중 하나인 독일 총리 앙겔라 메르켈이다.

"언젠가 앙겔라 메르켈과 비슷한 이야기를 나눈 적이 있어요. 그때 우리 두 사람에게 똑같은 습관이 있다는 사실을 알게 됐죠. 어떤 문제를 접했을 때 그 문제의 안과 밖, 옆과 뒤는 물론이고 심지어 역사적인 면, 유전적인 면, 지리학적인 면 등등까지 다 살핀다는 거예요. 우린 모든 걸 완벽하게 하려고 해요. 또 모든 것들이 제대로 이해가 되어야 직성이 풀리죠. 누군가로부터 놀림거리가 되고 싶지 않은 거예요."

맛있게 먹고 있던 크림 브릴레를 잠시 밀쳐놓고, 우리는 잠시 상상에 빠졌다. 세계에서 가장 영향력 있는 두 여성이 어딘가에 모여 앉아 매사에 지나치게 많이 준비하는 습관에 대해 이야기를 나누는 장면이라니. 그때 라가르드는 남성들이라면 절대 하지 않을 이야기를 자진해서 꺼냈다. "아무튼 우린 우리가 모든 걸 다 알 정도로 전문 지식이 많다거나 자신감이 넘친다고 생각하진 않아요."

그녀는 어깨를 으쓱하며 이렇게 결론지었다. "물론, 지나치게 많은 준비를 한다거나 리허설을 하는 것, 그리고 어떤 문제를 철두철미하게 파악해 실수를 하지 않으려 하는 것, 이런 것들도 사실 어떤 점에선 자신감 부족에서 오는 현상이긴 해요." 우리는 그게 문제가 되냐고 물었다. 그녀에게서 돌아온 대답은 이랬다.

"글쎄요. 시간을 엄청 잡아먹긴 해요!"

완벽주의. 이것은 우리가 자신감에 대해 취재하면서 점점 가짓수를 늘려 가던 '자신감 킬러' 명단에서 아주 큰 비중을 차지하는 요소였다. 물론 동병상련이라고, 그녀의 얘기가 묘한 위안이 되기도 했다. 아마존 여전사들처럼 강인한 여자 농구 선수들이나 군사학교 여성 졸업생들, 그리고 세계적인 여성 금융 전문가들조차 종종 자기 회의감에 빠지곤 한다는데, 우리 같은 평범한 여성들이야 오죽하겠는가.

우리가 함께 식사를 한 날, 라가르드는 다보스 포럼 연례 모임에 참석했다가 스위스에서 막 돌아온 길이었다. 경제 분야에서 여성의 지위 향상 문제를 다룬 한 토론회에서 있었던 일을 떠올리던 그녀는 잠시 소리를 내 웃었다. 그녀는 페이스북의 최고운영책임자이자 친한 친구인 셰릴 샌드버그 외에 다른 여러 여성 전문가들과 함께 그 토론회에 참석했었다.

"그 토론회 패널 중에 남자는 딱 한 명 있었어요. 그런데 공교롭게도 패널들의 한가운데에 앉게 됐죠. 그 가엾은 친구가 기를 쓰고 자기주장을 밀어붙이려 하더군요. 우리는 기본적으로 사회자의 말에 귀 기울였고, 토론에 끼어들고 싶을 때는 그녀에게 신호를 보냈어요. 그런데 그 남자는 그런 건 아랑곳하지 않았죠. 사회자를 무시하고 마음 내키는 대로 발언을 해댄 거예요. 그러다 보니 아주 무례한 사람으로 낙인찍히고 말았죠."

그 일을 겪으면서 라샤르드는 여성들이 굳이 남성들이 정해놓은 게임의 룰대로 경쟁할 필요가 없다고 생각하게 되었다.

"여성적인 것이 남성적인 것보다 더 좋은 면들이 분명히 있어요. 그런데 무슨 이유로 우리가 자신의 힘과 가치를 살리지 않고 억눌러야 할까요? 그래서 난 늘 여성들에게 매사에 '남성들을 흉내 내려 할 필요는 없다'고 말해요."

그녀의 생각은 분명 흥미로웠다. 하지만 우리가 그녀의 말을 완전히 이해하기까지는 시간이 좀 걸렸다.

생각만 하는 여자, 요구해서 얻어내는 남자

점점 더 많은 통계 수치와 기록들이 여성들의 자신감 부족 현상을 뒷받침하고 있다. 영국에 있는 '리더십 및 관리 연구소'에서 여성들에게 자신이 하는 일에 얼마나 큰 자신감을 갖고 있는지와 관련한 질문들을 던졌다. 결과는 어땠을까? 영국 여성들의 경우 자기 일에 대한 자신감이 그리 높지 않은 것으로 나타났다. 설문에 답한 남성들 중 3분의 1이 못 되는 남성들이 자신의 경력이나 그간 이룬 일에 대해 자기 회의감을 나타낸 데 반해, 여성들은 절반이 자기 회의감을 나타냈다.

《여성들은 묻지 않는다》의 저자인 린다 밥콕은 카네기멜론대학의 경제학 교수이기도 하다. 그녀는 미국 여성들 사이에서도 비슷한 자신감 부족 현상이 나타난다는 사실을 발견했다. 실제로 경영대학원 학생들을 상대로 조사한 결과, 남성이 여성에 비해 연봉 협상을 4배나 더 많이 하며, 여성이 임금 협상을 할 경우 남성보다 30퍼센트나 낮은 연봉을 요구하는 것으로 나타났다.

왜 이런 일이 벌어졌을까? 영국 맨체스터 경영대학원의 마릴린 데이비슨 교수는 기대치와 자신감이 낮기 때문에 그런 현상이 일어난다고 지적한다. 그녀는 학생들을 상대로 설문 조사를 했다. 졸업하고 나서 5년 후에 받고 싶은 연봉 액수와 적당하다고 생각하는 연봉 수준을 알아본 것이다. 그녀는 이렇게 말했다.

"지금 7년 정도 이 일을 해오고 있는데요. 매년 남성과 여성의 답변에서 큰 차이가 보여요. 남학생들이 여학생들에 비해 훨씬 더 많은 연봉을 기대한다고 나오거든요. 어느 정도의 연봉이 적당하느냐는 질문에 대한 답변 역시 크게 차이가 나고요. 남성들은 연봉 8만 달러는 받아야 한다고 생각해요. 그런데 여성들은 6만 4천 달러를 받아야 한다고 생각하거든요. 무려 1만 6천 달러의 차이죠."

기자라는 직업 때문인지 우리는 늘 정확한 수치를 알아내려 애쓰는 경향이 있다. 그런데 여기서 드러난 수치들은 정말이지 실망스러울 정도다. 한번 생각해보라. 데이비슨 교수의 연구 결과가 무엇을 의미하겠는가? 실제로 여성은 자신의 가치가 남성보다 20퍼센트나 덜하다고 믿고 있다는 것이다.

여성의 자신감과 능력이라는 복잡한 문제에 대해 보다 정밀하게 연구한 사람들이 있다. 코넬대학 심리학 교수인 데이비드 더닝과 워싱턴대학 심리학 교수인 조이스 에링거다.

더닝과 에링거는 여성들이 자신의 능력에 대해 갖고 있는 선입견이 자신감에 어떤 영향을 주는지 알고 싶었다. 이를 위해 남녀 대학생들에게 과학적 추론과 관련된 깜짝 시험을 치르게 했다. 이때 시험을 보기 전에 학생들 스스로 자신의 과학적 사고 능력에 대해 평가해보도록 했다. '내가 과학에 뛰어난가?'에 대한 각자의 생각이 '내가 이 과학 문제를 맞게 풀었나?' 하는 전혀 다른 문제에까지 영향을 미치는지 확인하기 위해서였다.

실제로 과학적 사고 능력에 대한 평가에서 여학생들은 남학생들에 비해 자신에게 낮은 점수를 주었다. 10점 만점에 여학생들은 자신에게 평균 6.5점을 주었고, 남학생들은 평균 7.6점을 준 것이다. 그리고 깜짝 퀴즈를 다 푼 뒤 학생들에게 문제를 얼마나 잘 풀었다고 느끼는지 물었다. 이때 여학생들은 10점 만점에 평균 5.8점을, 남학생들은 7.1점을 예상했다. 결과는 어땠을까? 평균 점수는 거의 같아, 여학생들은 10점 만점에 7.5점, 남학생들은 7.9점이었다.

이제 우리는 '인식하고 있는' 사실이 실제 행동에까지 영향을 미치는지 알아보기로 했다. 우리는 아직 학생들에게 실험 결과를 알려주지 않은 상태에서, 상금이 걸린 과학 경시대회에 참가하라고 권했다. 그 결과 남학생들은 71퍼센트가 참가 신청을 했고, 여학생들은 단 49퍼센트만이 신청을 했다. 훨씬 많은 수의 여학생들이 기회를 포기한 것이다.

에링거는 이렇게 말했다. "여성들에게 기회가 주어졌을 때, 어떻게 행동하는지 알아볼 수 있는 조사였죠. 여성들은 대개 자신의 능력에 대한 자신감이 남성들에 비해 적어요. 실제로 뭔가 성과를 내는 게 중요한 상황에 부딪쳐도 마찬가지고요. 그 결과 다음에 어떤 기회가 주어져도 그걸 잡으려고 하질 않죠." 자신감 부족이 현실 세계에서 어떤 결과로 나타나는지를 구체적으로 보여주는 이야기였다.

또 다른 예도 있다. 대부분의 여성들은 수적으로 열세일 때, 말을 덜 하는 경향이 있다. 회의실에 들어갔을 때, 여성들은 먼저 좌석 배치를 훑어본 다음, 방 뒤쪽으로 가서 앉는다. 회의가 시작되고 나서도 자기 생각이 조금이라도 탐탁지 않다고 여겨지면 입을 닫아버린다. 그러다 옆에 앉은 남자 동료가 자신이 하려고 했던 말을 하고, 그게 그럴싸해 보이면 괜히 속이 상한다.

프린스턴대학 연구 팀에서 여성들이 얼마나 말을 아끼는지 알아보았다. 남성과 여성 지원자들에게는 예산 문제를 해결하는 일이 주어졌다. 그랬더니 여성들은 자신이 소수자인 입장에 처했을 때, 남성들에 비해 75퍼센트나 말을 덜 하는 것으로 나타났다.

여성들은 자신의 의견이 남성들의 의견에 비해 가치가 덜하다고 여기는 걸까? 아니면, 가치 있다고 생각하지만, 입 밖으로 내뱉을 배짱이 없는 걸까? 어느 쪽이든 우리 여성들은 스스로 자신의 가치를 떨어뜨리고 있다. 더 놀라운 사실은 방 안에 여성들만 가득하고 자기 혼자만 남성이라도 남성들은 평소에 하던 대로 자기 할 말을 한다는 것이다.

"우리 여성들 대부분이 이렇게 침묵을 지킨다는 건 정말 실망스러운 일이에요." 미국 대사관의 예술 담당 부서 전시 책임자이며, 현대 미술 분야의 세계적 권위자인 버지니아 쇼의 말이다. "전 스스로 자신감이 있다고 생각해요. 부서 안에서는 거의 전사나 다름없죠. 그런데 제 부서를 벗어나 국무부에서 열리는 주간 회의에 갔다 하면, 상황이 돌변하는 거예요. 가 보면 테이블에는 죄다 남자들만 앉아 있어요. 그나마 손가락으로 꼽을 정도의 여자들도 입을 열려고 하질 않죠."

캘리포니아대학 사회심리학 교수인 브렌다 메이저는 수십 년 전에 자기 인식 문제에 대한 연구를 시작했다. "초창기에, 그러니까 제가 아직 젊은 교수이던 시절에, 남녀 성 문제와 관련해 많은 연구를 했어요. 당시 한 테스트에서 남성과 여성들에게 어떤 작업이나 시험에서 어떤 성과를 낼 것 같냐고 질문했었죠. 그랬더니 남성들은 자신의 능력이나 후속 성과에 대해 초지일관 과대평가를 했어요. 여성들은 모두 스스로를 과소평가했고요. 실제로 알아본 결과, 남녀 간에 능력이나 성과에는 전혀 차이가 없었는데도 말이죠. 거의 한결같이 나타나는 결과가 그래요."

미국의 또 다른 곳, 그러니까 예일대학 경영대학원 안에 있는 빅토리아 브레스콜 교수의 대강의실에서도 매일 비슷한 현상이 벌어진다. 경영학 석사 과정을 밟고 있는 학생들은 비즈니스 세계에서 필요로 하는 자신감을 기르기 위한 교육을 받고 있다. 브레스콜 교수는 학업 성과를 통해 본 학생들의 능력은 전부 최정상급인데 유독 여학생들의 경우 자신에 대한 믿음이 부족하다는 사실에 늘 놀란다고 했다.

"여학생들은 거의 본능적으로 이렇게 생각하는 것 같아요. '어차피 각광받는 직장에 가지도 못할 텐데, 기를 쓰고 가야 할 필요가 있을까?' 그런 분야는 어차피 자기 능력 밖의 영역이니까, 굳이 애쓸 이유가 없다는 거죠."

이런 이유로 결국 각광받는 직장들을 스스로 포기하는 여학생들이 많다고 한다. 브레스콜 교수는 이렇게 말했다.

"결국 여학생들은 금융사나 투자은행, 또는 정년이 보장되는 고소득 직장에 가질 않아요. 대신 경쟁이 덜 심한 분야, 그러니까 인력 관리나 마케팅 같은 분야로 가는 거예요." 사실 브레스콜 교수 스스로도 우리가 만난 많은 여성 전문 인력들이 그랬듯, 그와 똑같은 문제를 안고 있었고, 극복하는 데 시간이 걸렸다. 그녀는 이렇게 속마음을 털어놓았다.

"저는 제 자신이 매우, 정말 매우 뛰어나다는 확신을 갖기까지 끊임없이 노력해야 했어요. 권위 있는 간행물에 남자 동료 교수들보다 더 많은 논문을 싣기 전까지는 마음을 놓을 수 없을 것 같았죠. 그러면서 또 한편으론 내 논문이 가장 권위 있는 간행물들에 올릴 정도는 안 된다고 지레짐작하기도 했고요. 그래서 그에 조금 못 미치는 간행물에 올리는 걸 목표로 삼아야 했죠."

그렇다면 남성들은 어떨까? 그녀는 웃으면서 이렇게 말했다.

"그게 참 흥미로운데요. 남성들은 물불 안 가리고 뛰어들어요. 스스로 자신이 대단하다고 여기면서 이런 생각을 하거든요. '감히 누가 나를 거절해?'"

나는 왜 결정적인 순간에 망설일까

정말로 남자들이 '감히 누가 나를 거절해?'라고 생각한다고?

브레스콜 교수의 말은 사실이다. 남자 동료나 친구들뿐 아니라 우리가 인터뷰한 남성들 대부분이 이런 말을 한다. 실패할 가능성은 있지만, 머리 아프게 미리 결과에 대해 많은 생각을 하진 않는다고.

데이비드 로드리게즈는 호텔 체인업체 메리어트의 인력 관리 부사장이다. 그는 관리 분야 전문가로서 우리에게 많은 조언을 해주고 있다. 업무상 대중 연설을 해야 할 일이 많은데, 데이비드는 그걸 즐기는 편이다. 단상에 오를 때면, 정장 스타일의 짙은 색 유니폼에 눈에 띄는 넥타이를 맨다. 그 딱딱한 이미지가 양 볼에 폭 패인 보조개 덕에 다소 부드러워진다.

그는 이렇게 말한다. "이제 청중들의 비판적인 발언에는 무감각해졌어요. 연설 내용이 괜찮은지 어떤지는 신경 쓰지도 않고요. 혹시라도 연설 중에 한두 문장을 빼먹거나 했을 때도 개의치 않는 편이죠."

그는 늘 속으로 자신의 프레젠테이션은 일품이며 재치가 넘치고, 상사들에게 좋은 인상을 줄 거라 생각한다. "난 그냥 단상에 올라가 연설을 해요. 지나치게 많은 생각을 하지 않는 게 비결이라면 비결이죠. 그러다 설사 뭔가 잘못 되어도 어깨 한 번 으쓱하면 그만이에요. 난 그런 걸 곱씹지 않아요. 끝난 건 끝난 거죠." 우리가 대화를 나눈 남성들은 거의 그런 식이었다. 어차피 타고난 전문가도 아닌데, 기왕이면 마음속에 앙금을 남기지 말고 난국을 돌파하자는 것이다.

남성들도 가끔은 자기 회의감에 빠질까? 물론이다. 하지만 그들은 고통스러울 정도로 세심히 그런 회의감을 파고들진 않는다. 남성들이 우리 여성들만큼 자주 자기 회의감에 발목을 잡히지 않는다는 점은 분명해 보인다.

대개 남성들은 지나친 자신감을 보인다. 우리는 남성들의 그런 자신감이 대부분 그야말로 진심에서 우러나는 것이란 사실에 놀랐다. 의식적으로 다른 사람을 속이려고 그러는 것이 아니라는 말이다. 컬럼비아대학 경영대학원은 남성들의 그런 자신감을 가리켜 '진심 어린 과신honest overconfidence'이란 용어까지 만들었다. 그들이 조사한 바에 따르면, 일반 남성들은 자신이 이룬 성과나 업적을 실제보다 30퍼센트 더 높게 평가한다고 한다.

우리는 각 기업체의 여러 남성 간부들과 남녀의 자신감 차이에 대해 이야기를 나누었다. 그들에게서 들은 말은 그야말로 맥 빠지는 것이었다. 그들은 여성들이 근본적으로 자신감 부족 때문에 더 이상 발전하지 못한다고 믿었다. 그런데도 자칫 성차별주의자로 보일지 모른다는 두려움 때문에 그에 대해 아무런 이야기도 해줄 수가 없다는 것이다. 그들 대부분은 우리 여성들이 겪고 있는 자신감 부족을 경험한 적이 없다. 따라서 그것이 어떤 건지도 잘 알지 못하며, 그래서 어떤 말들을 해줘야 하는지도 모른다.

법률 회사에서 일하는 한 중견 변호사가 우리에게 한 젊은 여성 변호사에 대해 이야기한 적이 있다. 그녀는 모든 면에서 뛰어난 변호사였는데, 고객과의 미팅 자리에만 가면 할 말을 제대로 못한다고 했다. 그가 말하려는 핵심은 '그녀에게 고객을 다룰 만한 자신감이 없었다'는 것이다. 하지만 그녀의 기분이 상하지 않게 이 문제에 대해 이야기하려면 어떻게 해야 좋을지 알 수가 없었다. 결국 그는 비즈니스를 하는 데 있어서 자신감은 너무도 중요한 요소라고 믿게 되었고, 따라서 인사고과 과정에서도 공식적으로 반드시 살펴야 할 항목이 되어야 한다고 결론 내렸다.

앞서 메리어트호텔 인력 관리 부사장 데이비드 로드리게즈에 대해 언급했다. 그는 자신감이야말로 눈에 띄지 않는 방식으로 출세의 사다리를 오르는 데 도움이 되거나 혹은 장애가 되는 요소라는 네 동의한다. 기업체 죄고위층 여성 임원들의 경우 자신감 부족은 그리 눈에 띄지 않는다는 것이다. 그리고 회사에서 함께 일하는 중견급 여성 임원들 역시 자신의 능력에 대해서는 확고한 믿음을 갖고 있다고 한다.

하지만 그런 여성들도, 가끔은 결정을 내리지 못하고 쭈뼛거리는 모습을 보인다. 그는 그것을 '망설임'이라고 부른다며 이렇게 말을 이었다. "여성들은 남성들에 비해 결정적인 순간에 망설이는 경우가 더 많아요. 여성들 입장에서, 가끔씩 어떤 행동을 판정하는 데 어떤 채점판을 써야 하는지 확신이 안 선다고 느끼기 때문인 것 같아요. 또 여성들은 일이 잘못되는 걸 두려워해요. 그래서 제가 나중에 이렇게 물어보죠. '프레젠테이션 도중 어떤 일이 있었던 거예요?' 그건 마치 길을 가다 갑자기 갈림길이 나타난 상황과 비슷해요. 그럼 그 여성은 이렇게 말하죠. '청중들의 반응을 알 수가 없었어요. 그들이 어떻게 느끼고 있는지 말이에요. 오른쪽으로 가야 할지 왼쪽으로 가야 할지 결정할 수가 없더라고요.'"

망설임. 그것은 아마 실패에 대한 두려움일 것이다. 아니면 뭐든 완벽하게 하려는 욕심일 수도 있다. 또 어쩌면 수십 년간 우등생으로 살아오면서 형성된 습관 때문인지도 모르겠다. 이유야 어서 됐든, 망설임에는 분명 부작용이 따른다. 로드리게즈는 그 망설임이 누구의 아이디어를 채택할지, 심지어 누구를 승진시킬지의 문제에까지 영향을 줄 수 있다고 말한다.

자신의 성(性)이 여성이라는 사실은 워낙 부담스런 것인지도 모른다. 예를 들어, 수학 테스트를 하기 전에 자신의 성별을 써넣기만 해도 십중팔구 더 안 좋은 결과가 나온다. 우리는 특히 한 실험 결과를 보고 망연자실했다.

하버드대학에서 이른바 '고정관념의 압박'이 주는 영향에 대한 실험이 이루어졌다. 부정적인 고정관념이 주는 압박감 때문에 제 능력을 발휘하지 못하는 현상에 대해 알아보려 한 것이다. 이들은 재능이 매우 뛰어난 아시아계 미국인 여대생 46명에게 세 가지 설문지 중 하나씩 나누어주었다. 모두 서로 다른 고정관념들에 맞춰 작성된 것이었다. 첫 번째 설문의 초점은 '아시아인들은 수학에 강하다'는 고정관념에 맞춰져 있었다. 또 다른 설문은 '여성들은 수학에 약하다'는 것이었다. 그리고 나머지 설문은 결과의 비교를 위한 것으로, 중립적인 입장에서 어떤 고정관념에도 초점을 맞추지 않았다.

설문지를 작성한 다음, 모든 여학생들은 어려운 수학 테스트를 치렀다. 결과는 어땠을까? 먼저 스스로가 수학에 강한 아시아계라는 사실을 상기한 여학생들은 100점 만점에 54점을 받았다. 중립적인 집단에 속한 여학생들은 평균 49점을 받았다. 그리고 단지 자신이 수학에 약한 여성이라는 사실을 상기했을 뿐인 여학생들은 가장 낮은 점수인 평균 43점을 받았다. '자신이 수학에 약한 여성'이라는 사실을 일깨워주는 몇 개의 문장만 읽어도, 고정관념에 얽매여 제 실력을 발휘하지 못하는 것이다.

미국 컴퓨터 장비 업체인 휴렛팩커드 사에서 독특한 조사를 벌인 적이 있다. 더 많은 여성을 고위 관리직에 앉힐 방법을 찾기 위해 설문 조사를 한 것이다. 결과에 따르면, 휴렛팩커드에 근무하는 여성들은 스스로 자기 일에 필요한 자격을 100퍼센트 갖췄다고 믿을 때만 승진 신청을 했다. 반면 남성들은 자기 일에 필요한 자격을 60퍼센트 갖췄다고 믿을 때에도 부담 없이 승진 신청을 했다. 결국 여성들은 자신이 완벽할 때, 아니면 적어도 거의 완벽할 때만 자신감을 갖는다는 말이다.

자격 미달에 준비도 안 된 남성들은 두 번 생각도 않고, 그냥 뛰어든다. 그런데 자격이 넘쳐나고 지나치게 준비를 한 많은 여성들은 여전히 몸을 사리며 뒤로 물러선다. 바로 이 현상에 '자신감 차이'라는 렌즈를 덧대 보면, 왜 여성들이 과감히 뛰어들지 않는지 금방 알 수 있다. 근본적으로 우리 여성들은 자신을 믿지 못하는 것이다. 목표를 높게 잡을 때 찾아오는 개인적인 혼란을 감내할 준비가 되어 있고, 마음속에 큰 포부를 갖고 있는데도 말이다.

능력보다 자신감이 더 중요하다고?

어떤 여성들은 이렇게 말할지도 모른다. 뼈 빠지게 일을 하고, 세세한 문제들까지 다 신경을 쓰고, 모든 것을 완벽하게 해낸다면, 탄탄한 경력을 쌓는 데 도움이 될 거라고. 물론 그렇게 믿고 싶을 수도 있다. 아니면 과도한 자신감은 파멸로 이끄는 길이라 믿고 싶을지도 모른다. 그러나 대개 현실은 그 반대다.

미국 캘리포니아대학 경영대학원의 심리학 교수 카메론 앤더슨은 과신, 즉 '지나친 자신감'에 대한 연구를 해왔다. 2009년, 그는 자신감과 능력의 상대적 가치를 비교하는 테스트를 해보기로 마음먹었다.

앤더슨은 대학생 242명에게 역사적인 인물들과 사건들을 적은 목록을 나눠준 다음, 그중 잘 알고 있는 인물 혹은 사건에 체크하도록 했다. 그런데 사실 그 인물들 중에서 일부는 교묘하게 조작된 가짜였다. 예를 들면 '머피의 법칙'이라는 개념에 소설이자 영화

제목이기도 한 〈The Last Ride〉를 합쳐 만든 Murphy's Last Ride 도 있었고, 갈릴레오 로바노 Galileo Lovano나 퀸 샤독 Queen Shaddock처럼 가짜 인명도 섞여 있었다.

앤더슨은 학생들이 얼마나 많은 가짜 이름과 사건의 수를 체크했는지를 보고, 그들이 얼마나 지나친 자신감을 가지고 있는지 알아보려 한 것이다. 만일 어떤 학생이 아는 인명이나 사건만 체크하지 않고 가짜까지 체크할 경우, 그 학생은 지식만 부족한 게 아니라 실제 알고 있는 것보다 더 많이 안다고 착각하고 있다는 의미이기 때문이다.

앤더슨 교수는 학기가 끝나갈 무렵, 동일한 학생들에게 다시 설문 조사를 했다. 그랬더니 가짜 인명이나 사건을 가장 많이 체크했던 학생들이 가장 높은 학업 성취도를 보였다. 그리고 이후 그들은 높은 사회적 지위에 오르기도 했는데, 여기서 앤더슨 교수가 말하는 사회적 지위란 개인이 누리는 존경이나 명성 그리고 영향력의 정도를 뜻한다. 그의 주장에 따르면, 기업 내에서 더 높은 지위에 올랐다는 것은, 사람들이 더 많이 존경하고 더 많이 귀 기울이며 조직 내에서 토론을 하거나 결정을 내릴 때 더 많은 영향력을 발휘한다는 의미다. 결국 지적 능력은 떨어지지만 자신감이 더 많았던 학생들이 가장 존경받는 사람이 되었고, 그 누구보다 더 큰 영향력을 행사하는 사람이 되어 있었다.

그의 연구 결과는 우리의 예측을 뒤엎는 것이었다. 자신감이 능력보다 더 중요하다고? 우리는 결과를 믿고 싶지 않았다. 그래서 대안이 될 만한 다른 이론을 더 찾아봐달라며 앤더슨 교수를 압박했다.

사실 우리도 내심 현실이 그렇다는 것은 잘 알고 있었다. 몇 년째 주변에서 같은 현상을 목격해왔기 때문이다. 중역 회의실에서 학부모회에 이르기까지, 그 어떤 조직에서든, 특정한 어떤 사람들은 다른 이들보다 더 많이 존경받고 더 많이 귀 기울이는 대상이 된다. 그들은 각종 회의에서 토론을 주도하고 결론을 만들어내는 사람들이다. 그들의 아이디어는 늘 다음 단계까지 이어진다. 그들이 꼭 그 조직에서 가장 능력 있는 사람일 필요는 없다. 다만, 가장 자신감 넘치는 사람일 뿐이다.

능력이야말로 성공의 열쇠라고 믿고, 거기에 모든 것을 거는 여성들의 입장에선 참 허탈한 현실이다. 게다가 '실제 능력 자체는 그리 중요하지 않다'는 앤더슨 교수의 주장은 우리 여성들을 더 당혹스럽게 한다. 그의 설명은 이렇다. "사람이 자신감에 넘치면, 그리고 실제로 얼마나 잘하든 관계없이 스스로가 무언가를 잘한다고 생각하면, 아무래도 더 많이 말하고, 더 많이 행동하게 되는 법이거든요."

그에 따르면, 자신감 넘치는 사람들은 다양한 보디랭귀지를 쓰고, 보다 낮은 어조로 얘기하며, 차분하면서도 편한 모습으로 남들보다 먼저 그리고 더 자주 얘기하는 경향이 있다고 한다. 그는 이렇게 덧붙였다. "그들은 다른 사람들이 봤을 때 아주 자신감 넘쳐 보이는 여러 행동들을 해요. 실제로 어떤 일을 잘하는지 그렇지 않은지는 크게 상관이 없죠."

자신감은 사람을 움직인다. 잘 깨닫지 못할 수도 있지만, 우리 모두는 자신감에 큰 점수를 주고, 자신감 넘쳐 보이는 이들을 존경한다. 앤더슨 교수는 능력이 덜한 사람들이 더 능력 있는 동료들보다 먼저 승진하는 경우가 그렇게 많은 것도, 바로 그 때문이라고 확신한다.

더 기가 막힌 것은 그들의 능력 부족이 반드시 부정적인 결과로 이어지지 않는다는 사실이다. 앤더슨 교수의 학생들 가운데 능력은 없지만 자신감에 넘치는 학생들이 안 좋은 결말에 도달한 경우는 없었다. 그런 학생들은 오히려 나머지 친구들로부터 존경을 받았고 후에 높은 사회적 지위에 올랐다. 앤더슨 교수는 이렇게 말했다. "가장 자신감 넘치는 사람들이 자신이 속한 집단에서 가장 큰 사랑을 받는 것 같았어요. 지나친 자신감이 자기도취로 여겨지지도 않았고요."

정말 중요한 지적이다. 지나친 자신감은 자칫 오만이나 허세로 해석될 수 있다. 그러나 앤더슨 교수는 상대적으로 더 자신감 넘치는 학생들이 다른 학생들로부터 비난을 받지도 않는다고 말한다. 왜냐하면, 그들이 '진심 어린 자신감'을 갖고 있기 때문이다.

여기서 진심 어린 자신감은, 정말 스스로 자신이 뛰어나다고 믿기 때문에, 자연스럽게 자신감이 넘치게 된다는 것이다. 앤더슨 교수는 거짓 자신감은 보면 금방 알 수 있기 때문에, 진심 어린 자신감과 같은 효과를 내지 못한다고 강조한다. 생각해보라. 진심으로 자신이 뛰어나다고 믿지 못하면, 아무리 허세를 부려도 흔들리는 눈빛, 점점 커지는 목소리 등에서 다 드러나게 되어 있다. 저 사람이 진짜 자신감이 있는 건지 늘 관찰하고 의식하지 않아도, 우리에겐 허세를 잡아내는 고성능 레이더가 있다. 몇 킬로미터 떨어진 데서도 금방 거짓 자신감을 포착해내도록 말이다.

앤더슨 교수의 이야기에 내심 반감을 느꼈던 걸까? 우리는 그에게 지나치게 자신감 넘친다는 건 혹시 지능이 떨어진다고 볼 수는 없는지 물었다. 앤더슨 교수는 그런 사람들이 지능은 좀 떨어질 수도 있다는 점을 인정했다. 하지만 자신은 비교적 그리 심하지 않은 자신감을 가진 사람들을 조사 대상으로 삼았다고 강조했다. 아무리 자신감 넘치는 조종사라도 비행기를 착륙시킬 수는 있어야 하기 때문이다. 물론 자신감과 능력 사이에 너무 큰 차이가 있을 경우, 지나친 자신감은 약점과 골칫거리가 된다. 그러나 그건 대부분의 여성들이 걱정할 문제는 아니다.

처음에 우리는 앤더슨 교수의 연구 결과대로라면 세상이 너무 불공평하다고 생각했다. 하지만 그런 생각을 털어내고 보니, 한 가지 유익한 교훈이 눈에 들어왔다. 수십 년간 우리 여성들이 '프로 세계에서의 중요한 법칙 한 가지'를 잘못 이해해왔다는 사실을 깨달은 것이다. 재능이 있다는 것은 단순히 능력이 있다는 의미가 아니었다. 자신감 역시 그 재능의 일부였다. 일을 제대로 해내려면 반드시 자신감이 있어야 한다.

자신감은 주어진 상황을 대하는 태도다

자신감이 없으면, 자기 능력에 합당한 성공을 이룰 수 없다. 우리가 해낼 수 있는 일, 도달 가능한 목표 수준, 누릴 수 있는 만족감을 마음속으로 그려볼 수도 없다. 또한 여성의 리더십을 절실히 필요로 하는 조직에서 제대로 된 기여를 할 수도 없다.

사실 자신감은 훨씬 더 많은 것들을 가져다준다. 사람들은 자신감을 경쟁 혹은 표면적인 성공과 연관 지으며, 요란한 과시일 뿐이라는 꼬리표를 붙이기도 한다. 하지만 우리는 자신감이라는 것이, 우리 삶에 훨씬 더 광범위한 영향을 준다는 사실을 잘 안다. 학자들도 자신감을 내적 행복에 꼭 필요한 요소이자, 충만한 삶을 사는 데 없어선 안 될 요소로 보고 있다.

이탈리아의 심리학자 미하이 칙센트미하이는 인간이 최고의 행복감을 느끼는 조건 중 하나로 '몰입flow'이라는 개념을 제시했다. 완벽한 집중을 가리키는 이 말은, 주어진 일에 자신의 모든 역량을 쏟아붓는다는 의미다. 그런데 몰입 역시 자신감이 없으면 성취할 수가 없다. 자신감이 있어야만 도달할 수 있는 완전한 통달 상태이기 때문이다.

우리는 문득 무언가가 궁금해졌다. 인간은 흔히 사회적 동물이라고 한다. 그렇다면 우리가 단순히 경기에서 승리하거나 상사에게 점수를 따게 해주는 것 말고도, 자신감이 우리에게 어떤 일을 해줄 수 있을지 깊이 들여다보고 싶어졌다. 우리는 영적인 분야에서 그 해답을 찾을 수 있으리라 기대했다.

《진정한 행복: 명상의 힘》을 비롯해 많은 베스트셀러의 저자인 불교 명상 전문가 샤론 샐즈버그는 시내에서 명상센터를 운영 중이었다. 명상센터는 엘리베이터 없이 5층 꼭대기까지 걸어 올라가야 했는데, 나무 소재로 만든 방 안에는 온기와 빛이 가득해 절로 마음이 평온해지는 느낌이었다. 명상센터는 정신 집중을 시도하고 있는 30여 명의 수련생으로 꽉 차 있었다. 그 분위기에 눌린 우리는 골치 아픈 의문들을 모두 잊은 채, 한 시간 가까이 멍하니 앉아 있었다.

잠시 후 자신감이라는 주제를 놓고 샐즈버그와 이야기를 시작했을 때, 우리는 귀가 번쩍 뜨이는 말을 들었다. 평온한 미소를 지으며 그녀가 말했다.

"저는 자신감이란 자신에게 주어진 상황을 대하는 태도라고 생각해요. 그 상황이 경이롭고 놀랄 만한 상황이든 정말 어렵고 힘든 상황이든 말이죠. 말하자면 물러서지 않고 전심전력을 다하는 거예요. 자기 자신을 여럿으로 갈라지게 하지 않고 하나로 모으는 것이고요. 상황이 어떻든 그냥 가는 거예요. 거기엔 우리 삶에 꼭 필요한 에너지가 있죠. 저는 그런 게 자신감이라고 생각해요. 그야말로 인간적인 성취의 일부죠."

우리는 자신감이 삶에 꼭 필요한 에너지라는 생각에 매료됐다. 지금까지 자신감에 대해 생각해왔던 개념을 바꿔야 하는 이야기였지만, 분명 맞는 말이었다. '전심전력' '에너지' '인간적인 성취의 일부'……. 자신감에 대해 이전과는 전혀 다른 말들을 접하며 우리는 근본적인 의문이 생겼다.

'도대체 자신감이란 정확히 어떤 것인가?'

현실 속에서 살아 숨 쉬는 자신감을 찾는 데 앞서, 그리고 자신감이 어디서 오며, 여성들이 왜 자신감이 부족한지 알아보기에 앞서, 이 모든 궁금증들을 해결하기 전에, 우리가 먼저 해야 할 일이 있었다. 바로 자신감에 대해 제대로 정의부터 해야겠다고 생각한 것이다.

The ConfidenceCode

CHAPTER 2

조금만 생각하고 더 많이 행동하기

자신감이 성공할 수 있다는 믿음이라면,
그 믿음 덕에 행동에 나서게 될 것이고, 그렇게 행동에 나서면
더 큰 자신감을 갖게 될 것이고, 계속 그런 식으로 이어질 것이다.

신경과학자 애덤 케펙스 역시 우리와 마찬가지로 자신감에 대한 연구를 하고 있다. 다만 우리와 다른 점은, 연구 대상이 털 달린 조그만 설치류라는 것이다. 케펙스는 쥐가 사람보다 덜 복잡한 동물이라고 말하는데, 자신들의 본능을 복잡한 생각이나 감성 따위로 덮어버리지 않기 때문이다. 인간들은 겉으로는 자신감에 차 있다고 말하지만, 속으로는 두려움에 떤다. 아니면 그 반대일 수도 있다. 말은 불안하다고 하면서 정작 행동은 대담하게 하기도 한다. 그래서 케펙스는 사람이 연구 대상으로서 만족스럽지 않다고 생각한다.

케펙스는 자신의 선택을 얼마나 확신하는지에 대한 연구를 하고 있었다. 심리학자들은 그의 획기적인 연구에 많은 관심을 나타냈는데, 왜냐하면 그의 연구가 인간 말고 다른 종들도 모두 자신감을 가지고 있다는 사실을 알려주기 때문이다.

쥐에게도 자신감이라는 것이 있을 수 있다고 누가 상상이나 했겠는가? 우리는 케펙스의 연구에 흥미를 느꼈다. 쥐를 대상으로 한 그의 연구가 인간의 기본적인 자신감을 이해하는 데 도움이 될 거라 기대했기 때문이다. 케펙스는 쥐들의 자신감 넘치는 의사결정 과정이 인간의 의사결정 과정과 닮은 데가 많다고 믿었다. 그는 우리에게 어떤 장면을 상상해보라고 했다.

당신은 새로 소개받은 레스토랑을 향해 차를 몰고 가는 중이다. 레스토랑의 위치는 미리 들어서 알고 있다. 신호등이 나타나자, 방향을 튼다. 그렇게 1마일 정도를 간 다음, 다시 1마일을 더 간다. 그런데 레스토랑은 나타나지 않았다. 문득 이런 생각이 들기 시작한다. '어, 지금쯤 도착했어야 하는데. 내가 방향을 잘못 틀었나?' 당신이 선택한 방향을 계속 고수할 것인지 말 것인지 하는 결정은, 이제 당신이 선택에 대해 얼마나 큰 자신감을 가지고 있느냐에 달렸다.

케펙스는 '어떤 행동을 계속 고수하는가' 여부야말로 아주 기본적인 자신감의 척도라고 생각했다. 그래서 쥐들의 행동을 통해 쥐들이 어떤 일을 얼마나 계속 고수하는지를 알아내려 한 것이다.

정말이지 자신감이란 무엇일까? 분명한 것은, 자신감이 우리가 처음 이 책을 쓰기 시작했을 때 예상했던 것과는 다른 그 무엇이라는 사실이다.

자신감은 우리가 한때 생각했던 것처럼 단순히 자기 자신에 대해 좋은 감정을 갖는 것도 아니고, 스스로 대단하고 완벽한 사람이라고 말하는 것도 아니며, 원하는 건 뭐든 다 할 수 있다고 큰소리치는 것도 아니다. 그런 식의 생각은 더 이상 통하지 않았다. 단순히 "난 그걸 할 수 있어."라고 말한다고 해서 꼭 당신이 실제로 그걸 믿는다거나 그대로 행동에 옮기지는 않는다. 또, 누군가가 "당신은 정말 대단해요."라고 말해준다고 해서 무슨 도움이 되지도 않는다. 우리에게 필요한 것이 안심시키는 몇 마디 말이나 힘내라며 어깨 한 번 툭 쳐주는 게 전부라면, 누구라도 더없이 능력 있고 멋진 사람이 되었을 것이다.

자신감. 이 말을 들으면 어떤 생각이 드는가? 흔히 자신감이 있다고 자부하는 사람들이 습관적으로 하는 행농늘이나 힘을 과시하는 모습을 떠올리기 쉬울 것이다. 마치 목소리가 가장 큰 사람이 가장 자신감 넘치는 사람으로 여겨지는 식이다. 자신이 무조건 옳다고 믿는 친구나, 어떤 회의에서든 자기가 장악해야 직성이 풀리는 동료들처럼 말이다. 그런 사람들이 가장 자신감 넘치는 사람들 아닌가? 그야말로 자신감 넘쳐 보이는 그런 사람들이?

확신이 있어야 기다릴 수 있다

우리는 케펙스를 만나러 콜드스피링하버 연구소를 찾아갔다. 그가 우리에게 도움을 주리라 믿었기 때문이다. 대서양을 끼고 있어 주변 경관이 아주 뛰어난 그곳은 롱아일랜드에 위치해 있었다. 구불구불한 통로를 따라 그의 사무실에 도착하자, 곱슬머리에 앳된 모습을 한 서른아홉 살의 케펙스가 우리를 맞았다. 그는 몇 시간 동안이나 우리에게 낯선 신경학 세계에 대해 친절히 설명해주었다. 덕분에 우리는 그의 실험실에 있는 쥐들과 인간의 자신감 사이의 관계를 조금 더 잘 이해할 수 있었다.

케펙스는 쥐 한 마리를 커다란 상자에 넣었다. 쥐의 머리에는 많은 전극이 심어진 하얀색 실크 모자가 씌워져 있었다. 상자 한쪽에는 하얀색의 조그만 용기 세 개가 쥐의 코가 닿을 정도의 높이에 나란히 놓여 있었다. 가운데 용기에서는 두 가지 냄새가 방출됐다. 쥐는 그 속에 코를 박고 뒤섞인 그 냄새를 맡았다. 두 가지 냄새는 섞는 비율이 달랐다. 어떨 때는 둘 중 한 냄새가 확연히 더 강했고, 또 어떨 때는 구분하기 힘들 만큼 비율이 비슷했다. 여기서 쥐가 할 일은 비율이 더 높은 쪽 냄새를 알아낸 뒤 스스로 결정해 오른쪽 또는 왼쪽 용기 안으로 코를 들이미는 것이었다.

만일 결정을 잘해서 맞는 쪽을 고를 경우, 그 보상으로 쥐는 물 한 방울을 먹을 수 있게 된다고 케펙스가 설명해주었다. 하지만 그 한 방울의 물을 먹기 위해서 쥐는 기다림을 견뎌야 했다. 그러니까 자기 결정에 대한 확신이 있을 경우, 쥐는 물이 나올 때까지 계속 기다리는 것이다. 물론 확신이 없을 경우, 쥐는 그 물 한 방울을 포기하고 다른 용기로 재시도를 할 수도 있다. 그러나 포기한다는 것은 단지 물 한 방울 먹을 기회를 날려버리는 것을 넘어, 기다리는 데 투자한 시간까지 다 날리게 된다는 의미기도 하다.

결국 쥐는 근본적이면서도 익숙한 딜레마에 빠져 외로운 줄타기를 하게 된다. 우리는 가만히 숨 죽이며 쥐가 왼쪽 용기에 코를 박은 뒤, 끝없이 길게 느껴지는 8초를 기다리는 모습을 지켜보았다. 쥐로서는 오랜 기다림일 것이고, 그만큼 자신의 결정을 확신한다는 뜻이리라. 과연 쥐의 결정이 옳았을까?

만세! 드디어 한 방울의 물이 나오자, 우리는 환히 미소를 지었다. 케펙스는 그렇다고 쥐들이 참 '똑똑하다'고 생각하지는 말라고 했다. 실험에 이용된 쥐들은 수없이 많은 훈련을 했고, 그래서 어떤 냄새가 오른쪽 용기 것인지 아니면 왼쪽 용기 것인지를 아주 잘 맞춘다는 것이다.

케펙스는 이 실험에서 쥐들이 올바른 선택을 하는지를 알아내려 한 것이 아니었다. 그가 알아내려 했던 건 쥐들이 스스로 올바른 선택을 했다고 '얼마나 확신하는가' 하는 점이었다. 쥐들이 스스로 내린 결정에 대해 얼마나 큰 믿음을 갖고 있는지, 그 자신감을 알아내려던 것이다. 그리고 그 자신감은 기다림이라는 행동을 통해 나타난다. 실패 위험을 무릅쓰고 물 한 방울을 기다리며 끝까지 자신의 결정을 고수하는 시간의 길이가 바로 자신감의 크기인 것이다. 쥐들이 확률 계산을 한다는 사실도, 위험을 무릅쓰고 스스로 내린 결정을 고수한다는 점도 우리 눈에는 무척 놀라워 보였다.

쥐들은 익숙한 일에 한해서 거의 로봇처럼 자동적으로 예측한다. 그리고 인간의 두뇌 역시 거의 로봇처럼 자동적으로 움직일 때가 있다. 사실 우리는 매일 거의 무의식적으로 수백 가지 결정을 내린다. 이런 행동들 역시 기본적인 자신감 없이는 불가능한 일이다. 한

참 잠들어 있다가도 알람이 울리면 단번에 버튼을 눌러 알람을 끄고, 순식간에 식기세척기에 접시들을 가지런히 꽂는 일들도 다 그런 경우다.

콜드스프링하버 연구소에서 목격한 것들 덕분에 자신감에 대해 우리가 그렸던 그림이 한층 선명해졌다. 쥐들을 통해 알게 된 사실이 믿을 만한 것이라면, 자신감은 단순히 적극적인 행동을 표출하는 것일 뿐 아니라, 끊임없이 스스로 잘 해낼 수 있다고 생각하는 것이기도 하다. 쥐의 경우, 자신감은 행동(기다림)을 통해 좋은 결과(물 한 방울)를 얻을 수 있다는 믿음이라고 광범위하게 해석힐 수도 있다. 이 모습은 얼핏 자기 효능감과 겹치는 면이 있는데 우리가 관찰한 바에 따르면, 이는 기본적이고 무의식적인 자신감에서 비롯된다. 그리고 우리로 하여금 남은 행동들을 계속 밀고나갈 수 있게 해준다.

케펙스는 자신감에는 '두 가지 얼굴'이 있다고 말한다. 그중 하나는 객관적인 면이다. 이는 자신감을 갖게 해주는 더없이 중요한 수단으로, 우리가 쥐들에게서 본 기본적인 예측 과정이라고 할 수 있다. 자신감의 또 다른 얼굴은 주관적인 면이다. 자신감은 각자가 경험하는 주관적인 감정이라는 것이다. 우리에게 더 익숙하고, 우리가 더 많이 의식히는 자신감은 바로 이 주관적인 자신감이다. 이것은 상대적으로 더 감정적인 자신감이기도 하다. 매력적이긴 하지만 허황된 특성도 있어서 끊임없이 우리를 속이기도 하니까. 결과적으로 케펙스는 쥐들도 나름대로 자신감을 느낀다고 믿고 있었다.

어쩌면 자신감이란 그리 신비스럽거나 대단한 것이 아니며, 죽어라 동경할 만한 것도 아니다. 자신감을 단순하면서도 구체적인 수단으로 본다는 것은, 그리고 이것이 우리 삶에 더없이 유용한 나침반이 되어줄 수 있다는 것은, 얼마나 참신한 발상의 전환인가.

그렇다면 우리 두 사람에게는 어느 정도 자신감이 있을지 궁금해지기 시작했다. 최소한 쥐들만큼은 자신감이 있을까? 우리는 기다림의 달인인 케펙스에게 수술을 통해 머리에 전극을 심는다거나 알쏭달쏭한 냄새를 다량 들이마셔야 하는 일 없이 우리의 기본적이고 객관적인 자신감을 측정해줄 수 있냐고 물었다. 그는 그렇지 않아도 학생들을 상대로 유사한 테스트 몇 가지를 실시하고 있었는데, 순전히 컴퓨터 게임을 이용한 테스트라고 했다.

우리 입장에선 해볼 만한 테스트 같았다. 그래서 우리는 컴퓨터 화면을 보며 여러 가지 낯선 테스트를 치렀는데, 두 사람 다 테스트 결과에 대해 아주 불안해하고 있다는 사실에 놀랐다. 하지만 다행히도 우리 둘 다 테스트 결과가 아주 좋았다. 각 문제에 답하는 데 걸린 시간으로 측정되는 '통계학적 자신감'은 물론 실제 정답률도 아주 높게 나온 것이다. 그런데 그런 결과를 통보받기 전에, 우리 두 사람은 서로 얘기를 나누며 불안감을 털어놨고, 둘 다 테스트 결과가 엉망으로 나올 거라고 예측했다. 우리는 정말 그렇게 믿었고, 그래서 한숨을 푹푹 쉬어댔다. 너무도 낯익은, 모순된 상황을 우리 스스로 연출한 것이다.

　우리는 문제들을 아주 정확히 풀었고 동시에 각 문제에 답하면서 높은 수준의 자신감도 보였다. 그런데도 테스트를 앞두고 스스로 결과가 형편없을 거라고 예측했다. 대체 어찌 된 일일까? 아마도 여성들 속에 내재된 주관적인 자신감과 객관적인 자신감이 완전히 뒤엉켜버린 게 아닌가 싶다. 우리는 이렇게 모순된 행동 패턴이 인간 여성에게만 국한된 것인지도 궁금했다.

　우리가 이런저런 인간 특유의 문제들에 대한 심리학적 철학적 의문들을 늘어놓기 시작하자, 케펙스는 쥐와 인간을 비교하기에는 한계가 있다는 사실을 상기시켜주었다. 하긴 보다 고차원적이고 추상적인 사고를 하는 인간의 자신감이 쥐들의 자신감처럼 단순할 수는 없을 것이다. 예를 들어, 쥐들은 어떤 일을 곱씹어 생각한다든가 미리 예측을 한다거나 결정을 못해서 침대에 누워 머리를 싸매진 않는다. 게다가 성별에 따른 자신감 차이로 괴로워하지도 않는다. 결국 케펙스와 획기적인 그의 연구에서 자신감에 대해 알아낼 수 있는 것은 한계가 있었다. 이제 우리는 연구실 밖으로 나가서 자신감에 대해 알아봐야 했다.

여자를 불안하게 만드는 것들

어느 날 우리는 조지타운대학을 찾아갔다. 다른 학생들은 실외에서 계절에 어울리지 않는 따뜻한 봄 햇살을 즐기고 있는데, 십여 명의 어린 여학생들이 교실에 틀어박혀 선거운동을 어떻게 해야 하는지 배우고 있었다.

그들은 대학생 또래의 여성들에게 공직 출마 방법을 교육시킬 목적으로 설립된 비영리 단체 '러닝 스타트 Running Start'에서 제공하는 프로그램에 참여 중이었다. 여학생들은 하나같이 말쑥한 차림이었고, 소심해 보이진 않았지만 진지한 얼굴들로 말없이 앉아 있었다. 우리가 도착했을 때, 학생들은 서너 명씩 모여 앉아 각자 학생회에 출마하게 된 동기를 이야기하고 있었다.

한 여학생은 교내에서 콘돔을 팔지 않는다고, 또 다른 여학생은 교내에 성폭력 응급 키트가 구비되어 있지 않다고 열변을 토했다. 한 여학생은 학교 기부금 사용과 관련해 우려를 표명했고, 또 한 여학생은 대학 내 연구직 할당에 대한 의견을 피력했다. 러닝 스타트의 교사인 케이티 쇼리가 각 토론 집단에 조금씩 개입하면서 전체 대화를 이끌고 있었다. 그녀는 학생들을 향해 질문을 던졌다. "만일 여러분이 출마한다면, 어떤 이야기를 하고 무엇을 바꾸려 노력할 건가요?" "이 문제에 대해 스스로 얼마나 큰 열정을 갖고 있다고 생각하나요?"

학생들은 세상을 변화시키고 싶어 하는 여성들로, 공직에 출마하겠다는 포부를 키우고 있었다. 그들은 가장 우수하고 총명한 학생들이었다.

학생들에게서 받은 인상은 정말 예의 바르고 상대에 대한 배려심이 많다는 것이었다. 그들은 무작정 토론에 끼어드는 법이 없었다. 늘 먼저 손을 들고 "한 가지 추가해도 될까요?" 또는 "이런 제안 하나 할까요?" 하고 물었다. 남성들이 참여하는 토론과는 정말 다른 모습이었다. 그들 같으면 말하기에 앞서 허락을 구하기나 했을까?

대부분의 젊은 남성들은 목소리도 더 크고 더 적극적이며 자기 의견이 받아들여지게 하려고 기를 쓴다. 남성들은 여성들에 비해 좋은 매너 같은 데는 별 관심이 없을 수도 있다. 걸핏하면 무례하게 끼어들어 (적어도 여성들 입장에서는) 짜증나게 할 수도 있다. 또 남성들의 대화는 여성들에 비해 덜 신중할 수도 있다. 우리는 천방지축 제멋대로 행동하는 것과 자신감을 갖는 것 간의 차이가 발생하는 티핑 포인트Tipping Point가 어딘지 궁금했다. 막말로, 자신감 넘치는 사람이 되려면 망나니 같은 인간이 되어야 하는 걸까?

여학생들이 다시 한 자리에 모였을 때, 우리는 방 안에 있는 부지런한 모범생들에게 한 가지 질문을 던졌다. "여러분 중에 학생회 간부로 출마할 자신이 있는 사람?" 단 한 사람도 손을 들지 않았다. 그래서 우리는 다시 질문을 던졌다. "여러분을 그렇게 불안하게 만드는 게 뭔가요?" 그러자 조지타운대학의 그 뛰어난 여학생들이 여러 대답을 내놓았는데, 다 모아보니 자신감과는 전혀 거리가 먼 그림이 그려졌다.

"학생회 간부로 출마한다는 건 자신을 더 강하게 만들어야 한다는 뜻이에요. 사람들이 우리가 너무 저돌적이라고 생각할 수도 있으니, 쉬운 일은 아니죠."

"만일 내가 진다면, 그건 내 자신의 문제 때문일 거예요. 학생들이 날 별로 좋아하지 않으니까요."

"난 좌절이 내면화되어 있어요. 전에 한 교수님이 내 연구 논문을 혹평하셨는데, 함께 작업했던 남학생은 금방 툭툭 털어버리더군요. 교수님의 혹평 같은 건 개의치 않는 것 같았어요. 난 그걸 극복하는 데 몇 주나 걸렸는데 말이에요."

"고등학생 때 한 남학생과 함께 학생회에 출마해서 당선이 됐어요. 나는 낯을 가리는 편이었고, 그 친구는 자신감이 넘쳤죠. 하지만 일은 내가 다 했어요. 그다음 해에 그 친구와 서로 맞붙게 됐는데, 제가 졌죠. 하지만 능력은 내가 더 있었어요. 난 정말 열심히 일했거든요. 정말 큰 충격이었어요."

"만일 여자가 자신감과 야심에 차 있다면, 밥맛없는 여자로 볼 거예요. 그런데 남자가 그렇다면, 지극히 정상적인 남자로 보겠죠."

"난 여학교를 다녔어요. 정말 두려울 게 없었죠. 수업 시간에 질문하려고 손을 드는 건 전부 여학생들이었으니까요. 그게 당연했고요. 그러다 여기 와 보니, 수업 시간에 여학생들은 의견을 말하거나 질문을 하지 않더군요. 저도 그 여학생들을 따라하게 됐죠. 손도 덜 들고 자기 검열을 하기 시작한 거예요. 순전히 다른 여학생들에 맞추기 위해서 말이죠."

우리는 여성들이 이 모든 불안감 때문에 얼마나 아까운 에너지와 재능을 허비하는지를 새삼 실감했다. 우리는 '힐러리를 위한 준비'의 정치 활동 위원회에 최근 합류한 러닝 스타트의 공동 설립자 제시카 그라운즈와 자신감에 대한 얘기를 나누었다. 그녀는 여러 해 동안 일해오면서 큰 포부를 가진 젊은 여성들에게 가장 필요한 것은 정계 입문서가 아니라 기본적인 자신감 훈련이라는 것을 깨달았다고 말했다.

사실 젊은 여성들은 역량은 충분하지만 자신감이 없다. 그리고 자신감이 없으면 공직에 출마하겠다는 갈망을 행동으로 옮길 수가 없다. 또 그렇게 기회를 놓칠 경우, 한 발짝도 앞으로 못 나가고 계속 쳇바퀴 도는 듯한 삶을 살아야 한다.

우리 역시 이십 대와 삼십 대의 너무 많은 시간을 자기 회의감에 빠져 보냈다. 그렇다. 우리 둘은 지금까지도 너무 많은 시간을 내면화된 좌절감에 빠져 보낸다. 정신 건강과 행복을 위해서도, 젊은 여성들은 부정적인 생각들에서 벗어날 방법을 찾아야 한다. 우리는 그들이 우리 두 사람보다 훨씬 더 빨리 그 방법을 찾아낼 수 있기를 바랐다.

장군의 자신감을 배우다

미국 군대 내에서 가장 지위가 높은 여성들 중 한 명을 만나기 위해서는 거쳐야 할 요식 절차가 많았다. 그녀를 만나려면 여러 차례의 보안 검사를 거치고 끝없이 이어지는 복도를 따라 걸어야 했다. 복도 양옆에는 주요 전투 장면들을 그린 기백 넘치는 그림들과 가슴에 훈장을 잔뜩 단 장군 및 제독들의 인상적인 초상화들이 빼곡하게 걸려 있었는데, 거의 다 사각 턱을 가진 단호한 인상의 남성들이었다. 그렇게 드디어 펜타곤 깊숙한 곳에 있는 제시카 라이트 소장의 집무실에 도착했다.

그녀의 모습이 예상과 많이 달라서, 놀랍기도 하고 신선하기도 했다. 낮고 묵직한 안락의자들과 마호가니 테이블 등등, 그녀의 집무실 내부 장식은 예상대로 남성적이었지만, 라이트 장군 자신은 전혀 그렇지 않았다. 그녀는 고위직 군인이었지만 아주 소탈한 모습이었고, 우리를 소파 쪽으로 안내한 뒤 몇 가지 질문을 하며 마음을 편하게 해주었다.

장군의 두 눈은 초롱초롱 빛나며 호기심이 가득 차 있었다. 그녀는 처음부터 끝까지 우리 말에 주의 깊게 귀 기울였다. 언성을 높이거나 지나치게 공격적인 자신감을 내비친다든가 거들먹거리는 일도 없었다. 게다가 외모까지 너무도 여성스러워서, 틀림없이 다른 여성들과 마찬가지로 여성의 열 가지 리더십 비결 중 하나인 '헤어 스타일과 손톱 가꾸는 일을 즐겨라.'라는 조언을 따르는 듯했다.

그녀는 웃으면서 말했다. "남자들 세계에서 일한다고 해서 꼭 남자들처럼 보여야 하는 건 아니죠." 마음에 드는 말이었다. 라이트는 주어진 틀에 맞추기 위해 자신의 개성까지 억제하려 하지 않았다. 그녀에겐 자기 자신에 충실한 삶을 살 용기가 있었다. 과감하게 여느 여성들처럼 매니큐어를 바르고 사교 모임에 참석하면서도, 인류 역사상 가장 강력한 군대에서 장군 지위를 유지하고 있는 그녀의 모습에서 넘쳐흐르는 자신감을 보았다.

라이트 장군 특유의 자신감이 정말 마음에 들었던 이유가 또 하나 있었다. 그녀는 자신도 가끔 불안감을 느낀다는 사실을 숨기려 하지 않았지만, 그렇다고 해서 그 불안감 때문에 자신의 목표나 포부를 추구하길 멈추지 않았다. 그녀는 1977년 여성 최초로 전투 여단의 지휘를 맡게 됐는데, 당시 너무 불안하고 초조해서 제대로 숨도 쉴 수 없었다고 했다. 그녀는 미소를 지으며 이렇게 말했다. "어머니는 저에게 극기심을 가르쳐주셨지만, 내심 불안하고 초조한 기분이었고 또 혼란스러웠어요."

그러나 라이트 장군에게서 늘 불안해하고, 초조해하는 유약한 사람이라는 인상을 받지는 않았다. 그 자리가 상당한 재능 없이 올라갈 수 있는 자리도 아니다. 그녀는 평소 주뼛주뼛 망설이는 경우가 없다. 그녀는 뛰어난 리더십을 갖고 있다는 건 결정을 제대로 잘 내릴 수 있다는 뜻이며, 그래서 자신은 다른 사람들이 우유부단한 모습을 보이는 걸 잘 참지 못한다고 했다. 그러면서 그녀는 이런 말을 했다. "누군가 내게 '글쎄, 어째야 좋을지 모르겠어요' 하고 말하면, 저는 그 사람과 더 이상 얘기할 시간이 없어요. 내 경우, 상대에게 의견을 좀 달라고 했는데 제대로 제시하지 못하고 미적거리면, 얘기를 그걸로 끝내거든요. 우린 늘 쏜살같이 내달리는 열차에 올라타 있으니까요." 그녀는 딱 잘라 말했고, 우리는 그런 그녀를 보며 왠지 실망시켜선 안 될 것 같은 사람이라는 느낌을 받았다.

그녀는 자신이 과소평가되는 것도 거부했다. 제시카 라이트는 누군가 자신을 찍어 누르려고 하면, 설사 위축감이 느껴지는 상황에서도 곧장 행동에 나선다. 신참 중위 시절 그녀에게 한 고참 상사가 대놓고 자신은 여성들이 군대에 있는 게 마음에 안 든다고 말했다고 한다. "머릿속에 오만 가지 생각이 다 들더군요. 저는 그 사람을 쳐다보며 이렇게 말했어요. '그래요? 그렇다면 이제 그런 생각에서 헤어나올 기회가 왔네요.'" 우리가 소리 내 웃자 그녀는 장난기 어린 미소를 지어 보였다. "그때 어떻게 내 입에서 그런 말이 튀어나왔는지 지금도 모르겠어요. 정말로요."

그녀가 그렇게 대담한 응수를 한 것은 보람이 있었다. 편향된 생각을 갖고 있던 그 고참 상사는 곧 그녀와 친한 사이가 되었고, 심지어 젊은 장교 시절의 그녀에게 든든한 멘토가 되어준 것이다. 그녀는 모든 것이 다 그 일 덕이라고 생각한다. 그때 혼자 힘으로 일어설 수 있고 또 실제로도 그렇게 하리라는 걸 스스로 입증해보인 것이다.

우리는 자신감의 본질을 규명하는 데 도움을 주리라는 기대를 갖고 라이트 장군을 방문했는데, 그녀는 우리의 기대를 저버리지 않았다. 결국 그녀는 자신감이 무엇인지 구구절절 설명할 필요조차 없었다. 그녀 자신의 스타일과 이야기들을 통해 너무도 분명히 자신감의 실체를 보여줬기 때문이다.

우리의 노트에는 굵은 동그라미들이 여럿 그려졌다. 나중에 인용하고픈 '행동' '대담' '결정' 같은 말들도 노트에 적어 넣었다. 또 '진심 어린' '여성적인' 같은 말들도 적었다. '편안함'이란 말도 함께.

라이트 장군은 여러 겹의 복잡한 감정들을 갖고 있었지만, 조지타운대학 여학생들이 갖고 있던 고민거리들을 제대로 극복해냈다. 진정한 자신감이 무엇인지 이해하도록 도울 결정적인 단서들을 제공해준 것이다.

자신감이 뭐라고 생각하세요?

우리는 자신감에 대한 새로운 이론을 세우려는 중이었다. 그래서 그런 주제를 평생의 사업으로 다뤄온 전문가나 심리학자들의 도움을 받고 싶었다. 먼저 우리는 그들에게 얼핏 단순해 보이는 질문을 던지기 시작했다. "자신감을 뭐라고 정의하시나요?" 그때마다 번번이 긴 침묵 뒤에 이런 답이 나왔다. "글쎄요. 그게 좀 복잡해서."

앞서 언급한 워싱턴대학 심리학 교수 조이스 에링거는 우리의 고충을 이해한다는 듯 한숨을 쉬며 이렇게 말했다. "자신감이란 말은 아주 애매모호한 말이 돼버렸어요. 온갖 경우에 다 갖다 붙이는 상투적인 용어처럼 되었거든요. 그래서 여러분이 왜 헷갈려 하는지 충분히 이해가 됩니다."

베스트셀러 작가이자 긍정심리학 코치이기도 한 캐롤린 밀러는 이렇게 말했다. "일반적인 자신감이란 마음 자세, 그러니까 세상을 바라보는 관점을 뜻해요. 보다 구체적으로 말해서 자신감이란 뭔가를 마스터할 수 있다는 감정이죠."

캘리포니아대학 사회심리학 교수 브렌다 메이저는 이렇게 말했다. "자신감에 대해선 이렇게 생각해볼 수 있어요. 스스로 특정한 일을 하는 데 필요한 역량을 갖추고 있다고 얼마나 확신하느냐 하는 거죠."

유타주립대학의 크리스티 글래스 교수는 우리에게 이렇게 말했다. "자신이 하고자 하는 일을 제대로 해낼 수 있다는 믿음이죠. 분야와 관련이 있어요. 예를 들어, 대중 연설가로서는 자신감이 있지만, 작가로서는 자신감이 없다는 식으로 말이죠."

글래스 교수의 말은 자신감에 왜 그렇게 이해하기 힘든 면이 있는지를 이해하는 데 도움을 주었다. 어떤 상황에서는 자신감이 있는데, 또 어떤 상황에서는 자신감이 없으니 말이다. 예를 들어, 테니스 선수 안드레 애거시는 테니스 분야에서는 믿기 어려울 정도의 자신감을 보였지만, 그 외의 방면에서는 온통 자기 회의감으로 일관했다. 이는 또 왜 그 많은 여성들이 개인 생활에는 자신감을 보이면서, 일에서는 그런 자신감을 보이지 못하는지도 설명해준다. 어떤 사람이 대인 관계에는 자신감을 보이면서도 의사결정과 관련해서는 자신감을 갖지 못하는 것도 같은 이유 때문이다.

자신감이 뭔가를 마스터할 수 있다는 감정이라는 캐롤린 밀러의 이야기 역시 우리의 관심을 끌었다. 뭔가를 마스터해서 얻게 된 자신감은 전염성이 있다. 점점 확산된다. 사실 무엇을 마스터하느냐 하는 건 그리 중요하지 않다. 어린아이의 경우, 겨우 신발 끈 묶는 법을 마스터하는 것일 수도 있다. 중요한 것은 뭔가를 마스터하게 되면 다른 무언가를 시도해볼 자신감이 생긴다는 사실이다.

비슷하지만 다른 자신감의 사촌들

자신감이 점점 뚜렷이 보이기 시작했다. 우리는 자신감에는 행동, 그러니까 뭔가를 하거나 마스터하거나 결정하는 일 같은 것들이 포함된다는 확신을 점점 더 강하게 갖게 됐지만, 여전히 우리의 관심을 끄는 다른 말들도 있었다. 한때는 '자신감'과 '자존감'을 동일시하는 초보적인 실수도 했지만, 그 실수는 전문가들을 만난 뒤 바로잡게 됐다. 물론 자신감의 사촌들도 다 가질 만한 가치가 있다. 그러나 많은 사람들이 흔히 자신감과 같은 것으로 생각하는 다른 긍정적인 특성들, 즉 자존감, 낙관주의, 자기 관용, 자기 효능감과 자신감 사이에는 몇 가지 중요한 차이들이 있다.

이 집안 식구들 가운데 일부는 그간 지속적인 연구가 이루어져 많이 알려지기도 했다. 그러나 일부는 낯선 새 식구다. 그리고 각기 지지하는 사람들도 있고 비난하는 사람들도 있다. 어떤 사람들은 낙관주의가 인생의 열쇠라고 말할 것이고, 어떤 사람들은 자존감 없이는 절대 행복해질 수 없다고 말할 것이다.

이 특성들의 공통점은 하나같이 우리의 삶을 더 풍요롭게 해주고, 능력을 최대한 발휘하도록 도우며, 직장에서의 업무 성과를 높여주고, 인간관계를 더 깊이 있게 해준다는 것이다. 이 모든 특성을 골고루 풍성하게 갖고 있는 것보다 더 이상적인 일은 없을 것이다.

자존감

"난 소중한 사람이며 스스로에 대해 좋은 감정을 갖고 있다."

이 말에 고개를 끄덕일 수 있다면, 당신은 아마 자존감이 매우 높은 사람일 것이다. 자존감이란 각 개인에 대한 전반적인 가치 평가다. 자존감은 자신이 사랑받을 만하며 인간으로서 가치가 있다고 믿게 해준다. 부와는 아무 상관이 없다. 더없이 돈이 많거나 자기 분야에서 가장 큰 성공을 거둔 CEO라 해도 자존감이 낮을 수 있다.

1960년대 중반 사회학자 모리스 로젠버그는 기본적인 자존감 측정표를 고안해냈는데, 지금까지도 세계적인 표준으로 쓰이고 있다. 그 측정표는 '나는 자랑할 만한 게 별로 없는 것 같다' '나는 좋은 점이 많은 것 같다' 같은 간단한 질문들로 이루어진 목록이다. 이 두 질문과 다른 여덟 가지 질문에 답하면, 금방 자신의 자존감을 측정해볼 수 있다. 자신의 자존감 수준이 궁금하면 직접 풀어보기 바란다. **Note 1 참조**

자존감은 정신적인 행복을 누리는 데 꼭 필요하지만, 자신감과는 다르다. 자존감과 달리 자신감은 자기 자신이 무언가를 할 수 있다는 감정과 관련이 있기 때문이다. 예를 들어, "나는 이 달리기 경주에 참여해 끝까지 뛸 자신감이 있어." 이런 식으로 말할 수 있는 것이다. 그러나 자존감은 자신감에 비해 보다 안정적이고 포괄적인 의미다. 만일 당신이 지금 처한 상황에 대해 전반적으로 좋은 감정을 갖고 있다면, 당신은 평생 그 위치를 지키게 될 것이고, 그것이 당신이 하는 많은 일에 영향을 줄 것이다. 그리고 좌절감과 맞서 싸우는 데도 소중한 방패 역할을 해줄 수 있다.

자존감은 분명 자신감과 상당 부분 중복된다. 자존감이 높은 사람은 대개 자신감이 많고, 자존감이 낮은 사람은 자신감도 없다. 특히 높은 자존감이 재능이나 능력을 기반으로 할 경우 자존감과 자신감의 관계는 더 밀접해진다. "나는 내 자신이 가치 있는 사람이라고 생각해. 똑똑하고 민첩하며 유능한 데다가 내 분야에서 성공도 했으니까." 이런 얘기가 가능해지는 것이다. 그러나 만일 재능이나 역량, 지능, 성취 그런 것에는 전혀 관심이 없고, 착한 사람이 되거나 독실하게 또는 도덕률에 따라 사는 데 관심이 많다면, 자존감과 자신감의 관계는 덜 밀접해지게 된다.

그런데 최근 들어 자존감의 병폐가 보고되고 있는 사실에 주목할 필요가 있다. 지난 수십 년간 일선 학교와 가정, 그리고 심지어 직장 내에서까지 자존감을 지나치게 강조한 것이 심리학자들 사이에서 비판을 받고 있는 것이다. 사람들에게 자존감을 지나치게 강조한 나머지 비현실적인 자존감이 형성됐기 때문이다. 아이들한테 그리고 가끔은 성인들한테 주구장창 그들이 모두 승자이며 모두 대단한 사람들이며 또 모두 완벽한 사람들이라는 얘기를 반복한 결과였다. 전문가들은 자존감으로 똘똘 뭉친 아이들 세대가 통제 불능의 성인으로 자라는 걸 지켜보았고, 결국 자존감은 뭐든 할 수 있고 또 뭐든 스스로 결정할 수 있다는 믿음을 뒷받침해줄 만큼 든든한 토대가 되지 못한다는 사실을 깨닫게 되었다.

낙관주의

요즘에는 낙관주의가 자존감의 자리를 넘보며 더 각광받고 있다. 낙관주의를 뜻하는 영어 optimism은 라틴어로 optimum인데, 이는 가장 좋은 쪽으로 생각한다는 뜻이다. 따라서 사람이 낙관적이라는 것은 주어진 상황에서 가장 좋은 결과가 나오리라 기대한다는 의미가 된다.

낙관주의는 주어진 상황을 어떻게 해석하느냐 하는 문제다. 잔에 물이 반 남았을 때, 어떤 사람은 물이 아직 반이나 남았다고 좋아하고 어떤 사람은 물이 벌써 반이나 비었다고 탄식한다는 것은 지금도 통하는 예다. 영국 수상 윈스턴 처칠은 그 차이를 이렇게 말한 바 있다. "비관론자는 모든 기회에서 어려움을 보고, 낙관론자는 모든 어려움에서 기회를 본다." 기억해둘 만한 멋진 말 아닌가.

낙관주의의 또 다른 특징은 감사다. 낙관론자는 자신에게 늘 좋은 일들이 일어난다고 보며, 그래서 그 모든 것에 감사하는 마음을 갖는다. 그러나 비관론자는 긍정적인 일에 무덤덤한 경향이 있으며, 그래서 실제로 좋은 일이 일어나도 그저 우발적인 일에 지나지 않는다고 생각한다.

심리학자들은 어떤 사람이 낙관적인지 비관적인지를 알 수 있는 간단한 테스트 방법을 알려주기도 한다. 만일 누군가를 위해 문을 열어주었을 때, 낙관론자라면 고맙다고 말할 것이다. 그러나 비관론자라면 상대가 자신을 위해 문을 열어준 거라는 사실조차 모를 수 있고, 설사 그걸 안다 하더라도 자신이 아닌 다른 누군가를 위해 문을 열어준 것이라 여긴다. 한편, 사람의 성향이 아니라 어떤 특정 사안에 대해 낙관적일 수도 있다. 그러니까 누군가는 특별히 마라톤이 재미있을 수도 있고, 시험이 쉽게 느껴질 수도 있다. 그리고 자존감과는 달리, 낙관주의는 자기 가치에 대한 판단이 아니라, 외부 세계에 대한 관점에 바탕을 둔 마음 자세다. 그러니까 자신의 재능이나 타고난 선함 때문에 낙관적인 것이 아니라, 세상을 긍정적으로 해석하기 때문에 낙관적인 것이다.

미시건대학 심리학 교수 박난숙은 낙관주의에 관한 한 세계에서 가장 유명한 전문가 중 한 사람이다. 그녀는 자신감과 낙관주의는 서로 밀접한 관련이 있지만 한 가지 중요한 차이가 있다고 말한다. 낙관주의는 세상에 대한 보다 일반적인 관점으로, 반드시 행동으로 이어지지는 않는다는 것이다. 그러나 자신감은 반드시 행동으로 이어진다. 그녀는 이렇게 말한다. "낙관주의는 모든 게 잘되리라는 느낌이에요. 그러나 자신감은 '난 이걸 잘되게 할 수 있어.' 하는 거죠."

긍정심리학 운동의 창시자 중 한 사람인 마틴 셀리그만은 오늘날 심리학 분야에서 가장 큰 영향력을 가진 사람들 중 한 명이기도 하다. 그는 낙관주의를 다른 각도에서 조명해, 낙관주의 역시 행동으로 이어질 수 있는 강력한 특성을 갖고 있으며, 그런 면에서는 자신감과 비슷한 점이 있다고 말한다. 자신의 베스트셀러《학습된 낙관주의 Learned Optimism》에서 그는 다른 기술들과 마찬가지로 낙관주의도 꾸준한 연마와 노력을 통해 더 강화할 수 있으며, 그것이 무언가를 해낼 수 있는 원동력이 되어줄 수 있다고 주장한다. 셀리그만의 견해에 따르면, 낙관론자들은 자신이 뭔가 변화를 이끌어 낼 수 있다고 믿는다. 그러니 세상이 암울하게 보일 수가 없는 것이다.

자기 관용

자기 관용은 자신감의 사촌들 가운데 가장 최근에 주목 받고 있는 개념이다. 이것은 원래 자애심이라는 불교 사상과 샤론 샐즈버그의 명상 관련 저서에서 시작된 것이지만, 최근에는 텍사스대학 교육심리학과 교수인 크리스틴 네프가 학문적인 연구에 앞장서고 있다. 자기 관용의 핵심은 자기 자신에게 더 관대해져야 한다는 것이다. 그래야 더 건강해지고 더 많은 걸 성취할 수 있으며 자신이 하고자 하는 일을 더 잘 해낼 수 있기 때문이다.

 자기 관용은 친구들을 대하듯 자신을 대하라고 말한다. 만일 어떤 친구가 다가와서 "시험을 망쳤어. 실수를 했어." 이렇게 말한다면, 당신은 어떻게 하겠는가? 아마 따뜻하게 대하면서 힘을 주고 이해해주며 필요하다면 따뜻한 포옹도 해줄 것이다. 그런데 네프 교수에 따르면, 사람들이 자기 자신에 대해선 그렇지 않은 경우가 너무나 많다고 한다. "실제로 다른 사람들의 실수에는 더없이 너그러운 사람들이 자기 자신의 잘못은 좀체 용서하려 하지 않는 경우가 많아요."

 자기 관용의 두 번째 중요한 특징은 개인적인 경험을 인류 모두의 공통된 경험으로 보려는 것이다. 이는 자신의 개인적인 결함이나 고통을 인류 모두의 결함이나 고통이란 관점에서 보게 해준다. 시험에서 낮은 점수를 받거나 승진에서 누락되거나 실직을 하거나 실연을 당했을 때, 우리의 본능은 이렇게 말한다. "어떻게 이런 일이 있을 수 있지?" 그런데 이런 좌절들은 인간 삶의 한 부분들일 뿐이며, 그런 좌절을 겪지 않는다면 로봇이나 다름없을 것이다. 이런저런 좌절을 자기 관용의 관점에서 바라본다면, 당혹감이나 소외감도 덜 느끼게 될 것이다.

 그런데 이런 자기 관용이 어떻게 자신감의 사촌이 될 수 있을까? 얼핏 보기에, 자기 관용과 자신감은 전혀 한 집안 식구 같지가 않은데 말이다. 우리가 이제 확신하게 된 사실이지만, 자신감에는 행동이 따른다. 그런데 자기 관용은 이렇게 말한다. "자신을 너무 몰아세우지 마. 이제는 보다 인간적인 측면에서 자신을 이해하고, 실패를 받아들여."

네프 교수는 자기 관용이 자신감을 갖고 위험을 무릅쓰게 해준다고 말했다. 또한 자기 관용은 더 많은 일과 심지어 더 힘든 일들을 마음 놓고 시도해볼 수 있게 해주는 안전망 역할을 한다고 강조한다. 설사 실패한다 해도 그 충격을 완화시켜주기 때문에, 동기부여 요인이 된다는 것이다.

네프 교수는 이렇게 말했다. "대부분의 사람들은 목표 도달에 필요한 동기부여를 찾기 위해서는 스스로에게 냉정하게 대하고 비판적일 필요가 있다고 생각합니다. 그런데 끊임없이 자기 자신을 비판할 경우 스스로 기가 꺾이게 되잖아요. 그걸 동기부여라고 할 수는 없죠."

자기 관용은 가끔은 평균 정도만 되어도 좋다고 받아들이는 것이다. 축구 시합에서 이기려 애쓰는 다섯 살짜리 아이든 파트너를 만들려고 애쓰는 서른다섯 살 난 어른이든, 많은 사람들이 모든 면에서 최고가 되려 애쓰며 산다. 지금 우리는 승자 외에는 전혀 환영 받지 못하는 문화 속에 살고 있는 것이다.

"제가 만일 두 분에게 '기자로 봤을 때 평균 수준이네요.'라고 말하면 기분이 어떨 것 같아요? 아주 안 좋겠죠, 안 그래요?" 네프 교수가 말했다. "평균 수준이라는 말을 듣는 게 모욕처럼 여겨지는 거예요. 우린 너나 할 것 없이 평균은 넘어야 한다고 생각하는데, 그러려면 아주 치열한 경쟁을 각오해야 하죠. 하지만 그건 통계학적으로 말도 안 되는 이야기예요. 모든 사람이 평균을 넘는다는 건 불가능하니까요."

우리는 직장에서뿐 아니라 모든 방면에서 끊임없이 비교를 당하며 살아간다. "옆집 여자가 나보다 더 날씬하고 더 돈도 많은 것 같아. 결혼도 더 잘했어." 매사에 그런 식이다. 그러나 다른 사람들이 성취한 것과 비교해 자기 자신을 판단하는 것은 인생을 길게 놓고 봤을 때 큰 의미가 없는 일이다.

자기 관용은 끊임없는 비교가 우리를 얼마나 피곤하게 만드는지 잘 안다. 위험을 무릅쓰려면, 늘 이기진 못한다는 것을 알아야 한다. 안 그러면, 행동에 나서려 하지 않거나 신세타령만 하고 앉아 있게 될 것이다. 자기 관용은 행동하지 않는 것에 대한 구실이 아니다. 오히려 행동에 나서라고 격려하고 다른 사람들과 연결시켜 주며, 장점과 약점을 두루 가진 인간이 되도록 돕는다.

자기 효능감

자신감의 식구들 중에서 자기 관용이 따뜻하면서도 부드러운 사촌이라면, 자기 효능감은 뭔가를 하라고 윽박지르는 거친 사촌이다.

1977년, 심리학자 앨버트 밴두러의 논문 〈자기 효능감: 행동 변화의 통합 이론을 향해〉가 발표됐다. 알쏭달쏭한 제목의 이 논문은 잠잠하던 심리학 분야에 일대 파문을 일으켰다. 그리고 이후 30년간, 자기 효능감은 심리학 분야에서 가장 활발한 연구가 이루어진 주제들 중 하나가 되었다. 자기 효능감은 무언가에 성공하는 데 필요한 자기 능력에 대한 믿음이라고 정의된다. 밴두러의 중심 전제는 자기 능력에 대한 믿음, 그러니까 자기 효능감이 사고와 행동과 느낌의 지평을 넓혀줄 수 있다는 것이다.

목표 지향적인 자기 효능감의 특성은 특히 성공을 중시한 베이비붐 세대에게 잘 먹혀들었다. 또한 자기 효능감은 실용적인 면을 중시하는 특성이 있다. 우리는 모두 성취하고 싶은 목표를 가질 수 있다. 몸무게를 10킬로그램 줄이겠다든가, 스페인어를 배운다든가, 연봉을 높여야겠다는 등의 목표 말이다. 밴두러는 그런 포부를 실현하게 해주는 열쇠가 바로 자기 효능감이라고 말한다.

강한 자기 효능감을 갖고 있을 경우, 도전을 정복해야 할 과업으로 보게 된다. 그렇게 되면 자신이 하는 행동들에 더 깊이 몰두하게 되고, 좌절했을 때도 더 빨리 일어서게 된다. 그래서 자기 효능감이 부족하면 도전을 피하게 되고, 어려운 일들이 자신의 능력을 넘어서는 일이라 여기게 되며, 부정적인 결과들에 대해 더 많이 생각하게 된다. 그리고 자신감 경우와 마찬가지로, 자기 효능감에는 무언가를 마스터하는 것이 아주 중요하다. 다시 말해, 열심히 노력해 무언가에 능해지면, 성공할 수 있다는 믿음, 즉 자기 효능감 또

한 그만큼 더 커지는 것이다.

  일부 전문가들은 자기 효능감을 자신감과 동일한 것으로 본다. 또 어떤 전문가들은 둘 사이에는 분명 차이가 있다고 말하는데, 자신감은 세상에서 성공할 수 있는, 자기 능력에 대한 훨씬 더 일반적인 믿음이라는 것이다. 우리가 보기에, 자기 효능감 역시 마틴 셀리그만 교수가 말한 '학습된 낙관주의'와 약간 비슷한 면이 있다. 자신감과 자기 효능감 그리고 낙관주의가 모두 자기 능력에 대한 믿음과 밀접한 관련이 있기 때문이다.

  낙관주의의 일부든 아니면 고전적인 의미에서의 자신감의 일부든, 뭐라 이름 붙이든 관계없이, 결국 자기 효능감은 무언가를 성공시킬 수 있다는 믿음, 무언가가 일어나게 할 수 있다는 믿음이라고 할 수 있다.

생각을 멈추고, 행동에 나서라

  이런 말이 있다. "모든 게 당신 머릿속에 들어 있다." 그러나 자신감에 관한 한, 그것은 틀린 말이다. 자신감은 전혀 머릿속에 들어 있지 않다. 자신감을 길러서 제대로 활용하려면 오히려 머리 밖으로 나와야 한다.

  자신감이 행동과 관련 있다는 것을 우리는 쥐들에게서 보았고 제시카 라이트 장군과 여러 학자들로부터 들었다. 우리는 자신감의 가장 중요한 요소 중 하나가 행동이라고 확신하며, 무언가에 성공할 수 있다거나 무언가가 일어나게 할 수 있다는 믿음 또한 아주 중요하다고 생각한다. 러닝 스타트 프로그램에 참여한 조지타운대학의 젊은 여성들에게서 확인한 사실이지만, 자신감이 있으면 자기 회의감에 빠져서 아까운 시간과 에너지를 낭비하지 않는다. 그리고 스스로 자신의 안전지대에서 빠져나와 힘겨운 일에 도전하게 된다. 우리는 또 자신감은 꾸준한 노력과도 관련이 있다고 확신한다. 무언가를 마스터해야 하기 때문이다. 그리고 자신감을 갖는다는 것은 좌절을 딛고 일어난다는 것이며 포기하지 않는다는 뜻이다.

자신감의 사촌들 모두가 목표를 달성하는 데 도움을 줄 것이다. 예를 들어 결과에 대해 낙관적이라면, 목표를 향해 나아가는 일이 더 쉽게 느껴진다. 또 자존감이 크다면, 자기 자신이 본질적으로 가치 있다고 믿게 되고, 그래서 사장이 자신의 연봉을 인상시켜주지 않을 거라는 지레짐작은 하지 않게 된다. 그리고 자기 관용이 있다면, 무언가에 실패한다 해도 스스로를 너무 몰아세우지 않고 그 실패를 보다 가볍게 받아들이게 된다.

우리는 마침내 자신감을 어떻게 정의해야 할지 확신을 갖게 되었다. 수십 년간 자신감 문제를 연구해온 오하이오주립대학 심리학 교수인 리처드 페티는 우리가 힘겨운 탐사를 하면서 기댈 수 있는 가장 든든한 가이드 중 한 사람이었는데, 그는 그동안 우리가 알아낸 모든 것들을 한마디로 명쾌하게 정리해주었다. "결국 자신감이란 생각을 행동으로 바꿔주는 것이다."

그는 물론 다른 요소들도 다 중요한 역할을 한다며 다음과 같이 말했다. "선뜻 실행에 옮기기 두려운 행동을 하려면 용기라는 것이 필요합니다. 실행에 옮기기 힘든 행동이라면, 이번엔 강한 의지가 필요하겠죠. 분노나 지능, 창의성 등도 일정한 역할을 할 수 있고요. 그렇다고 해도 무엇보다 중요한 건 역시 자신감이겠죠. 자신감이 있다면 먼저 어떤 일을 과연 해낼 수 있을지 판단한 다음, 그것을 행동으로 바꾸게 되니까요."

'자신감은 생각을 행동으로 바꿔주는 것이다.' 정말 간결하면서도 가슴에 와닿는 말이었다. 그 말은 우리가 다음 탐사 단계로 나가는 데 필요한 기본 원칙이 되었다. 또 그 말 덕분에 그간 끌어모은 이런저런 실마리들이 자연스레 풀리게 됐다. 우선 자신감과 노력 그리고 어떤 일을 마스터하는 행동 사이의 관계가 명확해졌다. 그 세 요소가 놀라운 선순환을 하게 된 것이다. 다시 말해, 자신감이 성공할 수 있다는 믿음이라면, 그 믿음 덕에 행동에 나서게 될 것이고, 그렇게 행동에 나서면 더 큰 자신감을 갖게 될 것이고, 계속 그런 식으로 이어질 것이다. 그리고 그 자신감은 노력을 통해, 마스터하는 행동을 통해, 성공을 통해, 그리고 심지어는 실패를 통해서도 계속 쌓여갈 것이다. 어쨌든 우리는 어느 시점에서 생각만

하는 일을 멈추고, 그냥 행동에 나서야 한다.

우리는 그런 일이 현실 세계에서 어떻게 일어나는지를 이탈리아 밀라노대학의 사례에서 확인할 수 있었다. 우리는 남성과 여성의 자신감 차이에 대해 오랜 기간 관심을 보여온 심리학 교수 자크 에스테스를 찾았다.

에스테스 교수는 500명의 남녀 학생들을 상대로 컴퓨터 모니터상에서 3D 이미지들을 재구성하게 하는 일련의 테스트를 실시한 적이 있었다. 이때 테스트의 주 목적은 자신감이 조종될 수 있는 것인지 그리고 여성들이 몇몇 분야에서 남성들보다 자신감이 덜한지 알아보는 것이었다.

테스트를 위해 공간 퍼즐을 풀게 한 결과, 여학생들이 남학생들에 비해 눈에 띌 정도로 낮은 점수를 받았다. 왜 이런 결과가 나왔을까? 에스테스 교수는 학생들이 제시한 답을 유심히 다시 들여다보았고, 여학생들이 그렇게 낮은 점수를 받은 이유를 찾아냈다. 알고 보니 여학생들은 많은 문제를 아예 풀 생각조차 하지 않았다. 자기 능력에 대한 자신이 없어서, 그냥 포기해버린 것이다. 그래서 이번에는 학생들에게 최소한 모든 퍼즐을 다 풀어야 한다고 말했다. 결과가 어땠을 것 같은가? 여학생들의 점수가 갑자기 치솟아, 남학생들 점수와 비슷해졌다.

자신감이 부족하면 자연스럽게 '행동에 나서지 않게' 된다. 행동에 나서지 않음으로써, 그러니까 자신이 없어서 망설이다가 풀어야 할 문제들까지 그냥 포기해버림으로써, 여성들은 스스로 자기 발목을 잡고 있는 것이다. 이건 중요한 문제다. 하지만 행동에 나선다면, 그러니까 비록 강요에 의해서라도 포기했던 문제들까지 다 푼다면, 여성들은 남성들에 비해 전혀 뒤질 것이 없다.

에스테스 교수는 조금 다른 테스트를 해보았다. 이번에는 무조건 모든 문제에 답해야 한다고 말했다. 그러자 남녀 학생 모두 100점 만점에 80점을 받으며 똑같은 능력을 보여주었다. 그런 뒤 다시 테스트를 하면서 이번에는 각 문제를 푼 뒤 자신이 제시한 답에 어느 정도 자신 있는지를 쓰라고 했다.

그런데 놀랍게도 자신이 제시한 답에 확신이 있는지 생각해야 하는 상황이 되자, 학생들의 문제 해결 능력까지 달라졌다. 남학생들의 점수는 93점까지 치솟은데 반해, 여학생들의 점수는 75점으로 떨어진 것이다. 우리 여성들은 정말 기회만 생겼다 하면 기다렸다는 듯이 자기 자신에 대해 부정적인 생각을 하는 걸까? 무언가에 대해 확신하느냐는 간단한 말 한마디에 남성들은 자신들이 대단한 존재라는 걸 기억해내는 듯한데, 우리 여성들은 온 세상이 다 뒤흔들리니 말이다.

테스트의 마지막 단계에서 에스테스 교수는 직접적으로 자신감을 끌어올려줄 방법을 시도했다. 무작위로 선택한 몇몇 남녀 학생들에게 이전 테스트 결과가 아주 좋았다고 말해준 것이다. 그리고 나서 테스트를 하자, 이전 테스트 결과가 아주 좋았다는 말을 들은 학생들의 점수가 급격히 뛰어올랐다. 이 사례만 봐도, 여성들이 평소 일상생활에서 자신감 문제로 얼마나 큰 손해를 보고 있는지 짐작하고도 남는다.

약간 지나친 자신감이 가장 좋다

누구나 이런 상상을 해볼 수는 있다. 내가 만일 소설을 쓰게 된다면, 그 높은 자리에 앉을 수 있다면, 흥미로운 낯선 사람에게 말을 걸 수 있다면 등등. 하지만 실제로 이런 상상을 실행에 옮기는 이가 몇이나 될까?

자신감은 직업에서는 물론이고 지능, 운동, 사회생활, 그리고 심지어 성생활과 관련해서도 큰 도움을 주는 삶의 조력자다. 만일 학회에서 만난 그 남자가 너무 멋지다면, 그에게 직접 전화를 걸어 데이트 신청을 하고 싶다면 행동에 나서겠는가? 혹시 나를 따분하다거나 매력 없다거나 너무 나댄다고 생각하면 어쩌지? 이런 걱정을 하는 것은 지극히 당연하다. 그리고 자신감이 없다면 이런 걱정에 눌려 옴짝달싹 못할 것이다. 그저 방안에 앉아 전화를 걸어볼까 어떻게 뭐라도 해볼까 생각만 할 뿐, 실제로는 아무것도 못하게 된다. 하지만 이때 자신감이 있다면, 곧바로 전화기를 집어들 것이다.

물론 자신감 말고도 사람들을 행동에 나서게 만드는 다른 특성들이 있다. 예를 들어, 야망 내지 포부는 자신감과 힘을 합쳐 목표를 향해 나아가게 해준다. 용기는 매 순간 행동에 나설 것을 독려한다. 그것도 대개 아주 강하게 독려하기 때문에, 처음에 우리는 용기를 자신감의 또 다른 사촌으로 볼 뻔했다. 그러나 자신감은 무언가를 해낼 수 있다거나 성공할 수 있다는 자기 능력에 대한 믿음을 바탕으로 행동에 필요한 기본 토대를 제공해주는 데 반해, 용기는 실패 위험이나 성공과는 거의 무관하게 무조건 행동을 독려한다. 그러니까 용기는 자신감과는 전혀 다른 정신 영역에서 나오는 것이다. 물론 용기는 자신감을 도와 아주 중요한 삶의 동반자 역할을 해줄 수 있다. 특히 우리가 자신감의 도움을 별로 받지 못하는 상황에서 우선 첫발을 내딛어야 하는 순간, 용기는 특히 중요한 역할을 한다.

우리를 움츠러들게 만드는 다른 요소들도 있다. 예를 들어, 동기부여의 결여는 승진 신청조차 못하게 만든다. 미루는 버릇은 마라톤에 대비한 훈련을 중단시킬 수도 있다. 하지만 우리가 정말 끝까지 뛸 생각만 있다면, 성공할 수 있다는 자기 능력에 대한 믿음만 있다면 이런 것들은 크게 문제가 되지 않는다. 그리고 우리 솔직해지자. 정면으로 맞서야 하는 상황에서 아무 말도 못하거나 잠재 고객들을 직접 방문해 판매를 늘리지 못하는 것은 편안한 소파에 앉아 쉬고 싶다는 유혹 때문도 동기부여의 결여 때문도 아니다. 그런 상황에서 정말 필요한 것은 바로 자신감이다.

그런데 두 가지 의문이 여전히 우리를 괴롭히고 있었다. 어느 정도의 자신감이 최적의 자존심일까? 그게 알 수 있는 것이긴 할까?

우리가 만나본 사회과학자와 자연과학자들은 이구동성으로 '약간 지나친 자신감이 가장 좋다'고 했다. 쥐 전문가 애덤 케펙스는 자신감은 근본적인 것이고 생물학적인 것이며 유용한 것이라고 믿고 있다. 그는 우리에게 이렇게 말했다. "사람은 자신감을 적절한 수준으로 조절할 수 있기 때문에, 살아가면서 적절한 수준의 자신감을 갖는 건 얼마든지 가능해요. 그리고 사실 불확실한 상황이 닥쳤을 때는 평소보다 추가로 더 큰 자신감을 갖는 게 바람직하죠. 그래야 어떤 일들을 단순히 생각만 하는 데 그치지 않고 직접 행동에 옮길 수 있으니까요."

어쩌면 당신은 이미 상당 수준의 자신감을 갖고 있는지도 모른다. 특히 당신이 우리가 얘기한 자신감의 사촌들 중 어떤 것을 갖고 있다고 믿는다면 더 그렇다. 혹시 공식적으로 확인하고 싶다면 당신을 위한 자신감 평가 수단들이 있다. 책 마지막 Notes에 자신감 평가표를 첨부해두었으니, 자신의 현재 자신감 수준을 알고 싶다면 직접 평가해보기 바란다. **Note 2** 참조

자신감은 우리가 지나치게 많은 생각을 하는 것에서 벗어나 자유롭게 행동할 수 있게 해준다. 자신감 있는 행동은 여러 가지 형태로 나타난다. 어떤 직장에 입사 지원서를 내거나 스카이다이빙

을 배우는 것처럼 겉으로 보이는 것만이 자신감 있는 행동은 아니다. 어떤 결정을 내리고, 대화를 하고 어떤 견해를 갖는 등의 모든 것들이 자신감을 통해 일어날 수 있는 일들이다.

결국 자신감이란 머릿속으로 상상만 하는 사람과 직접 행동에 옮기는 사람을 구분하는 특성이다. 이 책 서두에서 언급한 수전 B. 앤서니나 말랄라 유사프자이의 마음속에 날 때부터 깃들어 있던 것이 바로 이 자신감인 것이다.

그런데 우리는 자신감은 꼭 타고나는 게 아니라 스스로 만들어 갈 수도 있다는 사실을 알게 되었다. 또 행동으로 이어지는 자신감의 강력한 씨앗을 뿌려 두면 뿌린 것보다 훨씬 더 큰 수확을 얻을 수 있다는 것도 알게 됐다. 인간이 모든 행동을 자유롭게 선택할 수 있다면, 자신감을 갖는 행동도 선택이 가능할까? 이 흥미로운 가정이 맞는지 확인하려면 먼저 또 다른 질문에 답을 해야 했다.

The ConfidenceCode

CHAPTER 3

자신감도 선택할 수 있을까

어떤 원숭이들이 날 때부터 더 소심하며 우울증이나 불안 증세를 더 많이 보이는지, 또 어떤 원숭이들이 더 꿋꿋한지, 그런 것들이 유전학적으로 설명이 가능했다. 그가 드디어 대박을 터뜨린 것이다.

　차를 몰고 워싱턴 D.C.를 떠나 메릴랜드 서부 쪽으로 달리니 한 시간도 안 돼 한적한 시골 마을이 눈에 들어왔다. 말들이 무심히 고개를 들어 지나가는 우리 차를 쳐다볼 뿐, 멀지 않은 곳에서 대규모 실험이 진행 중이라는 사실이 믿기지 않을 만큼 한가로운 풍경이었다.

　그곳에서는 스리랑카 산악 지대에 살던 붉은털원숭이 300마리가 인간들의 행동을 연구하는 데 도움을 주고 있었다. 우리는 40년 이상 그 원숭이들을 관찰 중인 미국 국립보건원[NIH] 소속의 신경심리학자 스티브 수오미를 만났다. 그는 '본성 및 양육' 분야를 연구 중인 저명한 학자로, 창고형 연구실들로 이루어진 외딴 시골 마을의 작은 제국을 통치하고 있었다. 그 제국에서 가장 중요한 곳은 연구 대상인 원숭이들이 뛰노는 무려 2만 제곱미터 규모의 놀이터였다. 날씨는 더없이 화창했다. 많은 원숭이들이 정글짐처럼 생긴 놀이 기구에 매달려 몸을 흔들거나 날쌔게 돌아다니고 있었다. 수오미는 우리에게 이렇게 말했다.

　"원숭이들은 정말 흥미로울 정도로 성격들이 달라요. 건강하면서도 적응력이 빠른 원숭이가 있는가 하면 쉽게 불안해하고 우울증 내지 자폐증 증세까지 보이는 원숭이도 있고, 그야말로 온갖 원숭이가 다 있죠. 그런 특질들이 대체 어디서 오는 걸까요?"

수오미는 지금 그 질문에 대한 해답을 향해 큰 걸음으로 내딛고 있었다. 이제 그의 야생동물 연구실은 '성격에 대한 생물학적 연구' 분야의 중심지가 되었다. 사실, 당시 우리는 '자신감의 유전자'를 찾고 있었다. 우리는 어떤 사람들은 남다른 자신감을 갖고 태어난다고 믿고 있었는데, 그 증거를 찾을 수 있을지 궁금했기 때문이다.

자신감을 타고난 사람들

살다 보면 왜 그런 사람들이 있지 않은가. 평생 어떤 일이 닥치든 힘 안 들이고 잘 넘어가는 것 같아 보이는 사람들 말이다. 딱히 못할 일도 없고, 견디지 못할 만큼 괴로운 상황도 없고, 극복하지 못할 큰 시련도 없는 듯한 사람들. 그들에게서는 부럽다 못해 약간 짜증까지 날 정도로 타고난 편안함이 느껴진다. 이런 사람들은 거리낌 없이 자기 의견을 내놓고, 당당하게 연봉 인상을 요구한다. 또 모든 게 다 잘될 거라 믿으며 배낭 하나 둘러메고 세계 여행을 떠나기도 한다. 게다가 주변의 부모와 친구 그리고 배우자들의 증언은 '그들이 늘 그런 식이었다'는 것이다. 이런 이유로 한결같은 자신감이란 노력해서 얻을 수 있는 게 아니라고 생각하게 된다.

그들의 자신감은 양육 과정에서 생겨나는 것일까? 아니면 태어날 때부터 DNA 속에 들어 있는 걸까?

수오미는 바로 이런 의문들의 답을 찾기 위해 원숭이들의 성격을 연구해오고 있다. 최근에는 불안감은 어디서 오는가 하는 문제를 집중적으로 연구 중이었는데, 그는 이 연구가 결국 자신감에 대한 연구와 맞닿아 있다고 했다. 자신감이 있는 원숭이들은 대개 불안감을 느끼지 않고, 반대로 불안감을 느끼는 원숭이들은 대개 자신감이 없기 때문이다.

자신의 연구 결과와 그 분야의 다른 사람들이 연구한 내용을 토대로, 수오미는 일부 원숭이들은 다른 원숭이들보다 더 큰 자신감을 갖고 태어난다는 결론을 내렸다. 그는 이런 말을 했다. "우리는 이제 타고나는 생물학적 특성들이 있다는 걸 압니다. 우리가 보기에, 어떤 생물학적 특성들은 아주 초기에 나타나죠. 그리고 환경이 변하지 않는 한 유년기와 아동기, 청소년기를 거쳐 성인이 될 때까지 아주 안정적으로 유지됩니다."

원숭이들은 인간보다 4배나 빨리 성장한다. 그리고 이 점이 수오미의 연구에 아주 큰 도움이 되었다. 덕분에 그는 이미 여러 세대의 원숭이들을 관찰할 수 있었다. 그와 그의 연구 팀은 태어날 때부터 원숭이들의 행동을 추적·관찰한다. 그들은 원숭이들의 육아 방법을 메모하고 있으며, 원숭이 새끼들이 놀이터에서 얼마나 자주 다른 원숭이들과 어울리는지, 얼마나 자주 대장 노릇을 하려 하는지, 얼마나 자주 위험을 감수하는지, 또 얼마나 자주 혼자 떨어져 노는지 등을 체크하고 있다.

우리는 수오미와 그의 동료들로부터 스포츠 해설처럼 자세한 설명을 들으며 원숭이들을 보다 유심히 관찰해보았는데, 정말 수오미의 말처럼 원숭이들이 저마다 다른 행동 패턴을 보였다. 일부 새끼 원숭이들은 호숫가에서 빈둥거리고 있었고, 또 다른 새끼 원숭이들은 술래잡기하듯 다른 원숭이들을 쫓아다니고 있었다. 몇몇 엄마 원숭이들은 그런 새끼들한테서 눈을 떼지 않았다. 어른 원숭이들 근처에서 조용히 앉아 있는 새끼 원숭이들도 눈에 띄었다. 한 새끼 원숭이는 주변 움직임을 쳐다보는 것조차 관심이 없는 듯했다. 쉽게 말해서, 그곳 놀이터의 풍경은 초등학교 놀이터에서 볼 수 있는 풍경과 다를 바가 없었다. 대부분의 새끼 원숭이들은 장난을 치고 서로 어울렸지만, 몇몇 새끼 원숭이들은 그 속에 끼지 못하고 홀로 떨어져 있었다. 수오미는 그런 행동이 자신감이 덜하고 불안감이 더 많은 원숭이들의 특징이라고 말했다.

바로 앞에 있는 원숭이들을 지켜보면서, 사실 마음속에는 이런 의문이 들었다. '이 원숭이들의 행동에서 정말 인간의 자신감에 대한 결론을 끌어낼 수 있을까?'

원숭이들은 우리의 옛 조상이며, 우리가 알아본 바로는 원숭이와 인간의 유전자 구성은 90퍼센트까지 동일하다. 그런데 수오미는 원숭이와 인간 사이에 훨씬 더 근본적인 공통점 한 가지를 발견했다고 말했다. 영리한 붉은털원숭이는 특정 유전자 변형 물질까지 인간과 동일한 유일한 영장류이며, 연구원들은 지금 그 특정 유전자 변형 물질이 성격 형성에 아주 중요한 역할을 한다고 믿고 있다는 것이다. 그 유전자 변형 물질이 바로 SLC6A4라 불리는 세로토닌 전달 유전자로, 자신감에 직접적인 영향을 주는 것으로 알려져 있다. 세로토닌은 사람의 기분과 행동에 많은 영향을 주는데, 세로토닌이 많을수록 마음이 더 평온해지고 행복해진다고 한다. 간단히 말해 세로토닌은 좋은 물질이다.

　세로토닌 전달 유전자는 몇 가지 변형을 취한다. 그런데 어떤 사람들의 경우 다른 사람들에 비해 이 변형이 유리하게 나타난다. 아주 드물기는 하지만 세로토닌 전달 유전자 중 한 종류는 짧은 가닥 두 개로 이루어져 있는데, 과학자들은 이런 유전자를 가진 사람들은 세로토닌 조절이 제대로 안 돼 우울증 및 불안 장애를 보이는 경우가 많다고 믿고 있다.

　이 유전자에 대해서는 그간 많은 연구가 행해졌으며, 대부분의 연구 결과 이것이 우울증 및 불안 장애와 분명한 관련이 있는 것으로 드러났다. 최근 들어서는 과학자들이 건강에 유익한 정신 특성들에 대한 연구로 방향을 돌리면서 이 유전자가 행복이나 낙관주의와 관련이 있다는 사실이 밝혀지기도 했다. 이 유전자를 속속들이 잘 아는 수오미 같은 전문가들은 특히 세로토닌에 불안 억제 효과가 있다는 점에서, 이것이 분명 자신감 증대에 도움이 된다고 말한다.

　이미 수십 년째 자기 원숭이들의 행동을 꼼꼼히 기록하며 연구해온 수오미는 세로토닌 전달 유전자가 자신이 관찰 중인 원숭이들의 행동에서 어떤 역할을 하고 있다고 생각하기 시작했다. 그래서 그는 세로토닌 전달 유전자가 있는지 확인하기 위해 원숭이들의 DNA를 대대적으로 검사했다. 그리고 산더미같이 쌓인 자료들을 서로 대조하며 꼼꼼히 검토한 결과, 그가 관찰해온 모든 것들은 유전학적으로 정확히 일치했다. 그러니까 어떤 원숭이들이 날 때부터 더 소심하며 우울증이나 불안 증세를 더 많이 보이는지, 또 어떤 원숭이들이 더 꿋꿋한지, 그런 것들이 유전학적으로 설명이 가능했다. 그가 드디어 대박을 터뜨린 것이다.

우리는 그의 사무실을 둘러보았다. 사무실에는 각종 서류철이 빼곡히 들어차 있었고, 사방에 그의 원숭이들 사진이 있었는데, 상당수는 80년대의 낡은 사진들로 벽에 비스듬히 걸려 있었다. 특히 그중 한 사진은 우리 집에서 흔히 볼 수 있는 아이들 사진들과 묘하게 비슷한 데가 있었다. 메릴랜드에서 처음 태어난 원숭이들 중 하나인 코코아빈이 멋진 폼으로 놀이터 연못에 뛰어들고 있고, 그녀의 털보 친구인 에릭이 그걸 지켜보고 있는 사진이었다.

수오미는 열정을 다 바쳐 수십 년간 조심스레 원숭이들을 돌보고 관찰하고 테스트해왔는데, 이제 전혀 예상치 못한 결실들까지 보게 된 것이다. 수오미의 연구 덕에 우리는 자신감이 유전학적으로 어떻게 생겨나는가 하는 것을 새로운 시각으로 볼 수 있게 되었다. 물론 인간의 자신감은 원숭이의 자신감보다는 훨씬 더 복잡미묘하지만 말이다.

수오미는 자기 자신이 숫기가 없고 내성적인 편이어서 우리의 주제에 왠지 더 끌린다고 했다. 혈색 좋은 얼굴에 온화한 성품을 가진 수오미는 파란 카디건을 걸친 채 연구에 몰두하고 있었는데, 얼굴을 돌려 우리를 보더니 그가 관찰해온 여러 형태의 자신감에 대해 설명해주기 시작했다.

예를 들어, 더 당당해지거나 덜 불안하게 만드는 세로토닌 유전자(가닥들이 더 긴)를 가진 원숭이들은 다른 원숭이들과 싸움도 더 잘하고 위험한 일도 더 많이 하며 그룹의 리더가 되는 경우가 많다고 한다. 그리고 그런 원숭이들이 자신의 행동에 더 큰 자신감을 보인다는 것이다. 그가 들려주는 붉은털원숭이들의 복잡한 사회 구조는 정말 흥미진진했는데, 마치 직장 내 인간관계를 연상케 하는 행동 패턴도 나타났다.

우리 주변의 리더들은 세를 규합하고 가장 좋은 부동산을 차지하려 애쓴다. 그리고 원숭이 리더들은 자기보다 서열이 낮은 원숭이나 도전해오는 원숭이에게 입을 쫙 벌린 채 말 없이 쳐다봄으로써 자신의 권위를 드러낸다. 아주 영리하고 장래가 촉망되는 원숭이들은 아부를 하는데, 가장 효과적인 아부는 이빨을 다 드러낸 채 씩 웃거나 엎드려서 엉덩이를 하늘 높이 치켜드는 것이다.

반면에 다른 종류의 세로토닌 유전자(가닥들이 상대적으로 짧은)를 가진 원숭이들은 좀 더 소극적이거나 겁이 많거나 계속 어미만 따라다니며, 더 자라서도 위험한 일은 잘 하지 않으려 한다. 다시 말해, 매사에 자신감이 부족한 것이다.

흥미로운 사실은 일부 원숭이들의 경우 불안감이나 자신감 부족이 과잉 활동이나 공격적인 행동들로 나타난다는 것이다. 인간의 경우에도 남자들이 종종 그런 모습을 보이는 경우가 있는데, 그런 면에서 역시 원숭이는 사람과 비슷한 면이 있었다.

IQ보다 중요한 자신감

정말 자신감은 우리 유전자 속에 암호화되어 있을까? 적어도 부분적으로는 그렇다. 수오미뿐 아니라 우리가 인터뷰한 수십 명의 과학자들 모두가 그렇게 믿고 있다. 우리 모두는 다른 사람들보다 더 많은 자신감을 갖고 태어나거나 또는 그 반대다. 이는 세로토닌 전달 유전자 차원의 문제가 아니다.

"성격의 대부분은 생물학적 요인들에 의해 생겨나죠." 유명한 유전자 검사 기업 게노마인드Genomind의 설립자 중 한 사람인 제이롬바드 박사의 말이다. "본성과 양육의 문제, 그리고 또 어떤 유전자가 뇌의 생물학적 구조에 영향을 미쳐 성격 형성에 영향을 주는가 하는 문제, 이 두 가지는 지금 미국 국립보건원에서 최우선 연구 주제로 잡고 있는 문제이기도 합니다."

현재 유전자와 자신감의 관계에 대한 연구 가운데 규모와 기간 면에서 가장 큰 주목을 받고 있는 연구 중 하나가 런던 킹스칼리지의 저명한 행동유전학자 로버트 플로민에 의해 진행되고 있다. 그는 수오미처럼 완벽한 대규모 자연 연구실을 갖추진 못했지만, 그에 필적할 만큼 훌륭한 연구 환경을 조성했다. 게다가 그의 연구 대상은 원숭이가 아닌 사람이다.

20년 전 플로민 교수는 1만 5천 쌍의 쌍둥이들을 대상으로 한 야심찬 연구를 계획했다. 이후 수없이 많은 쌍둥이들을 태어날 때부터 성인이 될 때까지 계속 추적·관찰해오고 있으며, 그 과정에서 지능, 질병에 걸릴 확률, 남성과 여성의 성 차이에 따른 성 역할 등등, 그야말로 모든 것에 대한 방대한 자료를 축적했다. 쌍둥이들 중 일부는 DNA 구조까지 같은 일란성쌍둥이고, 나머지는 DNA 구조만 유사한 이란성쌍둥이다. 예부터 쌍둥이는 '본성 vs. 양육'이라는 난해한 문제를 연구하는 데 가장 효과적인 연구 대상으로 여겨지고 있다.

플로민 교수는 최근 그 쌍둥이들의 학업 성과와 관련된 연구를 하면서, 그 아이들의 자신감, 그러니까 뭔가를 잘 해낼 수 있다는 믿음을 좀 더 면밀히 살펴보기로 했다. 쌍둥이들은 일곱 살 때 한 번, 그리고 다시 아홉 살이 됐을 때 한 번, 표준적인 IQ 검사를 받았다. 그 외에 수학과 작문 그리고 과학 세 과목에 대한 학업 성취도 검사도 받았다. 그런 다음 아이들에게 각 과목에 대해 어느 정도 자신이 있는지 스스로 평가하게 했다. 플로민 교수와 그의 동료 연구원들은 아이들에 대한 교사들의 기록도 참고했다. 그런데 그 모든 자료를 서로 대조해가며 면밀히 검토한 결과, 두 가지 놀라운 사실이 드러났다.

그 하나는 학업 성취도를 예측하는 데 있어 자기 능력에 대한 아이들 자신의 평가가 IQ보다 훨씬 더 중요한 역할을 한다는 것이었다. 다시 말해, 성공에 대한 기대에서 IQ보다 자신감이 더 중요한 역할을 한다는 사실이 밝혀진 것이다. 캘리포니아대학 심리학 교수 카메론 앤더슨이 학생들에게서 본 자신감에 대한 연구 결과가 쌍둥이 아이들에 대한 플로민 교수 연구 팀의 자신감 연구에서도 그대로 나타났다.

플로민 교수 연구 팀은 상대적으로 더 많은 자신감은 태어날 때부터 이미 우리 유전자 속에 들어 있다는 사실도 발견했다. 일란성쌍둥이와 이란성쌍둥이의 자신감 점수를 비교해봤더니, 일란성쌍둥이들의 경우 이란성쌍둥이들보다 점수가 더 비슷하게 나온 것이다. 플로민 교수의 연구 결과는 유전자와 자신감 간의 상관관계는 무려 50퍼센트나 되어, 유전자와 IQ 간의 상관관계보다 훨씬 더 밀접한 관계가 있을 수 있음을 시사한다.

성격의 유전학 분야를 들여다보기 전까지만 해도, 우리는 자신감처럼 정형화되지 않은 성격적 특성이 지능처럼 유전될 수도 있다는 사실을 도저히 믿을 수 없었다. 지난 10여 년간 행동 유전학과 생물학 분야는 눈부신 발전을 이룩했다. 그 결과 더 적은 비용으로 그리고 더 효과적으로 DNA 염기 순서를 밝혀내고 관찰할 수 있는 방법들이 생겨났으며, 인간의 정신 활동을 들여다볼 수 있는 훨씬 더 정교한 방법들도 생겨났다.

그리고 유전자와 뇌척수액, 행동, 뇌신경 촬영 등을 통한 수많은 연구 결과, 인간의 성격 중 상당 부분은 임신 초기에 형성된다는 사실이 밝혀지고 있다. 연구진들은 이제 수줍음에서부터 범죄 행위에 대한 동기부여, 그리고 심지어 직업 무용수가 되는 성향 등등, 그야말로 인간의 모든 성격과 행동에 영향을 주는 유전자를 정확히 짚어내고 있다.

여기서 일부 전문가들은 자신감의 50퍼센트는 유전된 것이라는 플로민 교수의 결론에 동의하지 않는다는 사실을 분명히 해야 할 것 같다. 그들은 보다 광범위한 성격 특성들의 경우 50퍼센트 정도 유전된다는 사실에 동의한다고 말한다. 그들이 말하는 보다 광범위한 다섯 가지 성격 특성이란 솔직한 성향, 성실한 성향, 외향적인 성향, 친절한 성향, 신경질적인 성향이다. 그들은 그 다섯 가지 성격 특성에 포함되는 낙관주의나 자신감은 25퍼센트 정도만 유전된다고 말한다. 그렇다고 해도 우리에게는 놀라운 수치였다. 자신감이 유전되는 비율이 50퍼센트이든 25퍼센트이든, 우리가 예상했던 것보다 큰 비율이었기 때문이다. 머지않아 새로 임신한 여성들은 간단한 태아 DNA 검사를 통해 태어날 아기의 성격까지 미리 알 수 있을 것이다. 그래서 곧 태어날 활발한 성격의 아이가 다치지 않게 미리 안전 자물쇠나 부드러운 천을 덧댄 안전 벽을 준비해두어야 할지도 모른다.

물론 현재로서는 유전학이 곧 태어날 아기의 성격을 정확히 예측할 수준은 못된다. 게다가 2만 개 정도의 유전자를 샅샅이 살피려면 많은 시간이 필요하다. 지금의 기술 수준으로는 완전한 유전자 코드든 부분적인 유전자 코드든, 그 비슷한 것도 존재하지 않는다. 유전자 연구는 처음 시작된 지 20여 년이 지나도록 주로 육체적·정신적 질환들을 다루는 병리학 분야에 집중됐었다는 점을 상기할 필요가 있다. 아직까지 유전자 연구는 건강하고 행복한 삶에 초점이 맞춰져 있지 않다. 그러나 이제 변화가 일고 있다. 유전자 연구를 하는 사람들이 '정신적으로 강하고 건강한 사람들의 유전자는 대체 어떨까?' 하는 흥미로운 의문에도 큰 관심을 갖기 시작한 것이다.

그동안 인간의 무수한 특성들 중에서 가장 많은 관심을 받아온 특성이 지능이라는 점은 특별히 놀랍지도 않다. 전 세계의 연구원들은 이미 DNA와 IQ 점수 비교를 통해 적어도 한 가지 지능 유전자를 밝혀냈다. 젊은 중국인 연구원 자오 보웬은 자신이 갖고 있는 DNA 염기서열 분석 장치를 풀 가동시켜, 세계에서 가장 똑똑한 사람들로부터 추출한 DNA 샘플들을 분석해 또 다른 지능 유전자를 찾고 있는 중이다. 물론 아직 세계에서 가장 자신감 넘치는 사람들로부터 DNA 샘플을 추출하는 프로젝트에 착수한 사람은 아직 없다.

또한 우리가 얘기를 나눠본 과학자들 가운데 단 하나의 '자신감 유전자'가 있을 거라고 믿는 과학자도 없었다. 전문가들에 따르면, 다른 여러 복잡한 성격 특성들과 마찬가지로 자신감 또한 많은 유전자들, 그러니까 십여 가지 유전자들에 의해 영향을 받는다고 한다. 그래서 여러 가지 호르몬과 신경이 개입된 복잡한 행동들이 생겨난다는 것이다. 더욱이 자신감에는 정서적인 면과 인지적인 면이 있다. 즉, 자신감이란 단순히 자신이 무언가를 할 수 있는지 없는지에 대한 문제가 아니라, 스스로 자신이 무언가를 할 수 있다고 판단하는지 아닌지에 대한 문제라는 것이다.

그럼에도 불구하고, 오늘날 과학자들은 자신감의 주변까지 샅샅이 뒤져 그 속을 살피고 있다. 낙관주의와 불안감처럼 자신감과 관련된 다른 성격 특성들까지 전부 연구하고 있는 것이다. 그리고 그들의 그런 노력 덕에 이런저런 조각들이 끼워 맞춰져 초기 단계의 공식 같은 것이 만들어지고 있다.

자신감에 영향을 미치는 호르몬들

자신감은 '행동에 필요한 연료'라고 할 수 있다. 따라서 자신감이 무언지를 알려면 무엇이 우리의 뇌를 '행동에 적합한 상태'로 만드는지 알아내는 것이 가장 확실한 접근 방법이 될 것이다.

우리는 뇌에 긍정적인 메시지를 전달하는 역할을 함으로써, 뇌를 행동에 적합한 상태로 만드는 데 아주 중요한 역할을 하는 몇 가지 신경전달물질에 대해서도 알게 되었다.

세로토닌

먼저 세로토닌은 마음을 평온하게 해주는 역할을 한다. 따라서 적절한 수준의 세로토닌이 있을 경우 합리적인 결정을 내리기가 더 수월해진다. 세로토닌이 풍부하게 되면 스트레스를 훨씬 덜 받기 때문에 의사결정 과정에서 자신감을 갖게 되는 것이다. 세로토닌은 우리 뇌의 원시적인 부위에 해당하는 편도체를 진정시켜주는 일도 한다. 그리고 이때 편도체는 강력한 원시 감정들을 신속히 파악해야 하는 순간에 중요한 역할을 하는 곳이다.

강력한 원시 감정이란 대개 부정적인 감정들로, 원시시대의 인간들이 초원 지대에서 생존하기 위해 가져야 했던 원시적인 충동, 즉 투쟁-도피 반응과 관련이 있다. 그러나 현대 사회에서 생존은 그리 절실한 문제가 아니기 때문에(물론 그렇지 않은 경우들도 있겠지만), 편도체의 활동은 주로 심리적인 위협들에 집중되며 우울증이나 불안감에 일조하기도 한다. 세로토닌은 그런 편도체를 진정시켜줄 뿐 아니라 '합리적인 사고와 관련된 뇌 부위'와 '두려움과 관련된 뇌 부위' 간에 '건강한 소통'을 가능하게 해주는 역할도 한다.

옥시토신

옥시토신 역시 자신감에 직접적인 영향을 주는 신경전달물질이다. 누구나 한 번쯤은 '포옹 호르몬'이라고도 불리는 이 옥시토신 호르몬에 대한 기사를 본 적이 있을 것이다. 과학자들에 따르면, 옥시토신은 상대를 포옹하고 싶고, 파트너와 섹스하고 싶고, 친구들에게 너그러워지고 싶고, 무엇이든 함께 나누고 싶고, 도덕적인 결정을 내리고 싶고, 신의를 지키고 싶다는 욕구에 영향을 준다고 한다. 여성들의 경우, 출산을 하거나 아기에게 모유를 먹일 때 옥시토신이 다량 분비된다. 그리고 남성과 여성이 섹스를 하거나 운동을 할 때도 옥시토신이 다량 분비된다. 그야말로 호르몬의 선순환이라고 할 수 있는데, 포옹을 많이 하면 옥시토신 분비가 많아지고 그러면 또 포옹을 더 많이 하고 싶어지기 때문이다.

캘리포니아대학 심리학 교수 셸리 테일러는 연구를 통해 옥시토신이 낙관주의와 아주 밀접한 관련이 있음을 밝혔다. 그녀에 따르면 옥시토신은 자신감과도 아주 밀접한 관련이 있다. 테일러 교수는 옥시토신이 다른 사람들 혹은 세상에 대한 부정적인 생각을 줄여주고 대인 관계를 더 원만하게 만들어주어, 사람들로 하여금 위험을 무릅쓰고 과감하게 행동에 나서게 한다고 믿고 있다. 전두엽 피질의 활동을 돕고, 쉽게 불안해지는 편도체를 진정시키는 등, 옥시토신이 뇌 안에서 하는 역할은 세로토닌과 매우 흡사하다.

옥시토신은 출산을 하거나 포옹을 더 많이 할 때 새로 분비되긴

하지만, 우리들 중 일부는 태어날 때부터 더 많은 옥시토신을 갖고 있기도 하다. 그럴 경우 애초부터 다른 사람들보다 더 자신감 넘치는 마음 자세와 행동을 보일 수도 있다.

도파민

그리고 하나 더, 도파민을 빼놓을 수 없다. 도파민은 호기심 그리고 위험을 감수하는 행동과 관련이 있어, 결과적으로 사람들을 행동하고 탐구하게 만든다. 도파민 결핍은 수동성, 권태, 우울증으로 이어진다. 도파민이 많을수록 집중력이 더 높아지기 때문에 주의력결핍 과잉행동장애의 치료약에는 꼭 도파민이 들어간다.

그런데 스트레스를 받으면, 우리 몸은 빠른 속도로 도파민을 만들어낸다. 몸 속에 도파민이 너무 많아지면 어떻게 될까? 자신감이나 위험감수 능력이 더 커지는 것이 아니라, 우리 뇌가 그 많은 도파민을 감당할 수 없게 되면서 일종의 스트레스 폐쇄 상태에 이르게 된다. 그야말로 엉뚱한 반전이 일어나는 것이다.

그래서 스트레스가 쌓이는 상황에서는 유전자의 장점과 단점이 뒤바뀐다. 평소 일벌처럼 아주 강한 집중력과 책임감을 보이던 사람들이 어려운 시험을 앞두거나 큰 위험을 무릅써야 할 상황을 맞아 전전긍긍하며 전혀 딴 사람처럼 행동하는 것도 바로 이 때문이다. 평소 행동에 잘 나서지 않고 소극적이던 사람이 어떤 도전에 직면해 전사처럼 돌변하는 것도 마찬가지 경우다. 사실 그런 사람들이 사회생활을 잘한다고 평가받는 경우가 많은데 또 이들은 실제 어느 정도의 스트레스가 주어져야 최선을 다하기도 한다. 주로 경기가 한창 격해질 때 강한 인상을 남기는 스타급 운동선수들을 생각해보면 된다. 이건 좀 찔리는 말이지만, 마감 압박을 아주 심하게 받아야 비로소 글이 잘 써지는 기자들 경우도 마찬가지다.

이는 자신감이 어째서 상황에 따라 다르게 나타날 수도 있는지를 과학적으로 설명해준다. 예를 들어, 법정에 제출할 변론 취지서 작성에는 뛰어난 재능을 보이는 변호사가 막상 법정에 서면 제대로 된 변론을 못하는 경우가 있다. 아니면 평소 자신이 해야 할 일상적인 업무에는 별 의욕을 보이지 않는 마케팅 실무 책임자가 월별 프레젠테이션을 코앞에 두면 갑자기 행동을 개시해 몇 날 며칠 밤샘 작업을 해가며 인상적인 프레젠테이션을 해내는 경우도 있다. 그 사람들은 사실 어느 정도 타고난 것이다.

우리 몸 안의 호르몬들이 어떤 식으로 자신감에 필요한 기본 토대를 만들어주는지 이해되는가. 사람들을 행동에 나서게 하는 도파민과 차분하게 생각하게 만들어주는 세로토닌 그리고 다른 사람들에 대해 따뜻하고 긍정적인 마음을 갖게 해주는 옥시토신. 이 셋이 합쳐지면, 자신감을 갖는 게 훨씬 더 수월해질 수 있는 것이다.

우리는 유전자에 대해 알아보는 일로 몇 주를 보냈다. 그리고 그 과정에서 자신감에 대한 연구를 처음 시작할 때 둘 다 예상 못했던 일, 그러니까 우리 자신의 유전자 분석을 해보면 어떨까 하는 문제를 고민하게 되었다. 우리는 애초에 자신감이 유전적이거나 생물학적인 것이라는 사실을 별로 믿지 않았는데, 이제는 높은 절벽에서 몸을 날린다거나 살벌한 분위기가 감도는 회의에서 벌떡 일어나 발언하는 건 타고난 것이거나 유전적인 것일지도 모른다는 생각에 푹 빠져 있었다.

유전자 검사를 받는 게 자신감을 이해하는 데 도움이 될까? 오히려 더 방해만 되진 않을까? 그러나 결국 호기심이 모든 것을 눌렀고, 우리는 유전자 검사를 받기로 마음먹었다. 특히 검사 과정이 아주 간단하다는 것을 알고 나서는 더 망설일 이유가 없었다. 타액 샘플을 유전자 검사 기업인 23andMe나 게노마인드 중 한 곳으로 보내기만 하면 됐던 것이다. 그리고 우리는 두 회사 모두에서 유전자 검사를 받기로 했다.

유전자 검사를 받는 일은 너무도 쉬웠지만(검사 튜브에 침만 뱉으면 됐으니까), 검사 결과를 기다리는 일은 아주 힘들었는데, 마치 SAT시험 결과를 기다리는 기분이었다. 직업이 기자이다 보니, 우리는 늘 어떤 정보든 정보는 다 도움이 된다고 생각한다. 우리 몸을 이루는 구성 요소에 대한 지식 또한 분명 중요한 자산이 되어주리라. 더욱이 그것은 이 장의 핵심 아닌가. 그런데 만일 유전자 검사 결과가 마음에 들지 않으면 어쩔 것인가? 검사 결과를 보고 자신에 대한 부정적인 고정관념들만 더 강화된다면? '너무 깊이 생각하지 말자.' 우리는 스스로를 다독였다. 그냥 결과를 기다리는 수밖에.

본성이냐, 양육이냐

자신감이란 것이 대부분 유전학적으로 설명된다면, 우리가 스스로 자신감을 선택할 수도 있다는 이론들은 대체 어떻게 되는 걸까? 그런데 지금 학계에서는 이 둘 모두가 가능하다는 사실이 밝혀지는 중이다. 자신감은 유전학적으로 설명될 수 있으면서 동시에 선택할 수도 있다는 것이다.

오랜 세월 과학계를 지배해온 본성이냐, 양육이냐의 대립은 이제 한물간 공식이 되어간다. 이제 앞서가는 과학자들의 주요 관심사는 본성과 양육이 서로 영향을 줄 때 어떤 일이 발생하는지에 대한 연구로 옮겨가고 있다. 대개의 경우 양육은 원래 프로그램화되어 있던 본성까지 바꿀 정도로 영향력이 크다. 이를테면 우리 속에 내재된 유전자들의 기능을 켤 수도 있고 끌 수도 있는 것이다.

일부 과학자들은 '민감성 유전자'의 존재를 알아냈는데, 이 변형 유전자를 갖고 있는 사람들은 다른 사람들에 비해 환경적인 영향들에 더 민감하다. 또한 일부 과학자들이 밝혀낸 바에 따르면, 습관적인 사고의 힘은 뇌 속에 물리적 변화를 일으켜 새로운 신경 경로를 만들어내며, 심지어 유전자를 무시한 채 뇌 속의 화학적 구조까지 바꾼다고 한다. 그래서 유전적으로 타고난 것도 중요하지만, 그에 못지않게 후천적인 선택도 중요한 것이다.

자신감 여행 덕에 우리는 컬럼비아대학 '정신 뇌 행동 연구소'가 들어설 곳 앞까지 가 있었다. 이 연구소는 뇌와 뇌의 기능에 대한 연구를 넘어 뇌의 기능이 인간에게 미치는 영향을 총체적으로 연구하려는 목적으로 설립되었다. 인간의 건강에서 감정에 이르는 모든 분야에 대한 연구가 이루어지는 것이다. 그리고 지금 이곳에는 각 분야의 가장 권위 있는 과학자와 심리학자, 역사학자, 예술가, 철학자 등이 모여들고 있다.

생화학 및 분자생물물리학 교수인 연구소 공동 건축 책임자 톰 제셀은 현미경으로만 볼 수 있는 미생물들의 신비를 연구하는 일에 전념해왔다. 그런 그가 지금은 더없이 큰 것을 생각하고 있다. 그는 우리가 상상조차 할 수 없는 방식으로 자신감을 보고 있었다.

제셀 교수는 세포의 관점에서 자신감을 이해하고 총체적으로 바라보는 것이 자신감을 과학적으로 제대로 연구하는 유일한 방법이라고 믿는다. 그는 우리에게 각 개인들이 가진 힘을 간과하고 있는 세계 곳곳의 상황을 생각해보라고 했다. 그는 끓어오르는 격한 감정을 억누를 수 없었던지 이렇게 말했다. "아마 자신감 결여가 어떤 결과를 초래하는지 보일 겁니다. 그들은 지금 무얼 해도 안 좋고 무얼 해도 달라지지 않는 세상에 살고 있어요. 그러면서 소위 말하는 '학습된 무력감'에 빠지게 되는 거죠. 가난과 기후 그리고 몹쓸 정권들이 결정적인 역할을 하고 있죠. 하지만 여러 분야에 걸친 종합적인 연구를 통해 사람들이 개인적인 자신감을 키우기 위해 무얼 할 수 있는지, 그리고 모든 것에 무관심한 상태에서 미래를 낙관하는 상태로 바뀌려면 어떻게 해야 하는지 제대로 알게 된다면, 그것이 전 세계적으로 미치는 영향은 대단할 겁니다."

컬럼비아대학과 기타 다른 선도적인 대학들의 과학자들은 지금 후성유전학이라는 획기적인 분야를 통해 거시적 사고와 미시적 사고를 하나로 합치는 일에 앞장서고 있다. 후성유전학에서는 살면서 겪게 되는 각종 경험들이 우리의 DNA에 어떻게 각인되는지, 후성유전자 그러니까 유전자의 외부를 어떻게 변화시키는지, 그리고 유전자들을 어떻게 서로 다른 방식으로 행동하게 만드는지 등을 연구한다.

예를 들어 키나 눈의 색깔 같은 특성들은 타고나는 것이므로 외부의 영향에 따라 크게 달라지지 않는다. 그러나 자신감 같은 특성들은 훨씬 더 복잡하며 변화할 여지도 많다. 일란성쌍둥이는 후성유전학의 힘을 가장 잘 보여준다. 쌍둥이들의 경우, DNA가 동일한데도 건강 상태나 성격이 다른 경우가 많다. 왜 그럴까? 같은 유전자를 가지고 있어도 그중 어떤 유전자들은 켜져 있지만 어떤 유전자들은 꺼져 있는 등, 유전자들의 표현 방식이 다르기 때문이다.

그리고 유전자가 켜져 있느냐 꺼져 있느냐 하는 것은 상당 부분 외부 환경에 좌우된다.

훨씬 더 근본적인 일이지만, 그 같은 외적 변화들은 우리 자식들에게까지 그대로 전달될 수 있다. 그리고 유전학적 변화는 다윈의 말처럼 여러 세대에 걸쳐 일어나는 게 아니라 단 한 세대에서 일어날 수도 있다. 그 분야 전문가인 컬럼비아대학 심리학 교수 프랜시스 샴페인은 이렇게 말한다.

"우리가 평생 경험하는 것들이 유전되느냐 그렇지 않느냐 하는 문제는 지금 후성유전학 분야에서 엄청난 관심을 끌고 있는 이슈예요." 그녀의 연구 팀은 태아기 때 있었던 일들이 전체 삶에서 장기적인 영향을 초래할 수 있다고 설명한다.

그녀의 연구 결과에 따르면, 예를 들어 스트레스를 주는 일들은 임신 중인 여성뿐 아니라 태아에게까지 다양한 방식으로 영향을 줄 수 있다고 한다. 또 다른 연구들에 의하면, 임신 상태에서 9.11 테러를 목격했던 여성들은 자신들의 DNA를 통해 뱃속에 있는 아기들에게 상당 수준의 스트레스 호르몬을 넘겨주었다고 한다.

그렇다면 혹시 어떤 여성이 스스로 자신감을 기를 경우, 그 자신감이 훗날 태어날 아기에게까지 대물림될 수 있을까? 샴페인 교수는 현재로서는 시기상조이긴 하지만 전혀 불가능한 얘기는 아니라고 말했다.

민감성 유전자를 가진 사람들

스티브 수오미는 본성과 양육 분야에서 계속 새로운 흐름을 연구해왔으며, 그 점에서 아주 독보적인 인물이다. 그는 유전자를 토대로 원숭이들을 '걱정 많은 원숭이'와 '자신감 많은 원숭이'로 분류한 뒤, 조심스레 그 원숭이들의 환경을 바꾸면서 어떤 일이 일어나는지 지켜봤다. 실제로 그 결과는 놀라웠는데, 그는 살짝 미소 띤 얼굴로 이렇게 말했다. "어떤 특성들이 유전되는 것은 맞지만, 그렇다고 해도 그 특성들은 바뀔 수 있어요."

수오미에 따르면, 붉은털원숭이도 인간과 마찬가지로 새끼들의 마음 자세나 행동을 형성하는 데 어미의 역할이 매우 중요하다고 한다. 생후 첫 6개월간의 유대감 조성 및 양육이 결정적으로 중요하다는 것이다. 결정적으로라니, 대체 어느 정도 중요하다는 걸까? 수오미의 대답은 이렇다. "우린 유전학적으로 봤을 때 천성적으로 걱정과 두려움이 많다고 판단되는 새끼 원숭이들을 따로 떼어 관찰했습니다. 그런데 중요한 건 그 원숭이들을 진짜 어미 원숭이 대신 늘 새끼를 지켜보며 잘 돌보는 다른 어미 원숭이들에게 맡겼다는 거죠. 그러자 그 새끼 원숭이들이 자라면서 놀랍게 변했어요. 아주 사회성이 뛰어난 원숭이로 자란 거죠. 다른 원숭이들한테 도움도 잘 청했고, 결국 자신이 속한 조직 내에서 가장 높은 자리들을 차지했어요."

정리하자면 이렇다. 상대적으로 강인한 유전자를 갖고 태어난 원숭이는 어떤 유형의 어미 원숭이 밑에서든 두루 잘 자랐다. 문제는 사회성이 부족하고 소심한 유전자를 갖고 태어난 원숭이들이었다. 이 원숭이들이 만일 소심하거나 새끼에게 소홀한 어미 원숭이 밑에서 자랄 경우에는, 커서도 소심한 원숭이가 되었다. 그런데 유전학적으로 소심하게 태어난 원숭이라도, 괜찮은 어미 원숭이 밑에서 자랄 경우 약간 소심한 원숭이로 자랐다. 게다가 뛰어난 어미 원숭이 밑에서 자랄 경우에는 심신이 모두 건강한 원숭이로 자랐다. 양육 방법에 따라 타고난 유전학적 특성을 극복할 수도 있다는 얘기다.

수오미는 훨씬 더 근본적이고, 직관에 반하는 사실을 발견했다. 소위 '유전학적 장애'를 가진 새끼 원숭이들을 뛰어난 어미 원숭이들에게 맡기면, 단순히 괜찮은 정도가 아니라 아주 뛰어난 원숭이들로 자랐던 것이다. 그런 새끼 원숭이들은 다른 새끼 원숭이들보다 더 강하고 더 건강하고 더 자신감 넘치는 원숭이로 잘 자란다. 슈퍼스타 엄마가 있으면, 그 새끼도 슈퍼스타가 되는 것이다.

수오미는 일부 유전자들이 원숭이나 사람을 '취약하게' 만드는 게 아니라 오히려 환경에 '민감하게' 만든다는 사실도 밝혀냈다. 환경에 취약하게 만드는 것과 환경에 민감하게 만드는 것 사이에는 큰 차이가 있기 때문이다. 수오미는 소심한 유전자를 가진 원숭이들의 경우, 자신이 경험한 것들 가운데 가장 좋은 점은 물론 가장 나쁜 점까지도 스펀지처럼 다 흡수한다는 사실을 알게 됐다.

과학계에서 빠른 속도로 자리를 잡고 있는 '민감성 유전자' 이론은 최근 들어 '난초 이론'으로 불리기도 한다. 발달심리학자 브루스 엘리스와 발달소아과 의사 W. 토마스 보이스에 따르면, 대부분의 아이들은 유전학적으로 '민들레'처럼 아주 강하며, 그래서 여러 환경에서 잘 자랄 수 있다고 한다.

그런데 사람들이 보통 생각하는 것과는 달리, 민들레 과에 속하지 않는 아이들이 실은 나약한 아이들이 아닐 수도 있다고 말한다. 지금 일부 과학자들은 그런 아이들을 '난초'로 봐야 한다고 주장하고 있으며, 그를 뒷받침할 만한 증거 또한 속속 발견되고 있다. 난초는 기르기는 힘들지만, 제대로 된 환경 속에 제대로 기르기만 한다면, 강인하게 태어난 민들레들보다 오히려 더 강인하게 자란다는 것이다.

또한 민감성 유전자를 갖고 태어난 사람들의 경우 환경에 의해 훨씬 더 큰 영향을 받는다고 한다. 에섹스대학에서 다양한 이미지들로 이루어진 컴퓨터 게임을 이용해 이 민감성 유전자 이론을 성인들에게 테스트해보았는데, 민감성 유전자를 가진 사람들이 부정적인 정보와 긍정적인 정보 모두에 훨씬 더 쉽게 영향을 받는다는 사실이 밝혀졌다. 그래서 일부 과학자들은 민감성 유전자를 가진 사람들이 적응도 더 잘한다고 믿는다.

현실 세계에선 어떨까? 이런 식으로 생각해보라. 민감성 유전자를 갖고 태어난 사람들은 당신이 아는 사람들 가운데 가장 자신감 없는 사람일 수도 있고 가장 자신감 넘치는 사람일 수도 있다. 그 차이는 그 사람이 성장 과정에서 어떤 도전들에 직면했었고 또 부모로부터 어떤 도움을 받았는가에 따라 결정된다.

수오미는 어깨를 으쓱해 보이며 말했다. "물론 당신이 어떤 환경에 놓이게 되느냐 하는 건 그야말로 복불복, 즉 그 사람 운이에요." 그는 민감성 유전자를 가진 사람들이 가장 중요한 유년기 외에도 사춘기, 성인기 등에 걸쳐 꾸준히 영향을 받는다고 믿고 있다.

스스로 탄력성을 기를 수 있다

자신감 코드를 풀어줄 근본적인 해결책은 결국 과학이다. 그리고 그 과학은 지금 설사 성인이 된 이후에도 우리가 스스로의 뇌 구조를 바꿀 수 있음을 보여주고 있다. 민들레 과이든 난초과이든, 그리고 훌륭한 어머니를 두었든 그렇지 못하든, 우리가 생각을 바꿔 새로운 사고 습관을 개발한다면, 뇌 안에서도 물리적인 변화가 일어난다는 것이다.

맨체스터대학의 뇌영상 인지분석 분야 수석 연구원인 레베카 엘리엇은 지금 여러 해째 탄력성 문제에 매달리고 있다. 왜 어떤 사람들은 다른 사람들보다 좌절감을 더 잘 견뎌내고, 아주 큰 어려움에 처해도 계속 자신감을 유지하는 걸까? 그녀는 지금 뇌영상 분석에서 탄력성에 대한 단서를 찾는 중이다. 탄력성에 영향을 주는 것은 세로토닌 유전자로 보이는데, 그렇다면 탄력성은 부분적으로는 유전적인 것일 수도 있다. 지금 엘리엇은 자신감과 관련된 특성인 탄력성 역시 후천적으로 강화할 수 있다는 사실이 연구를 통해 곧 입증될 것이라 믿고 있다.

그녀는 '뇌 가소성'에 대한 연구가 활발히 진행 중이라고 말했다. 엘리엇의 설명에 따르면, 아주 간단한 뇌 훈련이나 사고방식만으로 성인이 다 된 사람들의 뇌에도 새로운 신경 경로들을 만들 수 있다고 한다. 그 새로운 신경 경로들이 탄력성 혹은 자신감 넘치는 사고를 활성화시켜주며, 결국 우리 뇌 안에서 고정된 신경 경로의 일부로 굳어지게 된다는 것이다. 뇌 가소성 이론에서 확실한 가능성을 본 것은 우리에게 하나의 분수령이 되었다. 그것이 자신감 프로젝트에 대한 우리의 시각을 완전히 바꿔놓았다고 해도 과언이 아니다.

남녀 간에 자신감 차이가 생기는 원인을 찾아가는 과정에서, 그 차이를 극복하려면 몇 세대가 더 걸릴지도 모른다는 절망감에 빠진 순간이 얼마나 많았던가. 사실 우리는 그런 이유 때문에 우리의 연구 결과를 조언서나 지침서로 만들어낼 계획조차 없었다. 자신감의 상당 부분이 유전적인 것이라는 사실을 알고 나자 맥이 풀렸고, 그렇다면 대체 자신감과 관련해 우리가 선택할 수 있는 게 얼마나 되나 하는 의구심에 빠졌었다. 그때까지만 해도 우리 머릿속에는 목표를 정해놓고 정신 훈련만 하면, 지속적인 행동변화를 만들어낼 수도 있다는 단순명쾌한 생각이 아예 없었던 것이다.

뇌 가소성 이론은 누구나 자신감을 선택하고, 기를 수 있다는 생각의 초석이다. 우리가 만일 영구적으로 자신의 뇌 구조를 바꿀 수 있다면, 유전적으로 자신감을 덜 갖고 태어난 사람들도 적절한 훈련을 통해 강한 자신감을 기를 수 있다는 의미가 된다. 뇌의 가소성에 대해 더 많은 것을 알게 되면서, 유전자 검사 결과에 대한 우리의 불안감 내지 초조감도 줄어들었다. 아무리 안 좋은 결과가 나온다 해도, 적어도 그걸 극복할 수 있다고 생각하게 된 것이다.

대부분의 부모들이 그렇듯, 우리 역시 뇌 가소성 개념을 우리 애들의 뇌와 관련지어 생각하는 데 익숙해져 있었다. 애들이 열 살이 넘으면 뇌가 굳어져버린다고 하니, 그 전에 그 속에 좋은 것을 최대한 많이 넣어주어야 한다는 생각 말이다. 그런데 사실 창문은 그보다 훨씬 더 오래, 그리고 활짝 열려 있다. 성인이 된 이후에도 우리 뇌는 계속 변화 가능한 상태를 유지한다.

인지행동요법은 개인들이 새로운 사고 패턴을 익히는 데 도움을 준다. 엘리엇 교수에 따르면 이러한 인지행동요법이 구체적인 행동 변화를 이끌어내는 데 가장 효과적인 접근 방법인 것은 분명하지만, 실제로 뇌 기능이나 구조에 가장 극적인 변화가 일어나는 것은 '명상'을 할 때인 경우가 많다고 한다.

명상 전후에 MRI 촬영을 통해 뇌 상태를 살펴본 결과 평균 8주 명상을 한 후에는 '뇌의 불안 센터'인 편도체의 활동이 둔화됐다. 또한 스트레스를 많이 받는 비즈니스맨들을 대상으로 실시한 최근의 한 실험에서는 명상 후에 두려움을 느끼는 경우가 줄었을 뿐 아니라, 실제로 편도체 자체가 줄어든 채 그 상태를 유지했다. 그리고 '뇌의 차분한 사고 센터'인 전두엽 피질 내의 움직임은 더 활발해졌다.

인지행동요법에서는 우리의 뇌 안에서 변화를 일으키는 일에 의식적인 초점을 맞춘다. 물론 뇌의 가소성에 영향을 주는 또 다른 요소는 우리가 뇌 속에 비축해두었다가 무의식적으로 쓰는 모든 것들이다. 살아가면서 경험하는 모든 것을 저장하는 기억이야말로 자신감에 아주 큰 영향을 미친다.

이걸 생각해보라. 과거는 늘 우리 뇌 속에서 도입부 같은 역할을 한다. 그리고 기억이야말로 우리의 자신감 메커니즘을 실험실 쥐들에 비해 훨씬 더 복잡하게 만드는 요소들 중 하나다. 우리가 주어진 환경에 어떻게 대처하는가 하는 것은 선입견에 좌우되며, 그 선입견은 또 과거 경험에 따른 기억에 좌우되기 때문이다. 우리는 지금도 머릿속에서 녹화 테이프를 계속해서 재생 또 재생하고 있다.

의식적이든 무의식적이든, 우리의 기억들은 우리가 다음에 할 행동의 토대가 된다. 예를 들어, 무려 4년 전에 회의를 하다가 동료로부터 들었던 부정적인 말에 대한 기억 때문에 계속 회의 시간에 침묵할 수도 있다. 반대의 경우도 가능하다. 심지어 이제 더 이상 생각조차 나지 않는 대학 시절에 몇 번 멋지게 연설을 해낸 기억 때문에 회사 연례회의 때 많은 사람들 앞에서 주눅 들지 않고 자신 있게 발언할 수도 있다.

살다 보면 누구나 거절을 당하거나 일을 망쳐서 상처받는 등의 일이 생긴다. 우리는 이런저런 경험이 무의식 속으로 파고 들어가 두고두고 아픈 기억으로 남는 것을 어찌할 수도 없다. 하지만 무의식적인 기억이 이렇게 미래의 행동에까지 큰 영향을 미친다는 사실을 감안한다면, 부정적인 기억들 대신 긍정적인 기억들을 훨씬 더 많이 만들어내야 할 것이다.

로라-앤 페티토 교수는 뇌 가소성 이론이야말로 신경 과학계에서 지난 10년간 가장 큰 돌파구를 열어준 이론이라고 말한다. 그녀는 우리에게 이렇게 말했다. "자신감 부족이 유전학적 요인보다는 프로이트가 말하는 무의식에서 비롯되는 거라고 가정해보세요. 그렇다면 어린 시절 부모가 자신을 어떻게 대했는지 또는 다른 사람들이 자신을 어떻게 생각했나 하는 것들이 아주 중요해지죠. 자신감 또한 그런 것들을 바탕으로 이미 형성된 어린 시절의 행동 패턴에서 나오는 게 되고요. 그럼 자연스럽게 우리 뇌 속의 신경 경로들 역시 그에 따라 기억들을 축적할 거예요. 예를 들어 신경 경로가 딱딱하게 굳은 시멘트로 만들어진 고속도로이고, 거기에서 장차 반사적인 첫 반응들이 나온다고 생각해보세요. 하지만 만일 고속도로 위에 새로운 기억망을 깔 수 있다면, 고속도로 노선을 바꿀 수도 있죠. 그 고속도로 위에 다리들을 건설할 수도 있을 거고요. 시멘트 고속도로는 워낙 일찍 깔려버려서 완전히 없앨 수는 없겠지만, 그곳을 피해서 완전히 새로운 도로들을 깔 수는 있는 거죠."

자신감의 큰 적으로 알려진 부정적으로 사고하는 습관을 깰 수 있는 더없이 효과적인 방법 아닌가. 더 놀라운 일은 지금 신경 과학자들이 이런 변화들을 읽어내고 있고, 뇌 속에서 신경 경로가 바뀌는 현상을 관찰하고 있으며, 실제 새로운 신경 경로들이 생겨나는 모습을 목격하고 있다는 것이다.

유전자에 휘둘리지 않기

UCLA의 심리학 교수인 셸리 테일러는 심리학과 생물학을 연결해서 연구할 때의 많은 이점들을 잘 알고 있다. "환경은 사람들이 예상하는 것보다 유전자에 더 많은 영향을 미칠 수 있어요. 옥시토신 유전자를 갖고 있으면 숫기가 없어서 다른 사람들과 잘 어울리지 못할 가능성이 높지만, 부모와 친구 그리고 선생님들이 곁에서 잘 도와준다면, 스스로 자신이 숫기가 없다는 사실조차 인식하지 못할 수도 있죠. 그러나 만일 부모 역시 숫기가 없어서 남들과 잘 어울리지 못하고, 선생님과 친구들이 사람들과 어울릴 수 있게 격려해주지 않는다면, 유전자가 시키는 대로 따라할 가능성이 높아요."

페티토는 사람의 성향이 환경에 의해 완전히는 아니어도 어느 정도 바뀔 수는 있다고 본다. 물론 선천적으로 늘 외부의 관심을 필요로 하는 아이들도 있다. 그런 아이들은 십대 무렵에 문제아가 될 수도 있다. 페티토 교수는 웃으면서 이렇게 말했다. "그런 애들은 끊임없이 위험한 일을 찾아다니고 그렇게 위험한 일에서 짜릿한 즐거움 같은 걸 느끼죠. 아마 엄한 수녀들 밑에서 자란다고 해도 결국 위험한 일들을 쫓아다닐 거예요."

그 말을 듣자 문득 딸의 일이 걱정되기 시작했다. 조심성도 별로 없고 결과가 어찌되든 무작정 일을 벌이는 게, 꼭 선머슴 같아서(무슨 말인지 잘 알겠지만) 말이다. 이를테면 흔적이 남나 안 남나 보려는 듯이 거실 벽에 접착제를 덕지덕지 바른다든가(물론 흔적이 남지), 바닥에 부딪히는 게 어떤 느낌인지 궁금했는지 계단 손잡이 위에서 미끄럼을 타고 내려가고(물론 무지 아프겠지), 실내에서 물풍선 던지기 놀이를 하면 안 된다고 경고해도 싹 무시해버리는 식이다(결국 일주일간 TV 시청 금지).

과학계의 놀라운 발전상을 지켜보면서 우리는 조지 오웰이 그린 미래를 떠올렸다. 우리가 자신의 유전자에 대해 많은 것을 알게 되고, 그 결과 가장 나은 자신이 되기 위해 어떤 환경을 조성해야 하는지 다 알고 있는 미래. 문득 우리 아이들의 유전자 구조도 좀 알아봐야 하는 거 아닌가 하는 생각을 했다. 그걸 보고 애들을 지금까지와는 조금 다른 방식으로 대해야 하는 건가? 하지만 그건 너무 앞서 나간 생각이었다. 우리는 아직 그런 정보를 제대로 이용할 준비가 되어 있지 않다는 걸 스스로 잘 아니까. 게다가 우리 자신의 유전자 검사 결과를 기다리는 것만으로도 이미 신경이 무척 곤두서 있었다.

신경 과학계의 연구와 더불어 유전학적 연구 결과를 들여다보면서 자신감 연구는 활기를 띠게 되었다. 우리는 자신감의 틀은 태어나면서 이미 정해지지만, 이후에 얼마든지 바꿀 수 있다는 사실을 알게 됐다. 자신감에 관한 한 선택의 여지가 생긴 것이다.

하지만 우리에겐 아직 찾아내지 못한 것이 하나 있었다. 확실한 유전학적 증거를 확인하지 못한 것이다. 그동안 우리는 이런저런 조사를 해봤지만 아직도 핵심적인 자신감 유전자에 인간이 접근할 수 있다고 알려주는 분명한 증거를 발견하지 못했다. 게다가 남녀 사이에 도대체 왜 자신감의 차이가 생기는지 명쾌하게 설명해줄 이유 역시 찾지 못한 것이다.

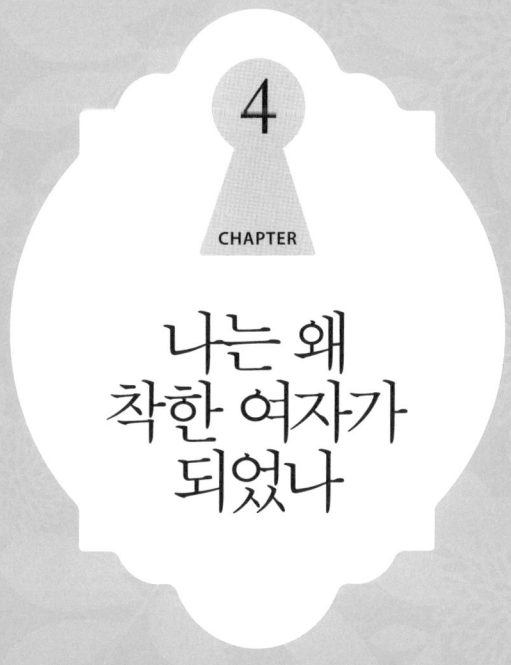

CHAPTER 4

나는 왜 착한 여자가 되었나

우리는 얌전히 행동하는 일을 잘할 수 있고,
그에 대한 보상까지 받기 때문에, 얌전하게 행동하는 것이다.
게다가 그렇게 하면 선생님과 부모님들도 좋아하지 않는가.

　미국 메릴랜드 주 해군사관학교의 남성 생도들 사이에서만 쓰이는 말이 있다. 이들은 여성 생도들을 DUBs, 즉 '멍청한 추한 년들(Dumb Ugly Bitches)'이라고 부른다. 정말 구역질나는 일 아닌가. 그들은 별일 아니라는 듯 웃으며 그냥 애정 담긴 표현일 뿐이라고 했지만, 그 말은 워낙 널리 퍼져서, 심지어 이제는 일부 여성 생도들까지 그 말을 입에 올리고 있다. 멍청하고 추한 년이라고 불리는 환경 속에서 꼭대기까지 올라가려고 애쓰는 여성들의 모습을 상상해보라.

　해군사관학교 생활은 여성 입장에선 정말 힘든 일이어서, 앞서 언급했던 미카엘라 비올로타의 경우 해군사관학교 시절 정말 많은 것을 무시하고 지내야 했다. 그러나 DUBs라는 모욕적인 말은 예외였다. 그녀는 그 말이 너무 듣기 싫어서 자신이 있는 데서는 절대 그 말을 쓰지 말라고 남자 생도들에게 대놓고 요구했다. 하지만 어떻게든 4년 동안은 그곳에서 살아남아야 한다는 사실을 잘 알았기 때문에, 기분이 언짢다는 것을 알릴 때 무례하다는 느낌은 주지 않으려 애썼다.

　미국 내에서 가장 존경받는 기관 중 하나인 사관학교 내에서 쓰이는 그 말 속에는 수세기 동안 되풀이되어온 남녀 간의 불균형 문제가 녹아 있다. 오늘날 남녀 사이에 존재하는 자신감 차이, 그 아래에 깔린 불균형 말이다. 유전학은 왜 어떤 사람들은 날 때부터 다른 사람들에 비해 더 자신감이 넘치는지 설명해주지만, 왜 남녀 간에 자신감 차이가 존재하는지는 충분히 설명해주지 못한다. 그래서 우리는 여성들이 스스로를 어떻게 대우하는지, 그리고 다른 사람들은 또 여성들을 어떻게 대우하는지 알아보기로 했다. 그러면 남녀 간에 자신감 차이가 존재하는 이유를 밝혀줄 한 줄기 빛을 찾을 수 있을 듯했다.

미 해군사관학교의 분위기는 그야말로 여성들의 자신감이 철저히 '다른 사람들에 의해 결정되는' 분위기였다. 물론 이는 다소 극단적인 예이긴 하다. 그러나 여성들이 아직 너무도 불리한 상황에서 살아가고 있다는 증거가 필요하다면, DUBs라는 말을 기억해보라. 그렇게 지독한 모욕을 받으며 살아야 하는 상황에서, 많은 여성들이 자신감 문제로 악전고투하는 건 너무도 당연한 일일 수 있다.

비즈니스 세계에선 또 어떤가. 그곳 역시도 아직 남성보다는 여성에게 훨씬 더 힘겨워 보인다. 통계 수치들을 확인해보아도, 상황은 여성에게 썩 좋지 않다. 우선 남성의 평균 수입이 100달러인데 반해 여성의 평균 수입은 77달러밖에 안 된다. 또 〈포춘〉 선정 500대 기업의 CEO 가운데 여성은 4퍼센트밖에 안 된다. 그리고 미국 상원의원 100명 가운데 20명이 여성인데, 그나마 그것이 여성들의 최고 기록이다.

우리는 남녀 간의 불균형이 여성들의 능력이 부족해서가 아니라는 사실을 잘 안다. 지난 50년간, 미국 여성들은 학력 면에서 격차를 뒤집으며 오히려 여러 분야에서 남성들을 앞질렀다. 지금은 대학 졸업자도 대학원 졸업자도 그리고 심지어 박사 학위 소지자도 여성이 남성보다 더 많다. 페퍼다인대학과 국제통화기금IMF 등에서 실시한 전 세계적인 조사들에 따르면, 현재 여성들을 많이 채용한 기업들이 모든 수익성 면에서 경쟁 기업들을 앞서고 있다고 한다.

이처럼 공정한 기회만 주어진다면, 여성들은 얼마든지 잘해낼 수 있다. 클래식 음악가들과 관련된 아주 흥미로운 사례도 있다. 1970년으로 돌아가보면, 미국에서 가장 권위 있는 교향악단들에 소속된 음악가들 가운데 여성 음악가는 5퍼센트에 불과했다. 그러나 1990년대 중반에 이르러 여성 음악가의 비중은 25퍼센트로 뛰었다. 어떻게 된 일일까? 사실 이것은 각 교향악단이 채용 방식을 아주 조금 달리하면서 일어난 변화다. 오디션을 보는 과정에서 후보자들의 신원을 알아볼 수 없게 칸막이를 친 것이다. 그래서 심사위원들은 음악은 들을 수 있어도 연주자가 남성인지 여성인지는 알 수 없었다. 그렇게 철저히 연주 실력 하나만으로 평가하자, 새로 채용되는 여성들의 수가 큰 폭으로 늘어나기 시작했다.

미 해군사관학교에서 뉴욕필하모닉에 이르기까지, 여성들에게서 자신감 부족 현상이 일어나는 이유들 중 일부는 이렇게 환경적인 면에서 찾을 수 있다. 누가 봐도 불공평한 일이 터무니없이 많이 벌어지고 있는 것이다. 물론 그중에는 특별히 나쁜 의도는 없었지만 어쩌다 보니 여성들에게 불리하게 된 경우들도 많지만 말이다.

인생이 계속 초등학교 시절만 같다면, 여성들은 세계를 지배할 것이다

추억의 오솔길을 따라 초등학교 시절 교실로 돌아가보자. 거기서부터 이미 이 사회에 만연한 남녀 불균형 문제의 씨가 뿌려지고 있다는 사실을 확인할 수 있다. 떠들썩하니 활기 넘치거나 저돌적인 여자애들이 아니라 조용히 착하게 지내는 여자애들에게 처음으로 상을 주기 시작하는 것이 바로 그 무렵이기 때문이다.

초등학교 시절부터 사람들은 여자애들이 다소곳이 고개 숙인 채 조용히 공부나 하고 시키는 대로 하길 바란다. 그래서 우리는 학교 건물 안에서 절대 야생 동물들처럼 뛰어다니지 않았고, 쉬는 시간에 싸움박질도 하지 않았다. 그런데 요즘에도 여자아이들은 여전히 학교 안에서 조용조용히 행동하고 있고, 그렇지 않아도 많은 스트레스를 받고 있는 선생님들을 더 힘들게 하지 않으려고 한다. 그야말로 아주 어린 시절부터 여성들은 '그런 식으로 잘 협조하면 적절한 보상을 받게 될 거라는' 교육을 받는 것이다.

웰슬리대학 여성 센터의 부소장인 페기 매킨토시는 여자애들에게 고분고분한 사람이 되라고 가르치는 것은 장기적으로 좋지 않은 영향을 줄 수 있지만, 그런 관행을 중단하는 게 쉽지 않다고 본다. 사실 여자애들은 남자애들에 비해 얌전히 행동하기를 그렇게 어려워하지 않는다. 왜냐하면 여자애들의 뇌가 이미 감정 신호들을 잘 이해하기 때문이다. 그러니까 우리는 얌전히 행동하는 일을 잘할 수 있고, 그에 대한 보상까지 받기 때문에, 얌전하게 행동하는 것이다. 게다가 그렇게 하면 선생님과 부모님들도 좋아하지 않는가. 그런 식으로 우리는 바르게, 그러니까 깔끔하고 조용히 행동할 때, 가장 많은 관심과 사랑을 받는다고 배운다. 그러면서 우리가 착하게 행동하고 있다는 걸 인정받고 싶어 하기 시작한다. 여기엔 의도적인 나쁜 뜻이 없다. 허구한 날 말썽을 일으키는 아이를 좋아할 사람은 없을 테니까.

그 결과 여자애들은 실수를 한다거나 위험을 무릅쓴다거나 하는 행동들을 기피하게 된다. 당장 손해를 볼지는 몰라도, 자신감을 쌓는 데 꼭 필요한 과정인데 말이다. 남자애들은 어떤 일에 실패하면 노력이 부족했다고 생각하며 훌훌 털고 넘어간다. 그러나 비슷한 실패를 했을 경우, 여자애들은 자기 자신을 형편없다고 여기면서 결국 자신의 능력이 부족하다는 의미로 받아들인다.

그런데 다행히도 클레어의 딸은 실패를 해도 그걸 가슴 깊이 묻지 않는 것 같다. 델라는 선머슴 같으며 전혀 겁이 없다. 예쁜 옷을 입는다거나 깔끔하게 치장한다거나 머리를 손질하는 일에도 전혀 관심이 없다. 심지어 최근에는 자기 머리를 직접 자르기도 했다.

"솔직히 말해, 딸아이가 이 사회의 기대에 맞게 행동하지 않으면 참 난감할 때가 많아요. 사람들은 여자애들이 지저분해 보이거나 소리소리 질러대며 날뛰는 걸 좋아하지 않잖아요. 그런데 일전에 생각을 완전히 바꾸게 된 순간이 있었어요. 내가 타고난 그 애의 성격이나 스타일을 억지로 바꾸려 하지 않는다면, 오히려 세상을 더 잘 살아갈 수 있겠다고 생각하게 된 거예요." 그러면서 클레어는 이렇게 회상한다. "나는 틈만 나면 그 애에게 수업 시간에 손을 들어 발표를 하라고 했어요. 적극 참여하라고요. 그리고 그 애가 학교를 마치고 집에 오면 오늘 손을 들었냐고 물었죠. 그러면 그 애는 이랬어요. '응, 엄마. 물론이지. 사실 이젠 언제나 손을 들어. 심지어 할 말이 아무것도 없을 때도 말야.'"

클레어는 말을 이었다. "처음엔 여느 엄마들처럼 '말을 하려면 준비를 해야지.' 이런 말을 하고 싶었는데, 그동안 우리가 자신감에 대해 연구한 것도 있고 해서 곧 생각을 바꿔 먹었죠. '와, 정말 대단해! 얼마나 멋진 자신감의 표현인가! 심지어 할 말이 전혀 없는데도 손을 들 생각을 하다니. 그야말로 남자애들 뺨치는 자신감 아닌가.' 그 이후로 저는 틈나는 대로 우리 딸아이의 이 멋진 일화를 써먹곤 했어요. 그러면 사람들이 다 소리 내 웃으며 공감을 표하더라고요. 그러다 우리의 든든한 가이드 리처드 페티 교수의 말을 듣고 깜짝 놀랐어요. 페티 교수는 일부러 시간을 내서 우리 원고 전부를 꼼꼼히 읽고 귀한 조언을 해주었는데, 그가 이런 말을 하더군요. 내가 우리 딸아이 얘기를 자신감에 대한 일반적인 지침처럼 사용하고 있는데, 바로 그 부분이 이 책에 쓰인 많은 조언 가운데 유일하게 오해의 소지가 있는 조언이라고요. 할 말이 아무것도 없는데 자진해서 위험을 무릅쓰고 사람들 앞에서 발언을 하는 건 정말 어리석기 짝이 없는 일이니까요. 자칫 잘못하면 엄청난 자신감 상실로 이어질 수도 있다고 말이죠. 저는 그의 지적을 곰곰이 생각해봤어요. 확실히 그의 말이 옳아요. 위험이 뻔히 보이는 델라의 무모한 행동을 잘했다고 한 건 다소 과했다는 사실을 깨달은 거죠. 그런데도 저는 아직도 거의 자연발생적으로 손을 번쩍번쩍 드는 강한 여성의 이미지에 본능적인 애착 같은 게 있어요. 왜 그럴까요? 사실 저는 우리 여성들이 일단 하늘 높이 손을 들어올리기 시작하면, 우리 속에 묶여 있던 지혜가 자유롭게 풀려날 거라고 확신하거든요."

델라의 경우는 예외이고, 우리 대부분은 '착한 여자애' 수업을 아주 잘 받았다 하지만 그렇다고 해서 우리가 현실 세계에 뛰어들 준비를 아주 잘했는가 묻는다면, 그건 아니다. 베스트셀러《성공의 새로운 심리학》의 저자이자 스탠퍼드대학 심리학 교수인 캐롤 드웩은 그런 현상에 대해 이렇게 말하고 있다. "우리 삶이 만일 초등학교 시절의 연속이라면, 여성들은 세계의 지배자가 될 거예요."

경쟁을 두려워하지 않는 습관

여성들은 성적이 중시되는 학교 교실에 머무르는 동안에는 분명 두각을 드러낸다. 하지만 적극적으로 치열한 경쟁을 벌여야 하는 직장 세계에서 자신 있게 행동하는 법을 교실 안에서는 가르쳐주지 않는다. 너무도 많은 여자아이들이 점수를 잘 받는 일에만 골몰할 뿐, 학교 밖 세상에서 필요로 하는 정말 중요한 수업은 등한시하고 있다.

"여자애들은 아직도 경쟁을 요구하는 스포츠를 하려고 하지 않아요. 경쟁을 해서 이긴다는 것이 무엇인지 배울 수 있는 게 바로 스포츠인데 말이죠." 여성들에게 공직 출마 방법을 교육시키는 비영리 단체 '러닝 스타트'의 공동 설립자인 웰포드 샤코우의 말이다.

스포츠가 성장하는 아이들에게 좋다는 건 누구나 잘 안다. 그런데 우리는 스포츠의 이점이 얼마나 많은지를 알고 놀라지 않을 수 없었다. 1972년에 제정된 '타이틀 9 Title IX'이라는 법률은 미국 공립학교에서 여학생들보다 남학생들에게 더 많은 스포츠 시간을 할애하는 것을 불법으로 규정했다. 그런데 그 법안의 시행 결과를 조사한 연구들에 따르면, 팀 스포츠를 즐기는 여학생들은 대학을 졸업하고 남성들이 압도적으로 많은 업계에 진출할 가능성이 더 높은 것으로 나타났다. 심지어 고등학교 시절 스포츠를 즐기는지 여부와 후에 더 높은 연봉을 받는 것 사이에도 직접적인 관계가 있었다. 스포츠를 통해 승리하고 패배하는 것을 배우게 되면 훗날 직장에서 성공과 좌절을 다루는 데 유익한 교훈이 되기 때문이다.

'타이틀 9'이 시행된 이래 스포츠를 즐기는 여학생 수는 급격히 증가했다. 대학의 경우, 1972년에서 2011년 사이에 스포츠를 즐기는 여학생 수가 여섯 배나 늘었다. 믿기지 않는 사실이지만, 고등학교의 경우 같은 기간 동안 스포츠를 즐기는 여학생 수가 무려 1,000퍼센트나 늘었다. 그러나 전체적으로 봤을 때 스포츠를 즐기는 남학생과 여학생 수는 여전히 큰 차이가 있다. 워낙에 스포츠를 즐기는 여학생이 남학생보다 적은 데다, 그나마 그중 많은 여학생들이 시작한 지 얼마 되지 않아서 그만두기 때문이다. 미국 질병통제예방센터에 따르면, 여학생들이 소속 스포츠 팀에서 중도 탈락하는 경우가 남학생들에 비해 여섯 배나 많다고 한다.

학자들은 십대 시절 여성들이 흔히 경험하는 일들이 사실이라는 것을 확인시켜주고 있다. 여학생들은 남학생들에 비해 청소년기 때 자존감 상실로 마음 고생하는 경우가 더 많다. 또 그걸 극복하는 것도 남학생들보다 더뎌서 더 오랜 시간을 의기소침한 상태로 보낸다. 자신감을 잃으면 경기에 졌을 때도 그 사실을 잘 견뎌내지 못하게 되고, 그래서 여학생들이 남학생들에 비해 팀 스포츠를 중도 포기하는 경우가 더 많은 것이다. 자신감을 잃으면 경쟁을 피하게 되고, 그 때문에 자신감을 되찾는 데 가장 효과가 있는 스포츠도 스스로 포기하게 되는 악순환이 일어난다.

반면 남성들은 윗사람의 관심을 끌기 위해서든 동료들로부터 존경을 받기 위해서든 아니면 전망 좋은 고급 사무실을 차지하기 위해서든, 천성적으로 더 적극적으로 경쟁에 나선다. 남자애들은 야외 축구장에서 치열한 경쟁을 하며 승리를 만끽하거나 패배를 툭툭 털어버리는 법을 배운다. 그리고 교실 안에서도 번쩍번쩍 손을 더 잘 든다. 꼼꼼히 답변 준비를 하는 건 고사하고, 심지어 아직 질문도 다 끝나기 전에 손부터 드는 것이다. 근본적으로 모든 것을 경쟁으로 보기 때문이다. 그런 행동들이 선생님을 짜증나게 만들 수도 있겠지만, 그 자신감만은 부러움의 대상이 아닐 수 없다.

남자애들은 서로 장난을 치고 난장판을 벌이면서 서로를 더 강하게 만들며, 그 결과 좌절감에 빠져도 쉽게 빠져나온다. 많은 여성들이 칭찬에 목말라 하고 비판을 어떻게든 피하려 할 때, 대부분의 남성들은 아주 어린 시절부터 다른 사람들의 비판을 별 동요 없이 덤덤히 받아들이는 법을 배우는 것이다. 남자애들은 유치원 시절부터 친구들끼리 장난을 치고 서로 게으름뱅이라 놀려대며 서로의 한계를 그대로 지적한다. 심리학자들은 그 '놀이터 사고방식' 덕에 남자애들은 나중에 어른이 됐을 때 다른 사람들의 비판을 덤덤하게 받아들이게 된다고 믿는다. 냉혹한 현실 세계에 뛰어들어야 하는 우리에게 아주 탐나는 능력이 아닐 수 없다.

여성들은 열심히 공부해서 최고 점수를 받아내는 자신의 능력에 뿌듯해하며, 머릿속에 흥미로운 역사 지식과 우아한 스페인어

가정법 지식 등을 잔뜩 집어넣은 채 학교를 떠난다. 그러나 교실과 회사의 사무실 사이, 그 어디에선가 게임 규칙들이 바뀌는데, 여성들은 그 규칙을 제대로 이해하지 못한다. 완벽한 철자법을 쓰고 사려 깊은 태도를 취해봐야 아무 보상도 주어지지 않는 직업 세계 안에 처박히는 것이다. 이제 성공의 조건 자체가 달라지고, 여성들의 자신감은 무참히 깨지게 된다.

직업 세계에서 성공하려면 정치적 수완은 물론이고, 어느 정도의 책략과 자리다툼도 필요하며, 스스로 자기 PR을 하는 능력과 비판에 굴하지 않는 꿋꿋함도 필요하다. 죄다 여성들이 아주 불편해하는 것들이다. 여성들은 그런 전략들을 받아들이지 못하는 경우가 많다. 그동안 우리는 그런 기술들을 마스터하는 데 그리 능하지 못했고, 그래서 스스로 뒤로 물러서게 된다.

발레리 재럿은 함께 일하는 여성들에게서 자주 그런 문제를 목격한다. 백악관 내 최고위직 여성 중 한 사람인 그녀는 현재 오바마 대통령의 선임 고문으로, 수십 명의 백악관 여직원들을 위해 비공식적인 고문 역할도 하고 있다. 그 면에서 그녀는 특히 아주 설득력 있는 조언자인데, 그녀 역시 자기 회의감에서 벗어나기 위해 애써왔다는 것을 스스럼없이 밝히기 때문이다.

우리는 어느 늦은 오후에 그녀를 방문했는데, 그녀는 몇몇 여성 동료들과 함께 백악관 내에 자리한 그녀 사무실 회의 탁자 주변에 모여 있었다. 옷을 잘 입는 것으로 유명한 재럿은 세련된 크림색 실크 블라우스를 걸치고 있었는데, 직업상 몸에 밴 권위와 따뜻한 모성애가 동시에 느껴졌다.

한 시간가량 계속된 인터뷰 과정에서 우리는 그녀가 직접 말하는 것만큼이나 많은 시간을 상대 얘기에 귀 기울이고 의견을 묻는데 할애하는 사람이라는 것을 알게 됐다. 주로 자신의 얘기를 많이 하게 되는 인터뷰에서조차 그랬다. 그녀는 자신이 지난 몇 년간 특히 자신의 친구인 대통령 영부인 수석 참모인 티나 첸을 보면서 배운 게 하나 있다면서, 대화를 지배해야만 사람들에게 강한 인상을 줄 수 있는 건 아니라고 했다.

하지만 상황에 따라선 과감하게 자기주장을 펴야 할 때도 있는 법이다. 그리고 여성들은 그런 것들도 마스터해야 한다. 재럿은 이렇게 말한다. "여성들은 스스로 자신을 낮춰야 한다고 배우고 있어요. 나는 그 모든 게 놀이터에서 시작되며, 사회에서 더 강화된다고 생각해요. 우리 여성들은 뭔가를 요구하려면 그럴 만한 자격을 완벽하게 갖출 때까지 기다려야 한다고 생각하죠."

그녀는 자신이 사회생활을 하면서 기다리지 않고 과감히 뭔가를 요구하는 걸 배우는 데 꼬박 10년이 걸렸다고 했다. 그녀는 30대 초반에 시카고 시장실에 근무를 했는데, 대규모 부동산들을 처리하는 일에 탁월한 실력을 보였다. 그때 한 고객이 그녀에게 이런 말을 했다. "당신은 보스가 되어야 해요. 승진을 해야 한다고요." 제럿은 그 말을 건성으로 들었다. "난 그녀가 제 정신이 아니라고 생각했는데, 몇 달이고 계속해서 같은 말로 부추기는 거예요." 쓴웃음을 지으며 그녀가 말했다. 이후 그녀는 마침내 그 고객의 말을 진지하게 받아들였고, 기회를 봐서 시장에게 직접 요청을 해야겠다고 마음먹었다.

그녀는 시장을 만났던 당시를 마치 어제 일처럼 생생히 기억한다. "정말 두렵고 초조했지만, 나는 시장에게 내가 승진해야 할 이유들을 조목조목 설명했어요. 그랬더니 그가 그 자리에서 바로 '좋아요.' 하는 거예요." 갑자기 그녀 눈을 덮고 있던 비늘들이 떨어진 기분이었다. 그녀는 용기백배해서 사무실도 하나 달라고 했다. 그는 그 자리에서 확답을 하지 않았지만, 며칠 후 그녀는 정말 빈 사무실로 자리를 옮기게 됐다. 그녀로서는 정말 큰 자신감을 갖게 된 획기적인 순간이었다.

몇 년 후 그녀는 이제 좋은 친구 사이가 된 예전의 상사에게 그렇게 쉽게 승진을 시켜줄 거면서 왜 한 번도 자신에게 승진을 제의하지 않았냐고 물었다. 그는 너무 바빴고 그래서 그 문제에 대해 전혀 생각하지 못했을 뿐이라고 대답했다. 재럿은 우리에게 말했다. "어느 정도의 위치에 머무르는 데에는 뭔가 그럴 만한 이유가 있을 거라고 생각해요. '난 자격이 안 되는 거야. 자격이 된다면, 그가 내 재능을 알아볼 텐데 말야. 그렇다고 내 입으로 그런 말을 할 순 없잖아.' 이렇게 단념해버리는 거죠." 그녀는 그런 사고방식은 백악관에 근무하고 있는 지금까지도 가끔씩 나타나며, 늘 그걸 없애려 애쓰고 있다고 했다. 그런 사고방식이 사회생활에 지장을 줄 수 있다는 걸 이제는 분명히 알기 때문이다.

뉴욕에서 근무한 두 직원에 대한 이야기가 있다. 우리의 지인에게는 20대의 부하 직원이 둘 있었는데, 하나는 여성(앞으로 레베카라 부르겠다)이었고 또 하나는 남성(앞으로 로버트라 부르겠다)이었다. 로버트는 일을 시작한 지 몇 달밖에 안 됐지만, 벌써 예고도 없이 불쑥 친구 사무실로 찾아 들어가 새로운 광고캠페인에 대해 제안하거나, 사업 전략에 대한 의견을 제시한다거나, 청하지도 않았는데 먼저 〈이코노미스트〉에서 읽은 최근 기사들에 대한 자신의 생각을 얘기하곤 했다. 친구는 수시로 그의 아이디어들을 기각했고, 그의 생각이 잘못됐다고 지적했으며, 좀 더 조사해보라고 윽박질렀다. 그런데도 '문제없어요.'가 그의 신조 같았다. 그는 어떤 때는 반론을 폈고, 또 어떤 때는 그냥 씩 웃으면서 어깨 한 번 으쓱하곤 자기 자리로 물러갔다.

그러나 며칠도 안 돼 그는 또다시 찾아와 더 많은 아이디어를 내놓았고, 설사 할 말이 "아직 작업 중입니다."밖에 없을 때도 계속해서 자신이 현재 하고 있는 일에 대해 보고했다. 우리의 지인은 로버트가 너무도 쉽게 그리고 열정적으로 자신의 관심을 끄는 것에 놀랐고, 그런 점에서 벌써 여러 해째 같이 일하고 있는 레베카와는 달라도 너무 다르다는 사실에 또 놀랐다.

레베카는 지금도 상사와 얘기를 하려면 사전에 시간 약속을 잡았고, 늘 미리 논의할 문제와 질문들의 리스트를 준비했다. 의견을 달라고 하면 그때서야 입을 열었지, 외부 고객들과의 미팅에서도 거의 늘 말없이 꼼꼼히 메모만 했다. 절대 자기 생각을 불쑥 꺼내는 법이 없었고, 늘 이런저런 장단점 등에 대해 폭넓은 분석을 하면서 메모를 했다. 레베카는 늘 부지런히 준비를 했고 열심히 일했다.

하지만 상사의 입장에서는 지나칠 정도로 적극적인 로버트에게 종종 짜증을 내면서도, 그에 대해 좋은 느낌을 갖지 않을 수 없었다. 실수하는 것을 두려워하지 않고 설사 부정적인 반응을 보여도 낙담하지 않고 금방 일어서는 그의 모습에 존경심까지 느꼈다. 반면 레베카는 부정적인 반응을 잘 받아들이지 못해서 가끔은 눈물도 흘렸고, 그럴 때는 잠시 자기 자리로 물러가 마음을 가라앉힌 뒤에야 다시 돌아와 대화를 이어갈 수 있었다.

우리 친구는 늘 레베카를 의지해왔고 그녀를 높이 평가하지만, 두 사람 중에 누가 더 성공할 것인지 생각한다면 아무래도 로버트 쪽에 더 후한 점수를 주지 않을 수 없었다. 그가 내놓는 그 많은 아이디어 가운데 대박을 칠 아이디어가 나오는 것은 그야말로 시간문제였다. 그렇게 되면 그는 어느 날 갑자기 치고 나갈 것이고, 레베카는 뒤처지기 시작할 텐데, 우리 친구는 그것이 걱정되기 시작했다. 물론 레베카는 동료들로부터 여전히 존경받겠지만, 더 높은 보수와 더 많은 책임 또는 더 중요한 직책은 맡지 못할 것이다.

이런 현실 앞에서, 우리 여성들은 자신이 기업 세계에 맞지 않는다며 완전히 포기하는 경우도 많고, 특히 정신적인 스트레스를 너무 심하게 받는다. 게다가 그것이 가정생활에까지 영향을 미칠 경우 더 이상 견딜 수 없다고 단정 짓기 쉽다. 직장에 계속 남아 있는다고 해도 그런 정신적 스트레스 때문에 에너지마저 고갈되고 말이다. 그렇게 여성들은 제대로 이해되지 않고 마음에도 들지 않는 게임에서 승리하기 위해, 매일 아침 무거운 갑옷을 끌며 사무실로 향해야만 한다.

미움받기 싫은 마음

만일 레베카가 로버트처럼 행동한다면, 그러니까 로버트처럼 자신만만하고 적극적인 자세를 취한다면, 상사는 그녀를 어떻게 생각할까? 그녀의 상사가 남성이든 여성이든, 결과가 그리 좋지 못할 것이라는 증거가 수두룩하다.

여성들 입장에서는 자신감과 관련해 풀어야 할 난제가 아닐 수 없다. 당혹스러운 일이지만, 많은 연구 결과들에 따르면, 이 사회와 심지어 직업 세계에서 여성들이 남성들처럼 적극적으로 행동에 나설 경우 오히려 큰 역풍을 맞게 된다고 한다. 우리 여성들이 만일 불쑥 상사의 사무실로 들어가 청하지도 않은 의견을 제시하거나 회의에서 제일 먼저 발언을 한다거나 자기 보수 수준에 맞지 않는 거창한 사업적인 조언을 한다면, 사람들은 그 여성을 싫어하게 되거나, 아니면 아주 솔직히 말해 '미친 년' 취급을 할 것이다.

여성이 큰 성공을 거두면 거둘수록, 그 여성에 대한 독설 또한 더 심해지는 것 같다. 중요한 것은 그녀의 능력이 아니라, 그녀의 성격이다. 두 여성이 고위직에 출마했던 2008년 미국 선거운동 당시를 되돌아보자. 당시 힐러리 클린턴과 세라 페일린에 대해 세상 사람들은 계속 똑똑하지만 차가운 여성, 멍청하지만 예쁜 여성 운운하는 말로 평가했다. 두 사람이 남성이었다면, 절대 그런 식으로 말하진 않았을 것이다. 사실 여성들은 이런 종류의 모욕적인 말들이 두려워 앞에 나서지 않고 뒤로 물러앉아 지나치게 겸손한 자세를 취하는 경우가 워낙 많다.

예일대학 경영대학원 빅토리아 브레스콜 교수 얘기로 되돌아가보자. 그녀는 직책이 높은 여성일수록 의식적으로 말을 아끼려 애쓴다는 가설을 놓고 실험을 해왔다. 사실 여성의 그런 행동 방식은 힘 있는 남성이 자신의 힘을 다루는 방식과는 반대된다. 그녀는 남녀로 이루어진 한 집단을 상대로 두 가지 실험을 했다.

먼저 그녀는 206명의 남녀 참여자들에게 자신이 어떤 회의에서 직책이 가장 높은 사람이거나 아니면 직책이 가장 낮은 사람이라고 상상해보라고 했다. 그런 다음 그 회의에서 자신이 상상한 사람 입장에서 얼마나 많은 말을 할 것인지 물어보았다. 참여자들 가운데 자신이 가장 힘 있는 사람이라고 상상한 남성들의 경우, 낮은 직책을 고른 사람들보다 더 말을 많이 할 거라고 했다. 그러나 가장 힘 있는 역을 고른 여성들은 직책이 낮은 여성들만큼만 말을 할 거라고 했다. 왜 그러냐고 묻자, 사람들에게 미움받고 싶지 않은데다, 너무 튀어 보이거나 사람들을 지배하려 한다는 느낌은 주기 싫어서라고 말했다. 이런 두려움들은 여성들이 스스로 만들어낸 것일까 아니면 정말 그것이 세상의 현실인 걸까?

브레스콜 교수의 다음 실험에서는 남녀 참여자 모두가 가상의 CEO를 대상으로 점수를 매겼다. 결과는 어땠을까? 남성과 여성 모두 말 많은 가상의 여성 CEO가 능력이나 리더십 면에서 똑같이 말 많은 남성 CEO에 비해 상당히 뒤떨어진다고 보았다. 그런데 그 가상의 여성 CEO가 다른 사람들보다 말을 적게 할 경우를 가정했더니, 그녀의 잠재 능력과 리더십 점수는 순식간에 올라갔다.

우리는 단순히 말을 많이 하는 여성들을 싫어할 뿐 아니라, 남성들이 적극적으로 발언에 나서서 대화의 주도권을 잡아주길 바라고 있으며, 그러지 않을 경우 크게 실망까지 하는 것이다. 그리고 이것을 기억해야 한다. 브레스콜 교수의 실험 참가자들 가운데 여성들에 대한 편견을 갖고 있는 건 남성들만이 아니었다. 여성에 대한 편견에 관한 한, 여성들도 남성들 못지않았다.

고정관념은 나를 더 긴장시킨다

정상에 선 여성들, 그러니까 아주 강인해서 남녀 차별에 대해 불평하길 싫어하는 여성들조차 여전히 일상생활에서 무언의 남녀 편견 같은 것을 느낀다고 말한다. 영국의 다국적 방위산업체 BAE시스템스의 미국 지사에서 지난 4년간 사장과 최고 경영자를 지낸 린다 허드슨은 수십 년간 그 업계의 리더였으며, 물론 지금까지도 독보적인 존재다. 그런 그녀가 우리에게 이런 말을 했다.

"지금 이 자리에 있으면서도, 난 아직도 사람들이 나를 보고 첫눈에 '그 자리에 어울리지 않네.' 이런 인상을 받는다고 느껴요."
"정말이세요?" 하고 우리가 묻자, "그럼요."라는 답이 돌아왔다. 그녀는 기업 내에서의 남성과 여성에 대한 기본적인 인식 차이에 대해 이렇게 설명했다. "남성이 방에 들어서면, 스스로 무능력을 드러내지 않는 한, 다들 그가 유능한 사람이라고 생각해요. 여성의 경우는 그와 정반대죠."

허드슨은 현실적으로 존재하는 '고정관념의 압박'에 대해 얘기했다. 고정관념의 압박은 1990년대 중반에 심리학자 클라우드 스틸과 조슈아 아론슨에 의해 만들어진 용어로, 두 사람은 당시 왜 대학에서 아프리카계 미국인들이 백인 학생들에 비해 성적이 떨어지는지 그 이유를 알아내고자 했다. 이들의 연구 결과, 여성들은 남성들에 비해 과학과 수학 같은 학문 분야에 약한 것으로 나왔는데, 그 이유가 여성들 스스로 그 분야에 약하다는 고정관념을 갖고 있기 때문이라는 사실이 밝혀졌다.

1장에서 언급했던 하버드대학의 연구를 기억하는가? 시험 보기 전에 자신의 성별을 쓰라고 할 경우, 여성들은 수학 시험에서 더 안 좋은 결과를 냈었다. '고정관념의 압박'이 가진 힘을 보여주는 좋은 예지만, 사실 문제는 훨씬 더 광범위하다. '고정관념의 압박' 아래, 끊임없이 악순환이 일어나기 때문이다. 우리가 만일 어떤 조직에서 소수 집단에 속하고, 그 소수 집단이 이런저런 잘 알려진 고정관념을 갖고 있다면, 우리는 스스로 그 고정관념에 따라야 한다는 압박감을 받게 된다.

게다가 만일 이중으로 소수 집단에 속한다면 문제는 놀랄 만큼 복잡해질 수 있다. 어린 시절부터 클레어의 친구인 타냐 코크는 아주 뛰어난 인권 변호사로 아프리카계 미국인이다. 그녀는 낯선 사람들이 있는 방에 들어설 때마다 자신이 사람들에게 어떤 인상을 주는가에 대해 이렇게 생각하고 있다.

"내가 걱정하는 건 치열한 경쟁도 아니고 내 능력에 대한 자신감의 위기도 아니에요. 방에 들어갈 때면 사람들 눈에 내가 어떻게 비칠까 늘 의식하죠. 난 사람들이 나에 대해 어느 정도 알기 전까지는 이런 식으로 생각한다는 걸 알아요. '이 사람, 소송을 맡길 적임자 맞아?' 의식적이든 무의식적이든 사람들의 고정관념과 맞서 싸워야 하는 거죠."

어떤 점에서는 부정적인 고정관념에 대해 잘 알고 있는 것이 좋은 동기부여가 되기도 한다. 타냐 코크는 우리에게 이렇게 말했다. "어쩌면 그래서 의도적으로라도 더 강력히 밀고 나가기도 해요. 내가 직면한 문제들이 뭔지 잘 알거든요."

오바마 대통령의 선임 고문 발레리 재럿도 우리에게 아주 비슷한 말을 했었다. "나는 여성이라든지 또는 아프리카계 여성이라는 것이 단점이라고 느낀 적은 전혀 없어요." 그녀는 잠시 대답할 내용을 생각한 뒤 말을 이었다. "부모님들은 내게 남들보다 두 배 더 열심히 뛴다면 모든 게 다 잘 풀릴 거라고 가르치셨어요. 근데 나중에 그러시더군요. 그런 충고가 제게 먹히리라곤 전혀 생각 못했고, 단지 그렇게 말해야 한다고 생각하셨다고요. 그게 당신들이 하실 수 있는 최선이었으니까요."

남성들의 경우도 마찬가지지만 모든 여성들의 입장에서 법적인 제도는 폐물이나 다름없다. 미국은 전 세계 190개 나라 가운데 국가 정책으로 산후 유급휴가를 주지 않는 단 세 나라 중 하나다. 막 출산을 한 여성들은 2주일간 휴가를 갈 수 있지만, 급여는 전혀 받지 못하는 것이다. 미국의 예외주의는 이론상으로는 멋져 보일지 몰라도, 직장을 다니는 여성들에게는 냉혹하고 힘겨운 신화인 경우가 많다.

세계경제포럼이 가장 최근에 내놓은 세계 성 격차 보고서에 따르면, 여성의 평등 문제를 다방면에서 측정했을 때 미국은 세계 최고 수준은 고사하고 세계 10대 국가에도 들지 못했다. 미국은 중앙 아프리카의 부룬디에 이어 세계 23위다. 그리고 정말 비참한 사실이지만, 여성들의 정치적 권한에 관한 한 미국은 세계 60위다. 미국 여성들은 교육적 성취 부문에선 세계 1위지만, 성별에 따른 급여 평등에 관한 한 예멘 바로 뒤를 이어 세계 67위다. 정말 충격적인 격차가 아닐 수 없다.

잘못된 현실을 바꾸려면 현실부터 있는 그대로 봐야 한다. 솔직히 말해, 수 세기 동안 이어져온 전통을 무시하는 것은 근시안적인 태도다. 우리 여성들이 직면한 당면 과제를 제대로 이해한다면, 그러니까 타냐 코크의 말처럼 여성들이 직면한 '고정관념의 압박'을 제대로 이해한다면, 그것이 동기부여가 되어 우리는 고정관념의 압박과 맞서 싸울 수 있을 것이다.

여자들은 거울 사용법을 모른다

우리 여성들은 거울 속에 비치는 자기 자신과의 관계에 극도로 소극적이고 또 냉정하다. 여성 정치 운동가 마리 윌슨의 말처럼 우리는 거울을 희망을 보고 자신을 격려하는 수단으로 사용할 줄 모른다. 우리 여성들은 거울 속에서 미래의 CEO, 혹은 국회위원을 보려하지 않기 때문이다.

여성들의 경우 외모는 모든 연령대에서 자신감을 쌓는 데 걸림돌이 되기도 한다. 여성들은 남성들에 비해 자신의 외모에 대해 훨씬 더 민감하다. 통계 수치를 보면 정말 충격적이다. 조사에 따르면, 모든 여성의 90퍼센트는 자신의 외모 중 적어도 한 부분을 바꾸고 싶어 한다. 열 살 난 소녀들의 81퍼센트는 뚱뚱해질까봐 두려워한다. 여성들 가운데 겨우 2퍼센트만이 자신을 아름답다고 생각한다.

우리는 잘 모른다. 매력과 자신감 중에서 어느 것이 더 먼저인지. 매력적인 사람들은 자신감도 더 큰 것일까? 아니면 자신감 있는 사람들은 실제의 자신보다 스스로 더 매력적이라고 느끼는 걸까? 다만 우리는 이것만은 잘 안다. 살아가면서 그리고 직장 생활을 하면서 여성들이 남성들에 비해 외모로 판단되는 경우가 훨씬 더 많다는 것을.

비만 얘기를 해보자. 비만할 경우 남성과 여성이 치러야 하는 대가가 너무 다르다. 유타대학의 크리스티 글라스는 남녀의 비만에 대해 연구해왔으며, 특히 비만과 교육 수준 간의 관계를 집중 관찰해왔다. 그녀는 비만한 여학생들은 다른 여학생들에 비해 스스로 클럽에 가입하거나, 스포츠 팀에 선발되거나, 사교 모임에 참석하는 비율이 훨씬 적다는 사실을 발견했다.

심지어 교사들조차 비만한 여학생들에게 거는 성적의 기대치가 더 낮았다. 그러나 비만한 남학생들 경우는 달랐다. 그런 남학생들은 여전히 스포츠 팀에 남아 있었고 여전히 데이트를 즐겼으며 여전히 모든 중요한 사교 모임에 참석했다. 비만한 남학생들은 다른 남학생들만큼 대학 진학을 많이 했지만, 비만한 여학생들은 다른 여학생들에 비해 대학 진학률도 낮았다. 그리고 비만한 여학생들은 오랜 기간 투쟁을 해야 한다.

크리스티 글라스 교수는 이렇게 말한다. "미의 기준, 그러니까 사회적 미의 기준에 맞지 않는 여성들은 꼭 필요한 사회적 자원들도 갖지 못해요. 비만한 여성들은 사회적 모임에서 배제될 뿐 아니라, 사람들이 그들에게 거는 기대치도 낮죠."

비만한 남성들은 심지어 이른바 '토니 소프라노 효과'의 덕을 보기도 한다. 그러니까 큰 몸집 때문에 토니 소프라노처럼 강하면서 수완도 있고 경쟁력도 있고 머리도 좋은 사람으로 보인다는 것이다. 하지만 여성이 비만할 경우, 그녀의 큰 몸집은 부정적인 영향만 주어 신체적 매력을 떨어뜨릴 뿐 아니라 지적 능력까지 모자란 사람으로 보이게 한다. 덜 조직적이고 덜 유능한데다 자기 통제도 못하는 사람으로 여겨지는 것이다.

여성들의 외모는 모든 면에서 복잡하다. 야후의 CEO인 마리사 메이어가 2013년 여성 패션 주간지 〈보그〉의 광고에 나오게 됐을 때, 사람들은 그녀가 잡지 촬영을 위해 일까지 중단하고 치장을 하는 건 말도 안 된다고 비판했다. 하지만 이런 반응은 분명 불공평해 보인다. 외모가 어떤가 하는 것을 다 떠나서 심지어 그녀는 잡시 쉴 수조차 없단 말인가.

　외모에 대한 여성들 스스로의 집착은 우리의 자신감까지 고갈시킨다. 바바라 타넨바움은 연설 코치이며 브라운대학의 존경받는 교수로, 그녀의 '설득력 있는 의사소통' 강의는 자리가 없어서 서서 들어야 할 정도로 인기가 많다. 그녀의 강의에서 비디오는 중요한 교육 도구이다. 그러나 그녀는 여성들의 경우 그 비디오 사용을 아주 조심스레 해야 한다는 사실을 알게 됐다.

　타넨바움 교수는 수강생들의 연설 연습 장면을 녹화해 비디오에 담아둔다. 그러고는 나중에 수강생들이 그 비디오를 보면서 연설 내용은 괜찮았는지, 사람들과 시선 맞추기는 잘했는지, 청중들과 소통은 잘했는지 등등을 평가해보도록 하고 있다. 하지만 그녀는 여성들의 경우, 비디오를 볼 때 처음에는 그런 평가 요소들이 전혀 눈에 들어오지 않는다고 한다. 자신이 어떻게 보이나 하는 데에만 신경 쓰기 때문이다. 타넨바움은 이렇게 말했다. "너무 뚱뚱하고 못나 보여. 머리도 엉망이고……. 그런 게 가장 큰 관심사죠. 그러면 난 그 여성들과 같이 비디오를 보면서 평가도 제대로 못한 채 그냥 앉아 있어야 해요. 어린 아기들이 손톱으로 자기 몸을 할퀴지 못하도록 벙어리장갑을 씌워두기도 하잖아요? 난 그 여성들에게 벙어리장갑 역할을 해주어야 하죠."

　우리는 그렇다면 강의를 듣는 남성들은 어떤지 물었다. 그녀에 따르면 남성들은 가끔 입고 있는 스웨터가 마음에 안 든다거나 머리를 커트해야겠다는 말은 하지만, 그건 그냥 해보는 말일 뿐이고, 그런 것 때문에 중요한 일들을 놓치는 경우는 없다고 한다.

호감을 사고 있을 시간이 없다

여성들이 직장에 끌고 들어가는 아무 도움 안 되는 특성들을 생각해보라. 우리는 다른 사람들과의 관계에 대해, 그리고 다른 사람들이 우리를 어떻게 바라보는지에 대해 지나치게 민감한 경향이 있다. 게다가 남성 동료들과는 달리, 여성들은 다른 사람들이 자신을 존경하기보다는 좋아해주기를 바라며, 그 때문에 직장 내에서의 이런저런 힘든 협상에서 입지가 좁아진다.

여성들의 경우, 자신 때문에 누군가를 힘들게 만드는 것에 대한 심적 부담이 너무 크다. 클레어는 사람들이 자신을 좋아해주는 것이 자신에게 너무 중요하며, 그 욕구가 너무 강해서 극복하기 어렵다고 털어놓는다.

"내가 왜 사람들이 나를 좋은 사람이라고 생각해주길 바라는지, 또 언제부터 그랬는지도 모르겠어요. 그런데 어쨌든 상사나 동료 또는 심지어 친구들이 나 때문에 화가 났거나 실망했다는 걸 알게 되면 몇 시간이고 걱정하게 돼요. 그러다 최근 자신감에 대한 연구를 하면서, 그렇게 걱정하는 것 자체가 자신감에서 멀어지는 일이라는 걸 알게 됐어요."

　페이스북의 최고운영책임자 셰릴 샌드버그는 자신의 저서《린 인》에서 이렇게 말한다. "연구 결과들을 보면 사람들로부터 호감을 사는 것은 남녀 모두의 성공을 위해 꼭 필요한 일이지만 특히 여성들에게는 더 중요하다. 사람들의 호감을 사는 일에 몰두하는 것이 자신감을 죽일 수도 있으면서 동시에 중요할 수도 있으니, 그야말로 딜레마가 아닐 수 없다. 게다가 호감을 사기 위해 일하다 보면 출세하는 데 필요한 보다 공격적인 전략들은 제대로 구사할 수도 없게 된다."

　그렇다면 우리 여성들은 호감을 사고 싶어 하는 특성 때문에 정확히 어떤 대가를 치르고 있을까? 이런 상상을 해보자.

　　드디어 당신은 대학을 졸업하고, 유명한 다국적 기업으로부터 채용 제안도 들어왔다. 보수는 대단하지 않다. 하지만 그게 무슨 상관인가. 당신은 아직 젊고 이제 시작일 뿐인데. 어쨌든 아직 아무 경력도 없는데, 채용 제안이 들어온 것 자체가 행운 아닌가? 당신은 더 많은 보수를 요구해서 누군가를 마음 상하게 하고 싶지 않다. 마음이 썩 좋진 않지만 그냥 웃어 넘기면 된다고 생각한다.

　이제 막 사회생활을 시작하는 젊은 여성들은 이런 일을 숱하게 겪는다. 하지만 혹시 알고 있는가? 당신 바로 옆자리에 앉게 될 남자 사원은 절대 그런 식으로 생각하지 않는다. 그리고 그것이 바로 그가 당신보다 5천 달러를 더 받는 이유이기도 하다.

러트거스대학에서 최근 졸업생들을 상대로 실시한 조사 결과 역시 이를 뒷받침한다. 대학을 졸업한 지 5년이 지난 젊은 남녀 사이에 분명한 급여 격차가 벌어졌고, 그 격차는 여성들이 급여 인상을 요구하지 않기 때문에 해가 갈수록 더 벌어진다는 것이다. 누군가를 조금 신경 쓰이게 하는 일에도 이렇게 전전긍긍한다면, 여성들이 남들로부터 비난받기를 끔찍이 두려워하는 것도 놀랄 일은 아니다.

하지만 생각해보라. 남들에게 비난받는 것을 받아들일 마음의 준비도 안 되어 있는데, 어찌 대담한 아이디어를 제안한다거나 위험을 무릅쓰고 행동에 나설 수 있겠는가.

여성들의 또 다른 버릇은 지나치게 생각을 많이 하는 것이다. 우리는 쓸데없는 자기비판으로 스스로를 고문하는 일에 너무 많은 시간을 뺏긴다. 자신감의 초석은 과감히 행동에 나서는 것인데, 지금도 많은 여성들이 쓸데없는 자기 비난으로 시간을 허비하고 있다. 만일 당신이 자신감을 쌓고 싶다면 끊임없이 되돌아보는 습관부터 멈춰야 한다.

예일대학 심리학 교수인 수잔 놀렌-혹스마는 수십 년간 지나치게 되돌아보는 습관의 위험에 대한 연구를 했다. 그녀의 연구 결과에 따르면, 여성들은 해결책을 찾기보다는 문제를 곱씹으려 하는 본능이 있다고 한다. '대체 어쩌자고 그런 일을 했을까?' '내가 얼마나 잘한 거야?' 또는 '내가 얼마나 잘못한 거야?' '다른 사람들은 어떻게 생각하고 있을까?' 등등, 계속 같은 생각을 하고 또 하는 것이다. 그리고 이런 습관은 자칫 불안감이나 우울증으로 발전될 수도 있다고 한다.

놀렌-혹스마는 자신의 저서 《생각이 너무 많은 여자》에서 이렇게 밝히고 있다. "지난 40년간, 여성들은 독립과 기회라는 측면에서 전례 없는 발전을 경험했다. 자신감을 갖고 행복하게 살 이유가 많아진 것이다. 그러나 일상적인 활동들 중간에 잠시 쉴 때, 우리 여성들 중 상당수는 끝없는 걱정과 생각과 감정의 소용돌이에 빠져 헤어나오지 못하며, 그로 인해 우리의 감정과 에너지는 줄고 줄고 또 줄어든다. 지나치게 많은 생각이 전염병처럼 우리 여성들을 괴롭히는 것이다."

2013년 세상을 떠나기 전에, 놀렌-혹스마는 여성들의 '계속해서 돌아보는 습관'은 천성적으로 또는 사회학적으로 여성들이 남성들에 비해 감정적인 연결을 더 중시하는 경향 때문이라고 주장했다. 물론 인간관계에 관심이 많다는 것은 여성들의 가장 큰 장점 중 하나이기도 하다. 덕분에 여자인 친구들로부터 아주 괜찮은 존재가 되기도 하니까 말이다.

그러나 여성들이 감정의 바퀴를 너무 빨리 돌리게 되면 그 긍정적인 특징이 손상된다. 관리자들은 여성들이 생각을 너무 많이 하는 경향이 있고 그것이 결국 장애물이 된다고 말한다.

방위산업체 BAE시스템스의 미국 지사 최고 경영자 린다 허드슨 역시 생각을 너무 많이 하는 경향으로 인해 많은 좌절감을 느껴야 했다. 그녀는 수년간 수천 명의 젊은 남성과 여성들을 관리했는데, 그러면서 늘 이제 우리에게 익숙한 현상을 목격했다. "남자들은 실수를 툭툭 털고 일어나는 경향이 있어요. 그런데 여자들은 '내가 대체 무슨 실수를 한 거야?' 하면서 자기 속으로 움츠러들어요. 남자들이 '지금 상황이 안 좋을 뿐이야. 그냥 넘어가자고.' 하는 것과는 대조적이죠."

이것은 단순한 직장 내의 문제만은 아니다. 불행히도 여성들의 곱씹는 성향은 시도 때도 없이 일어난다. 여성들은 직장 생활에는 물론 개인적인 생활에서도 계속 무언가를 곱씹는다. 당신은 얼마나 자주 연인 혹은 친구와의 관계에 정신적인 흠집을 내왔는가? 또 헤어스타일을 바꿀까 말까 하는 간단한 결정을 하면서도 그 이후 일들까지 생각하느라 너무 많은 시간을 허비하진 않는가?

당신은 혹시 여성들이 잘못된 일은 자신의 탓으로 돌리고, 잘된 일은 운이나 다른 사람 또는 자신을 제외한 그 무언가의 덕으로 돌리는 경향이 있다는 사실을 알고 있는가? 그렇다면 아마 남성들이 그 반대라는 사실도 알 것이다. 하지만 당신이 기억해야 할 점은 성공과 실패의 근원을 누구의 탓으로 돌리는가 하는 문제가 결국 우리가 자신감을 갖는 토대가 된다는 것이다.

코넬대학 심리학 교수인 데이브 더닝은 좌절을 지나치게 개인화하는 본능이 여성들의 자신감을 얼마나 떨어뜨리는지 알려주었다. 그에 따르면, 코넬대학의 수학 박사 과정은 어느 시점이 지나면 아주 어려워질 수밖에 없다고 한다. 명색이 수학 박사 과정인데 안 그렇겠는가. 어쨌든 더닝 교수에 따르면, 수학 박사 과정을 밟는 남성들은 그 힘든 장애물을 있는 그대로 받아들여 점수를 잘 못 받아도 그냥 "와, 이거 정말 힘든 과정인데." 하고 넘어간다. 이런 성향은 좌절을 딛고 일어설 수 있을 만큼 건강하다는 표시이기도 하다.

그러나 같은 과정을 밟고 있어도, 여성들의 반응은 다르다. 과정이 점점 어려워질 때 여성들은 대개 이런 반응을 보인다. "나도 내가 수학에 그리 뛰어나지 못하다는 건 알고 있었어." 이는 실패를 자기 탓으로 돌리는 자세로, 사람을 심약하게 만들 수 있다. 여성들의 경우 정말 열심히 노력하고 있으면서도, 점수가 잘 나오지 않은 이유를 과정 그 자체보다는 자신의 지능과 연결 짓는 것이다.

예일대학 경영대학원의 빅토리아 브레스콜 교수는 남녀 간의 이런 차이가 졸업 후 첫 직장을 고를 때도 나타난다고 본다. 그녀에 따르면, 남성들의 경우 어떤 자리에 지원했다가 떨어지면 대개 과정이나 환경 탓을 한다고 한다. "그 사람들 내 지원서를 제대로 검토하지 않았군." 또는 "요즘은 취업하기 정말 힘든 때야." 하는 식이다. 그러나 여성들은 거의 자동적으로 이런 반응을 보인다. "이럴 수가. 이 사람들이 역시 내 부족한 점을 찾아냈나봐. 난 애초에 자격이 안 됐던 거야." 남성과 여성 가운데 어느 쪽이 재도전에 나설 가능성이 높겠는가?

더닝 교수와 브레스콜 교수가 관찰한 남성들은 좌절을 극복하는 아주 좋은 방법을 알고 있었다. 물론 이런 자세는 감정적으로 비현실적일 수 있고, 단지 현실 부정에 지나지 않을 수도 있다. 하지만 만일 다음번에 또다시 자신들의 능력을 넘어서는 도전이 주어진다면, 그들은 훨씬 더 강한 정신력으로 도전에 맞설 것이다. 반면 여성들은 과거의 실패로 이미 자신의 능력이 부족하다는 것이 증명되었기 때문에, 스스로 더 도전해봐야 소용없다며 포기할 것이다.

그런데 우리가 알아낸 바로는, 여성들이 하는 그 모든 잘못된 행동 가운데 자신감 상실에 가장 큰 영향을 미치는 것은 바로 '완벽 추구' 성향이었다. 완벽을 기준으로 삼을 경우, 당신은 절대 제대로 된 자신감을 가질 수 없다. 목표하는 바가 늘 불가능할 정도로 높다면, 끊임없이 스스로 부족하다고 느낄 수밖에 없기 때문이다.

게다가 완벽주의는 여성들을 행동에 나서지 못하게 만든다. 많은 여성들이 정답을 완전히 확신하기 전까지 질문에 답하지 않는다. 지겨울 만큼 교정을 많이 보기 전까지는 보고서를 제출하지 않고, 스스로가 필요 이상으로 빠르고 강하다는 판단이 서기 전까지는 철인 3종 경기에 지원하지 않는다. 우리는 스스로 완벽하게 준비됐고 완벽하게 자격을 갖췄다고 믿어질 때까지 꼼짝 않고 있으면서, 그 사이에 남자 동료들이 행동에 나서는 걸 지켜본다.

아이러니하게도 더 잘하려는 그 완벽주의는 사실 성취를 가로막는다. 《고원 효과》의 공저자인 밥 설리번과 휴 톰슨은 완벽주의를 쓸데없는 미완의 일만 잔뜩 쌓이게 하고 시간만 낭비시키는 '선의적 enemy of the good'이라고 부른다. 완벽을 추구하다 보면, 완벽하게 준비되기 전에는 시작조차 할 수 없기 때문에 자꾸 힘든 일들을 미루게 된다는 것이다.

완벽주의의 폐단을 잘 알고 있는 브레스콜 교수조차 아직도 완벽해지고 싶다는 욕구를 통제하는 데 애를 먹고 있다. 학자들은 얼마나 많은 논문을 발표했는지, 또 그 논문들이 어떤 권위 있는 저명한 학술지에 실렸는지 등으로 능력을 평가받는다. 브레스콜 교수는 논문을 제출할 때 대개 남자 동료 교수들에 비해 훨씬 더 오랜 시간이 걸리며, 보내기 버튼을 누르기 직전까지도 결정을 못해 고민한다고 실토한다. 가끔 목표치를 낮추기도 하고, 그래서 자신의 논문을 권위가 조금 떨어지는 학술지에 보내기도 한다. 다음은 그녀의 말이다.

"저 같은 경우에는, 그야말로 아주 큰 확신이 들기 전까지는 논문 제출이라는 모험을 감행하지 못해요. 남자 동료 교수들은 모든 걸 운에 맡기고 여기저기 막 논문을 제출하는데 말이에요. 물론 그게 어떨 때는 통하고 어떨 때는 통하지 않죠. 하지만 물량 공세 덕이겠지만, 나중에 보면 결국 그들의 전략이 더 효과적이에요."

자신감을 키우는 데 방해가 되는 장애물이 이렇게나 많은 상황에서, 여성들에게 그나마 아직 자신감이 남아 있다는 게 오히려 신기할 지경이다. 하지만 생각만 조금 바꾸는 것으로 아주 간단하게 상황을 바꿀 수도 있다. 예를 들어 브레스콜 교수는 어느 순간, 논문을 그냥 보내도 별 문제 없다는 것을 알게 됐다. 논문을 제출하면 받아들여지든 거절당하든 둘 중 하나인데, 설사 거절당한다 해도 함께 보내오는 의견에서 배울 게 있는 것이다. 그리고 내용을 수정한 뒤 다시 시도하면 그만 아닌가. 그러면서 더 다듬고 숙달할 수 있으며 스스로의 한계를 넓히고 자신감도 쌓을 수 있는 것이다.

우리는 여성이 남성에 비해 자신감이 부족한 이유들 중 상당수는 우리가 통제할 수 있는 몇 가지 요인들 때문에 생기는 것이고, 따라서 그런 요인들을 줄이는 건 얼마든지 가능하다는 희망적인 결론에 도달했다. 그리고 그 무렵 우리는 한 친구 덕분에 전혀 생각지 않았던 분야를 파고들게 되었다. 의사인 한 친구가 우리에게 뇌의 생물학적 특징과 기능이 남녀 간에 어떻게 다른지 살펴보라는 제안을 한 것이다. 우리는 속으로 쾌재를 불렀다.

그동안 우리는 자신감에 영향을 주는 중요한 유전적 영향들에 대해 살펴봤지만, 아직 남녀 간의 명확한 차이를 찾아내지 못한 상태였다. 우리가 알아본 바로는, 세로토닌과 옥시토신 같은 신경전달물질들에 영향을 주는 유전자 변형 물질들은 남성과 여성 모두 비슷하게 분포되어 있다.

솔직히 말해, 우리는 자신감에 영향을 주는 유전적 영향에 대한 연구를 그 정도에서 중단한 것이 다행이라고 생각했다. 남성의 뇌와 여성의 뇌가 똑같이 기능하지 않을 수도 있다는 생각은 복잡한 듯했지만, 그러면서도 부인할 수 없는 사실인 것 같기도 했다. 물론 남녀의 뇌는 실제로 다른 방식으로 움직인다. 우리는 어떻게 다르게 움직이는지 알기 위해 여러 달을 보냈다.

여성들은 늘 곱씹는다. 우리는 생각이 많고 모든 것을 제대로 하려 하며 남들을 기쁘게 해주려 하고 또 남들로부터 호감을 사고 싶어 한다. 우리는 자신감 뒤에 숨어 있는 과학적 사실들을 좀 더 폭넓게 살펴볼 필요가 있다는 사실을 깨달았다. 이를 위해 자신감에 영향을 주는 몇 가지 중요한 행동 차이를 살펴보기로 했다. 과연 우리 머릿속에서는 어떤 일이 벌어지며 실제로 자신감에 영향을 미치고 있을까?

지나치게 생각하고 곱씹는 습관

2006년 당시 하버드대학 총장이었던 래리 서머스가 여성 비하 발언으로 논란의 중심에 섰다. 어떤 연구 조사 결과를 읽고, 과학 분야에서의 업적에 관한 한 남성과 여성 사이에 타고날 때부터 큰 차이가 있다는 취지의 발언을 한 것이다. 그 말을 들은 여성들은 분노했고, 오랜 논란 끝에 그는 결국 총장 자리에서 물러나야 했다.

자, 이제 분위기를 조금 바꿔 보자. 남성의 뇌와 여성의 뇌는 다른 점보다는 비슷한 점이 훨씬 많다. 만일 남녀의 뇌를 스캔해서 무작위로 보여준다면, 당신은 남자의 뇌와 여자의 뇌를 명확히 구분할 수 없을 것이다. 지적인 능력 면에서 차이는 무시해도 좋을 정도지만 차이가 전혀 없다는 얘기는 아니다. 차이는 분명 있다. 또 뇌의 구조와 구성 물질, 그리고 화학적 성질의 차이들 가운데 일부는 남녀 특유의 사고나 행동 패턴을 만들어내고, 그것이 분명 자신감에 영향을 줄 수도 있다.

순전한 뇌 크기 면에서 보면, 남성들의 뇌가 몸 전체의 크기에 비해 여성들에 비해 확실히 더 크고 무겁다. 이는 남성들의 뇌가 더 뛰어나다는 뜻일까? 그건 아니다. IQ 검사 결과, 남녀의 지능은 기본적으로 동일하다. 다만 남성들은 대개 수학 및 공간 능력에서 조금 더 뛰어나고, 여성들은 언어 능력에서 조금 더 뛰어나다.

저명한 정신의학자인 대니얼 에이멘 박사는 최근 뇌 속 혈류와 활동 패턴을 측정한 단일광자 단층촬영 SPECT 뇌 영상 4만 6천 개를 꼼꼼히 살펴보았다. 그 결과 그는 남녀의 뇌에서 눈에 띄는 차이점을 여럿 발견했으며《감추어진 여성 뇌의 힘 발현》이란 책도 썼다. 에이멘은 여러 권의 베스트셀러를 포함해 30권의 책을 썼고 '닥터 오즈 쇼'의 고정 출연자이기도 하다.

그런데 그가 자신의 연구 결과를 너무 과대 포장한다고 비판하는 사람들도 있다. 그래서 우리는 그의 연구 결과와 다른 연구 결과들을 면밀히 비교해보았고 그에 대해 많은 전문가들과 얘기도 나눠보았는데, 그를 폄하하는 사람들조차도 그의 연구를 높이 평가한다는 것을 알게 됐다. 게다가 그의 연구들 중 일부는 우리가 조사 중인 내용들과도 상당한 연관성이 있었다.

에이멘은 여성들의 뇌는 남성들의 뇌에 비해 거의 전 부위가, 그리고 특히 두 부위, 즉 전두엽 피질과 변연 피질 부위가 활발히 움직인다는 사실을 밝혀냈다. 한 연구 결과에서는 여성들의 경우 남성들에 비해 뇌신경 세포가 늘 30퍼센트나 더 활발히 움직이는 것으로 나타났다. 에이멘 박사는 우리에게 이렇게 말했다.

"여성들이 감정이입 능력이나 직관력, 협동력, 자기 통제력, 그리고 적절한 걱정 같은 특유의 장점들을 갖고 있는 것도 아마 그 덕일 겁니다. 대신 여성들은 불안, 우울증, 불면증, 정신적 고통 등에 시달릴 가능성이 더 높고 이런저런 생각들에서 잘 벗어나질 못하죠." 그러니까, 그가 살펴본 뇌 영상들은 여성들이 지나치게 생각이 많고 반추를 많이 한다는 사실을 보여주고 있는 것이다. 에이멘 박사는 이렇게 설명했다. "여성들이 그런 경우가 많은데, 전두엽 피질이 너무 열심히 움직인다는 건 주차 브레이크가 늘 걸려 있는 것과 비슷해요. 계속 뭔가를 걱정한다든가 적개심을 품는다든가 어떤 생각이나 행동에 집착할 수 있다는 거죠."

에이멘 박사는 자신의 연구가 여성들이 남성들보다 생각이 더 많다는 것을 보여주는 증거라 믿고 있다. 이는 장점이 될 수도 있는 부분이다. 여성들이 동시에 여러 가지 일을 하는 능력이 더 뛰어난 것도 바로 그 때문이라고 본다. 하지만 때로는 그것이 부정적인 생각이나 불안감을 눈덩이처럼 불어나게 할 수도 있다. 이에 대해 에이멘 박사는 이렇게 말한다. "물론 생각을 적당히 하면 도움이 됩니다. 문제는 그게 걱정과 스트레스로 발전해서 도무지 사람을 편히 쉴 수 없게 만든다는 거죠." 결국 자신감을 죽이는 요인이 되어버릴 수도 있는 것이다.

남녀의 뇌가 구조적으로 어떻게 다른지 살펴보면서, 우리는 원시적 두려움 센터인 편도체에 대해 더 많은 것을 알게 되었다. 먼저, 편도체는 하나가 아니라 둘이며, 그 두 편도체가 서로 다른 일들을 한다는 것이다. 하나는 부정적인 감정들 때문에 일어나는 외부적인 활동과 관련이 있고, 또 하나는 스트레스에 대응해 일어나는 사고 과정 및 기억과 관련이 있다. 그리고 짐작이 가겠지만, 남성들의 경우는 행동과 관련된 편도체의 활동이 더 활발하고, 여성들의 경우는 기억 및 감정과 관련된 편도체의 활동이 더 활발하다. 우리의 뇌 구조상, 도전적이거나 위협적인 상황에서 남성들은 행동으로 반응하지만, 여성들은 내적 메커니즘을 선호하는 것이다.

그 외에 몬트리올의 맥길대학에서 실시한 최근 연구에 따르면, 여성들의 뇌에서 생산되는 세로토닌의 양이 남성들에 비해 52퍼센트나 적다고 한다. 세로토닌은 불안감과 편도체를 통제하는 데 도움을 주는 필수 호르몬이다. 우리는 여성과 세로토닌 수치의 관계를 파고들기 시작했고, 그러면서 예상 못한 새로운 사실들을 많이 알게 됐다. 여성이 남성에 비해 '걱정이 많은 형질'인 짧은 세로토닌 변형 유전자를 더 많이 갖고 태어나는 것은 아니지만, 여자애들과 성인 여성들은 그 변형 유전자에 서로 다르게 반응한다. 그리고 여성들이 짧은 세로토닌을 갖고 있을 경우, 남성보다 더 불안한 행동을 많이 하는 경향이 있다. 여성과 도파민 통제 물질 COMT 유전자의 관계도 비슷하다. 여성들이 COMT 유전자를 갖고 있을 경우, 걱정 내지 불안을 느낄 가능성이 더 높아지는 것이다.

받아들이기 힘들었지만, 남녀 간의 또 다른 신체적 차이를 알게 됐을 때, 우리는 여성의 사고 구조 자체가 자신감 생성과는 거리가 멀다는 사실을 깨달았다. 우리 뇌에는 '걱정 센터'로도 불리는 대상회라는 조그만 부위가 있다. 이곳은 여러 가지 선택들을 평가하고 실수를 깨닫게 해주는 역할을 한다. 그리고 물론 여성의 경우 대상회가 남성보다 더 크다.

'기막히군.' 우린 여성들에게 걱정하고 곱씹는 습관을 뒷받침해주는 특별 부위가 있다는 사실을 확인하곤 기가 막혔다. 그렇지 않아도 남편들은 틈만 나면 우리를 유별난 걱정꾼이라 놀려대는데, 그게 과학적으로도 입증된다면 얼마나 기막힌 일인가. 물론 여성들의 뇌 활동에도 긍정적인 측면은 많다. 진화론적인 측면에서 보자면, 우리 여성들은 조심스런 걱정꾼이 되지 않으면 안 되었다. 늘 위협이 될 만한 동물들 같은 게 없나 지평선을 주시해야 했으니까. 여성들은 그런 일에 적합하게 진화한 것이다. 하지만 안타깝게도 오늘날 그런 특성은 더 이상 유용하지도 않고 환영받지도 못한다.

물론 현대의 삶에서 여성들에게 확실한 장점이 되는 뇌 기능의 차이도 한 가지 있다. 바로 남성들에 비해 뇌의 좌반구와 우반구를 동시에 잘 활용할 수 있다는 것이다. 여성들은 남성들과는 달리 수학적·논리적 능력과 관련된 좌뇌와 예술적·감정적 능력과 관련된 우뇌를 동시에 잘 활용할 수 있다. 여성들이 소위 멀티태스킹에 강한 것도 바로 이 때문이다.

테스토스테론은 왕의 자신감을 줄까?

우리는 테스토스테론과 에스트로겐이 남녀 간의 차이를 만드는 결정적인 토대라고 생각했다. 가장 기본적이며 눈에 띄는 남녀 간의 차이가 대개 이 두 호르몬 때문에 생긴다는 걸 모르는 사람이 없기 때문이다.

하지만 우리는 이 두 호르몬이 세세한 일들, 그러니까 자신감처럼 복잡한 것을 만들어내는 일 등에 깊이 관여하리라고는 생각하지 않았다. 남녀 간의 자신감 차이가 그렇게 기본적인 원천에서 나올 수는 없다고 본 것이다. 그런데 실은 이 두 호르몬이 그런 일에서도 중요한 역할을 하는 것 같다. 특히 테스토스테론은 전형적인 남성들의 자신감 비슷한 것을 갖도록 돕는다. 남성들은 사춘기가 지나면 몸 안에서 열 배가량 많은 테스토스테론이 분비되는데, 그것이 스피드는 물론 힘, 근육 크기, 경쟁 본능 등등, 그야말로 모든 것에 영향을 준다. 테스토스테론은 다른 사람들과의 유대감이나 협력을 쌓기보다는 게임에서 이기고 힘을 과시하는 일에 몰두하게 만드는 호르몬이다.

테스토스테론은 또한 위험을 무릅쓰는 일과도 아주 밀접한 관련이 있다. 최근에 나온 많은 연구들에 따르면, 테스토스테론 수치가 높을 경우 위험과 관련된 전통적인 신호들을 모두 무시하게 된다고 한다. 이와 관련된 흥미로운 사례가 있다.

케임브리지대학 과학자들이 런던 증권거래소에 근무하는 남성 증권 거래인 17명을 일주일간 추적·조사해보았다. 모두 거액을 움직이는 증권 거래인으로, 연봉 수준도 매우 높았고 상당수는 보너스가 무려 5백만 달러나 됐다. 연구 팀은 침 샘플을 이용해 하루에 두 차례, 그러니까 근무가 시작될 때와 끝날 때 그들의 테스토스테론 수치를 측정했다.

결과는 어땠을까? 증권 거래인들은 테스토스테론 수치가 보다 높은 상태에서 일을 시작한 날, 더 위험한 증권 거래를 했다. 그리고 거래에 성공할 경우, 그들의 테스토스테론 수치는 단순히 올라가는 정도가 아니라 아예 치솟았다. 수익을 두 배로 올린 한 증권 거래인의 경우, 테스토스테론 수치 역시 거의 두 배로 뛰었다. 테스토스테론이 위험을 감수할 용기를 주고, 그것이 성공할 경우 더 많은 테스토스테론이 분비되는 것이다. 이를 '승자 효과'라고 하는데, 이런 역학은 자칫 위험할 수도 있다. 실제로 동물들의 경우, 승리를 거둔 뒤 너무 공격적이 되고 자신감이 넘쳐 치명적인 위험에 빠지기도 한다. 바로 이럴 때, 사방이 탁 트인 평지에 무방비 상태로 서 있다가 스스로 다른 동물들의 표적이 되는 것이다.

테스토스테론 수치가 높으면 강한 힘 같은 걸 느끼게 된다. 남성들은 자리에 앉을 때 흔히 두 팔과 두 다리를 쫙 벌린 채 널찍이 앉는데, 여성들에게 그런 식으로 앉아보라고 하면 테스토스테론 수치가 올라간다. 사실 이렇게 힘을 과시하는 자세를 취하게 하는 것은 의사소통법을 가르치는 강좌에서 자주 써먹는 방법이기도 하다.

브라운대학의 바바라 타넨바움 교수 역시 그 점을 자주 써먹는다. 그녀는 토론을 시작할 때 청중석의 남성들에게는 여성처럼 앉도록 하고, 여성들에게는 남성처럼 앉으라고 요청한다. 이때 남성들 중에는, 여성들처럼 다리를 꼰 채 몸을 안쪽으로 약간 수그리고 앉아 있으려니 너무 불편하다고 말하는 사람들도 있다. 그럴 때마다 그녀는 이렇게 말한다. "몸에 꽉 끼는 속옷까지 입고, 힐도 신은 다음에 한번 그렇게 앉아보세요."

반면 여성들은 익숙지 않은 남성들의 자세에서 해방감 비슷한 기분을 느끼는 것 같다. 언젠가 타넨바움 교수가 인도의 한 고등학교에서 그 연습을 했더니, 한 젊은 여성이 무릎을 쫙 벌린 채 뒤로 기대 앉으며 불쑥 이렇게 말했다. "이러고 앉아 있으니, 마치 왕이 된 것 같아요." 왕의 자신감이라니. 그것이 바로 우리가 모든 여성들에게 주고 싶은 것이다.

물론 테스토스테론에도 단점은 있다. 자기중심적인 이 호르몬은 다른 사람들의 관점에서 보는 것을 어렵게 만들기도 한다. 몸속에 많은 양의 테스토스테론이 흐를 경우, 다른 사람들과의 유대감이나 협력에는 별 관심을 갖지 않게 된다. 그것은 다른 사람들과의 소통이 워낙 중시되는 오늘날의 비즈니스 세계에서 전혀 도움이 안 된다.

여성들이 테스토스테론의 위험에 희생될 수도 있음을 보여주는 실험 결과도 있다. 실험에서 총 34명의 여성을 두 그룹으로 나눈 뒤 두 명씩 짝을 지어 몇 가지 컴퓨터 이미지들의 선명도를 유심히 보라고 했다. 일부 이미지들은 아주 선명했지만, 일부는 그렇지 않았다. 짝이 된 두 여성들 사이에서 어느 이미지가 더 선명한지에 대한 의견이 다를 경우, 파트너와 합의하여 최종 답변을 내야 했다. 그리고 이때 한 그룹의 여성들에게는 테스토스테론 보충제를 주었고, 또 다른 그룹의 여성들에게는 주지 않았다. 어찌 됐을 것 같은가? 테스토스테론 보충제를 복용한 여성들은 협력도 잘 안 됐고 더 자주 의견 일치가 안 됐다.

물론 여성들에게 가장 중요한 호르몬은 에스트로겐이다. 이 호르몬은 테스토스테론과는 전혀 다른 본능들을 자극한다. 에스트로겐은 유대감 및 연결감을 촉진시켜주며, 사회적 기술 및 관찰과 관련된 뇌 부위의 활동을 뒷받침한다. 갈등과 위험을 피하게 하고 그래서 가끔 자신감 있는 행동을 가로막는 것도 이 에스트로겐이다.

그러나 에스트로겐에는 매우 큰 장점도 있다. 테스토스테론에 의존해 내려지는 결정이 늘 더 좋은 것은 아니며, 그에 수반되는 큰 위험들은 엄청난 실패로 이어지는 경우가 많다. 세계 경제에서도 이를 확인시켜주는 일이 흔히 있다. 여성 헤지펀드 매니저들의 전략을 연구한 결과에 따르면, 검토를 더 오래하고 거래 횟수를 줄이는 이들의 방식이 결과적으로 더 효과적이었다고 한다. 실제로 지난 5년간 여성 헤지펀드 매니저들이 진행한 투자가 남성 매니저들이 진행한 투자보다 세 배나 더 실적이 좋았다는 연구 결과도 있다. 그리고 특히 힘들었던 2008년에도 남성 매니저들에 비해 여성 매니저들의 투자 손실액이 훨씬 적었다.

더 큰 자신감을 찾기 위한 과정에서 만난 이 모든 뇌 연구 결과들이 뜻하는 바는 대체 무엇일까? 물론 이 중에는 여성 입장에서 좋은 얘기도 있고 안 좋은 얘기도 있다. 특히 위험과 갈등을 피하게 만드는 여성 호르몬 문제에 대해서는 신경이 쓰일 수도 있다. 우리 여성들을 지나치게 많은 생각과 끝없는 망설임이라는 소용돌이 속에 몰아넣을 수도 있기 때문이다.

그러나 남녀 뇌 구조 및 기능의 차이와 관련된 이런 과학적인 사실들은 여성들이 일을 아주 잘 해내고 큰 성공을 거둘 수도 있음을 시사하기도 한다. 뇌 구조상 여성들은 일을 제대로 해내고, 판단을 잘하고, 안 좋은 충동들을 최대한 묶어두려는 성향이 있으니 말이다. 생물학적으로 감정에 많은 투자를 하는 것도 큰 장점이 될 수 있다. 감정적인 문제들을 파악하고 다른 사람들의 문제를 이해하고 타협점과 해결책을 찾는 데 능하니까. 그리고 남성들에 비해 뇌 기능이 훨씬 통합적이기 때문에, 많은 자료를 수집해 빠른 속도로 처리하는 데도 유리하다.

한 걸음 뒤로 물러나서 보니, 여성들이 갖고 있는 이 모든 특성들이 대개 우리의 행동과 잘 조화된다는 걸 알 수 있었다. 마침내 무대 위뿐 아니라 그 뒤에서 벌어지는 일들로까지 시야가 넓어진 것이다.

그러나 남녀 간의 이 모든 차이와 관련해 아직 근본적인 질문에 대한 답은 주어지지 않았는데, 그 질문이란 '남녀의 뇌는 애초부터 이런 식으로 움직이게 프로그램 되어 있는 것인가?' 하는 것이다. 아마 이 모든 차이들 중 일부는 우리 여성들이 어려서부터 받은 교육의 결과물일 것이다. 다만 우리가 잊지 말아야 할 것은 '인간의 뇌는 살아가면서 환경에 의해 얼마든지 변화될 수 있다'는 이론을 입증하는 증거들이 속속 발견되고 있다는 사실이다.

우리는 용기백배한 상태로 뇌 연구 결과들을 살피는 일을 끝냈다. 여성들의 평소 생각과 행동들이 잘못된 게 아니라 그럴 만한 이유가 있음을 알았기 때문이다. 이제 우리 스스로를 잘 이해하고 타고난 본능들을 우리 자신에게 유리한 쪽으로 잘 활용하면 된다.

The ConfidenceCode

CHAPTER 5

실패할 줄 알아야 성공도 할 수 있다

우리가 살아가면서 직장에서든 다른 어디서든, 스스로를
밀어붙이지 않고서는 혹은 다른 사람들에 의해 떠밀리지 않고서는,
우리 자신이 얼마나 멀리까지 갈 수 있는지를 체득할 수 없다.

첫 유치원 등교 날, 제인의 엄마는 제인을 데리고 유치원까지 함께 걸어갔다. 제인의 목에 걸린 줄에는 현관문 키가 매달려 있었다. 제인은 유치원이 끝나면 혼자서 왔던 길을 되돌아가야 한다는 걸 알고 있었다. 그런 다음 큰언니가 돌아올 때까지 한 시간 반가량 혼자 있어야 한다는 것도 잘 알고 있었다. 그녀는 지금도 집을 지키는 동안 뭔가 잘못될지 모른다는 생각에 겁이 나서 막 울었던 일을 기억한다. 하지만 그녀는 그 일을 해냈고, 첫날 이후 계속 혼자서 집과 유치원 사이를 왔다 갔다 했다. 그때 제인의 나이는 정확히 네 살 반이었다.

"여섯 살 때 걸스카우트에 들어갔는데, 난 내가 리더가 될 거라는 걸 알았어요. 더 어린 나이에도 혼자 힘든 일을 해냈으니까요." 지금 그녀는 말한다. "어머니는 걱정을 하거나 불안해하신 적이 없어요. 나를 유치원에 보내면서도 '엄마는 네가 혼자서도 얼마든지 집에 잘 찾아올 수 있다는 걸 알아.' 그런 말씀만 하셨죠. 나는 그런 소소한 일들을 수없이 했고, 그러면서 자신감 넘치는 어른으로 성장했어요. 사람은 태어날 때부터 자신감이 있는 게 아니에요. 스스로 하나 둘 쌓아가는 거죠. 난 그 자신감을 혼자 쌓았어요."

처음 그 얘기를 들었을 때, 우리는 정말 깜짝 놀랐다. 세상에! 네 살 반밖에 안 된 여자애를 혼자 둔다고? 그건 대체 무슨 육아 방식이지? 물론 어쩌면 그게 올바른 육아 방식인지도 모른다. 당시 우리는 진정한 자신감을 얻으려면 다소 급진적이고 새로운 육아 방식이 필요하다는 것을 이해하고 있는 중이었다.

이제 어른이 된 제인 워워드는 피부 관리 전문 기업인 더말로지카Dermalogica의 설립자로, 별 도움 없이 그야말로 투지 하나로 미국에서 큰 성공을 거둔 영국인이다.

20년 전 그녀는 자신감을 밑천으로 큰 모험을 감행했다. 번번이 은행 대출을 거절당한 끝에 평생 모은 저축 1만 4천 달러를 털어 회사를 설립했고, 더말로지카는 이제 세계적인 브랜드로 성장했으며 전 세계에 50개 이상의 지사를 거느린 수백만 달러짜리 기업이 되었다. 워워드는 미소를 지으며 우리에게 이렇게 말했다. "달랑 미용학원 학위 한 장 가진 영국 소도시 출신의 여자가 거둔 성공치고는 나쁘지 않죠."

크리스틴 역시 어린 시절 제인과 비슷한 도전들에 직면했다. 그런데 그녀의 경우 훨씬 더 큰 책임까지 더해졌다. 네 살의 나이로 어린 남동생들까지 돌봐야 했던 것이다. 당시 그녀의 가족은 프랑스 서부의 항구 도시 르아브르에 살고 있었는데, 외출할 일이 있을 때, 부모님들은 어린 크리스틴에게 딱 한마디를 했다. "우리 나갈 거니까, 애들 잘 돌봐라." 그녀는 부모님들이 자신에게 동생들을 맡기고 연주회에 갔던 날의 이야기를 들려주었다. 부모님들은 11시까지 돌아오겠다고 했지만 무슨 일인지 약속한 시간이 지나도

오지 않았다. 크리스틴은 무서움을 쫓아내려고 집 안에 있는 불이란 불을 다 켜놓고 이층으로 올라가 어린 아기들을 돌봤다. 한참 뒤 그녀의 부모들이 집에 돌아와 보니, 크리스틴은 침대 위에 웅크린 채 남동생들에게 동화책을 읽어주고 있었다. 네 살밖에 안 된 크리스틴이 한 말은 이것이 다였다. "어, 엄마 아빠 좀 늦으셨네요."

오늘날 국제통화기금IMF 총재가 되어 있는 크리스틴 라가르드의 이야기다. 그녀는 어린 여자애에게 아기 보는 일을 맡겨놓고 나간 부모님들의 비상식적인 행동에 어이없다는 듯 웃었다. 그런데 한 가지 의문이 생긴다. 이전 세대, 그리고 일부 문화권의 양육 방식은 자유방임에 가까운데, 그것이 오히려 일일이 참견하는 현대 미국인 부모들의 양육 방식보다 아이들에게 더 도움이 되는 게 아닌가 하는 것이다.

라가르드는 아주 확신 있게 말한다. 자신의 부모들은 어린 자신에게 모든 걸 맡김으로써 시련과 책임 그리고 성공이라는 선순환의 고리를 경험하게 해주었고, 그것이 오늘날 자신이 세계 무대에서 보여주고 있는 자신감의 토대가 되었다고. 그녀의 이야기는 심지어 아기 돌보는 일로 끝나지 않았다. 크리스틴이 열여섯 살 되던 해에, 그녀의 어머니는 딸을 고속도로 옆에 내려주곤 차를 몰고 가버렸다. 차로 여섯 시간 정도 걸리는 리용에 가서 친구들을 만나야 하는 딸에게, 방향이 같은 다른 사람의 차를 얻어 타고 가라고 한 것이다. 크리스틴이 스무 살이 되었을 때, 그녀의 어머니는 달랑 비행기 표 한 장과 그레이하운드 버스 요금만 쥐어준 채, 딸을 혼자 미국으로 보냈다. "어머니는 내게 '넌 할 수 있어.' 정신을 심어주신 거예요." 그리고 실제로 그녀는 해냈다.

지금 우리는 아주 어린아이를 혼자 집에 남겨두는 양육 방식을 옹호하려는 것이 아니다. 솔직히 말해, 우리 스스로 네 살밖에 안 된 아이에게 어린 동생들을 맡기고 나간다는 생각 자체를 받아들일 수가 없다. 설사 그렇게 해서 아이가 아무리 많은 자신감을 쌓게 된다 해도 말이다. 하지만 우리가 무슨 말을 하려는 건지는 이해될 것이다. 바로 새로운 양육 방식이 필요하다는 사실을 환기시키며 여러분에게 뭔가 자극을 주기 위해서다. 아이들에게 오래 지속되는 자신감을 길러주려면 따뜻하고 사랑 넘치는 양육 방식보다는 좀 더 강력한 양육 방식이 필요하니까.

이런 식으로 생각해보라. 지난 20년간 우리 부모들이 중요하다고 들어온 양육 방식은 대개 아이들의 자존감을 살려주는 행동들에 초점이 맞춰져 있다. 하지만 사실 그것은 잘못된 것이다. 아이들에게 엉성한 자존감과 엉성한 자신감만 잔뜩 심어줬기 때문이다. 우리는 아이들이 무슨 일을 하든, 진정 대단한 일을 하지 않았는데도 보상을 해주었다. 오늘날의 양육 방식은 남녀 모두에게 공허한 자신감을 심어주고 있다. 칭찬과 보상은 잔뜩 주어지지만 책임은 거의 주어지지 않는 것이다. 요즘 아이들은 역경과 실패라는 것을 모르고 자란다. 이는 제인 워윈드와 크리스틴 라가르드처럼 큰 성공을 거둔 여성들이 받았던 양육 방식과는 정반대되는 것이다.

　어떤 면에서 잘못된 자신감은 공허한 자존감보다 훨씬 더 나쁘다. 자신감은 능력 즉, 무언가를 해낼 수 있다는 점과 관련된 것이기 때문이다. 당신이 만일 뭔가를 할 수 있다고 믿지만 실은 할 수 없다면, 그리고 더 이상 과보호를 받는 아이로 살아갈 수 없다면 어떻게 되겠는가? 아마도 현실과 이상 사이에서 큰 아픔을 느끼게 될 것이다.

　조금만 더 깊이 들여다보면, 이렇게 잘못된 자신감이 실은 모래 위에 쌓은 성처럼 허약하다는 것을 알 수 있다. 경험을 바탕으로 한 현실적인 면에서 기초가 거의 없기 때문이다. 오늘날의 젊은이들은 얼핏 보면 뭐든 다 아는 것 같지만, 조금만 밀면 금방 와르르 무너져버린다. 부모들의 책임이 크다.

　"과거에는 시행착오를 겪으면서 자신감을 쌓았고, 시간이 지나면서 '난 대체로 옳고, 모든 걸 할 수 있어.' 하면서 배워나갔죠." 오하이오주립대학 심리학 교수인 리처드 페티의 말이다. 반면 오늘날 아이들은 부모로부터 끊임없는 칭찬을 받으며 자란다. 부모들은 자신감을 북돋운다고 그러는 것이지만, 실은 칭찬받을 일도 하지 않은 아이에게 칭찬을 남발함으로써 오히려 아이들을 망친다. 소중한 아이들이 지거나 실패하거나 위험을 무릅쓸 기회조차 갖지 못하게 만드는 것도 그 부모들이다.

　그러나 어느 시점이 되면 아이들은 부모들이 쳐준 과보호의 그

물을 떠나야만 한다. 이때 비로소 거대하고 냉혹한 직업 세계에 맞닥뜨리게 되며, 마침내 현실을 직시하게 된다. "갑자기 모든 것이 객관적으로 평가되고, 실수할 경우 여지없이 비판을 받습니다. 인생이 온통 장밋빛만은 아닌 것이죠." 리처드 페티 교수의 말이다.

충분히 실패하기

그렇다면 해결책은 무엇일까? 이번에는 그 답이 놀랄 만큼 확실했고 또 이론의 여지가 없었다. 유전적으로 타고난 자신감이 아닌 한, 자신감을 쌓으려면 많은 노력과 상당한 위험, 단호한 의지, 그리고 때론 통렬한 실패가 필요하다. 이 모든 것들을 지속적으로 접할 때 비로소 자신감을 쌓을 수 있는 것이다. 우리가 살아가면서 직장에서든 다른 어디서든, 스스로를 밀어붙이지 않고서는 혹은 다른 사람들에 의해 떠밀리지 않고서는, 우리 자신이 얼마나 멀리까지 갈 수 있는지를 체득할 수 없다. 자신감을 쌓는다는 것은 안전지대에서 벗어나 좌절감을 맛보고 굳세게 다시 일어선다는 것을 의미한다.

이제 아이들을 보다 강하고 대담하며 꿋꿋하게 키워야 할 때가 됐다. 그간 우리가 조사해온 바에 따르면, 자신감을 기르는 데 어느 정도의 역경을 참고 견디는 것보다 더 효과적이고 빠른 길은 없기 때문이다.

낙관주의 전문가인 미시건대학 심리학 교수 박난숙은 일반적으로 아이들에게 자신감을 심어주려면 적절한 위험에 노출시키는 것이 좋다고 말한다. 이는 아이들에게 트라우마를 남기자는 말이 아니다. "아이들 스스로가 위험을 감수하게 하되, 조심해야 해요. 다짜고짜 아이들을 호수 한가운데 빠뜨리는 식이어선 안 됩니다. 어떻게 해야 하는지 가르쳐야 하고, 기회를 주고, 아이들이 도움의 손길을 내밀 때 곁에 있어야 해요. 애들이 성공하면, 함께 축하하고 어떻게 하니 성공하더라 하는 얘기를 나누는 거예요. 그리고 설사 실패한다 해도, 아이가 잘한 점에 대해 얘기하고 시도 자체를 높이 평가해줘야 해요. 실패에서 무엇을 배울 수 있는지, 또 다음 번에 더 잘하려면 어떻게 해야 하는지 등에 대해서도 이야기하고요."

실패는 피할 수 없는 것이다. 사람들이 가장 두려워하지만, 없어선 안 될 자신감의 중요한 파트너이기도 하다. 실패는 위험을 무릅쓰는 과정에서 만나는 자연스런 결과이기 때문에 좌절감을 털고 일어날 힘을 기르는 데 꼭 필요하다. 그런데 페티 교수는 사람들이 충분히 실패하지 않는다고 말한다. "'아메리칸 아이돌' 프로그램을 보세요. 노래도 못하면서 스스로 잘한다고 생각하는 애들이 있죠. 아마 평소 모든 사람이 그 애들한테 이랬겠죠. '와, 대단한데! 너 정말 잘하는구나!'"

성공의 비밀은 어쩌면 실패일지도 모른다. 젊은 시절에 많은 실패를 경험하게 되면, 실패에 대한 면역력을 길러, 나중에 더 크고 대담한 위험을 시도할 수 있는 것이다.

물론 어떤 면에서 위험과 실패는 아이들을 힘든 상황에 몰아넣기도 한다. 많은 미국인들에게는 낯선 양육 방식이지만, 아시아에서는 아주 보편적인 양육 방식이기도 하다. 아시아인들은 투지 혹은 끈기를 더없이 중요시하는데, 역경 속에서도 잘 참고 견디게 해주는 적극적이고 긍정적인 정신 상태를 뜻하는 말이다. 일본어에는 '아만(我慢)'이란 말이 있는데, 그것이 바로 그런 정신 상태를 가리키는 말이다. 대략적인 의미는 '참고 견디며 계속 노력한다'는 것으로, 쓰이는 데가 많은 말이다.

조지 W. 부시 대통령 시절 노동 장관을 지낸 일레인 차오의 가족은 그녀가 어렸을 때 대만에서 미국으로 이주를 해왔는데, 그녀는 역경을 참고 견디는 정신은 서양인들이 동양인들에게서 배울 만한 점이라 생각한다. "미국인들은 자신의 재능이나 장점들을 최대한 활용하려 하죠. 그건 아마 '하나님께서는 인간에게 특별한 재능을 주셨으니, 무릇 인간은 그 재능을 최대한 발휘하고 발전시켜야 한다'는 기독교 정신에서 비롯된 걸 겁니다. 미국인과 얘기를 나눠보면 이런 식으로 말들 하죠. '난 수학은 완전 젬병이에요. 그래서 난 수학을 하지 않고, 글쓰기를 할 거예요.' 하지만 중국인들의 경우는 완전 달라요. 중국인 부모들은 아이들이 약한 면을 강화시켜주려 애쓰거든요. 만일 아이가 수학을 잘 못한다면, 그 과목을 잘하게 하는 데 집중하는 게 중국인들의 보편적인 지혜예요."

이민자의 자녀였던 차오의 어린 시절은 순탄치 않았다. 자신감 프로젝트를 시작하기 전 같았으면, 우리는 아마 그런 어린 시절이 차오의 삶에 도움은커녕 상처만 주었을 거라고 생각했을 것이다. 그녀는 여섯 딸 중에 맏이였다. 그녀의 아버지는 자신이 살던 중국의 한 조그만 마을에 공산주의자들이 밀어닥쳤을 때 그 마을을 빠져나와 대만으로 피신했고, 거기서 장학금을 받아 미국으로 건너왔다. 그리고 그가 아내와 어린 딸들을 미국으로 데려올 만한 돈을 모으는 데 3년이 걸렸다. 그동안 차오의 어머니는 남편 없이 혼자 애들을 키워야 했고, 그래서 일레인 차오가 엄마를 도와야 했다. "출생 순서는 정말 중요한 것 같아요. 나는 맏이였거든요. 처음 미국에 건너왔을 때, 우리는 아주 어려운 여건 속에서 생활해야 했어요. 부모님들은 나를 많이 의지하셨어요. 여동생들 역시 저에게 의지했죠. 제 입장에선 굳센 얼굴로 헤쳐나가는 것 외에 달리 선택의 여지가 없었어요."

여덟 살이 되어 퀸즈에 도착했을 때, 일레인 차오는 영어 한마디 못하는 상태에서 지역 학교 3학년에 편입했다. 그야말로 혈혈단신으로 호의적이지 못한 반 친구들 속에 뛰어든 것이다. "그때가 1961년이었고, 당시 미국은 지금처럼 다양한 인종이 섞여 사는 사회가 아니었어요. 흑인 아니면 백인이었죠." 영어 한마디 못하는 중국 여학생은 그야말로 좋은 놀림거리였다. 그녀는 지금까지도 당시 자신에게 어려움을 안겨주었던 한 남학생을 기억한다. "엘리(Eli)라는 남자애가 있었는데, 그 아이와 같은 반이라는 사실은 정말 골칫거리였어요. '일레인'과 '엘리'의 발음을 내가 정확히 구분하지 못해서 누군가 그 애 이름을 부를 때마다 벌떡 일어섰고, 그런 나를 보며 모두들 큰 소리로 웃어대곤 했어요."

그녀는 학교에서도 그리고 집에서도 어떻게 적응해야 좋을지 몰랐고, 모든 일이 힘겨웠다. 돈도 거의 없었고 친척도 없었다. 그녀의 가족은 그야말로 고립무원의 삶을 살았다. 게다가 일레인은 맏이여서 자기 자신은 물론 여동생 다섯 명을 챙겨야 했다. 그녀는 현재 자신이 갖고 있는 자신감은 그 당시에 쌓았다고 말한다. "양육 환경이라는 게 늘 좋은 건 아니잖아요. 역경도 있지만, 완전히 무너지지만 않는다면 그 덕에 더 강해지죠."

위험과 실패, 투지 그리고 삶의 고통을 끌어안고 거기서 뭔가 배우는 자세 등등에 대한 조언은 구구절절 옳은 얘기 같았다. 우리의 뇌는 그것을 믿었다. 그러나 우리의 가슴이 협조하길 거부했다. 아무리 많은 증거들이 나타나도 우리는 엄격한 사랑에 기초한 양육 방식을 거부하려 했다. 실제로 아이들을 대할 때도 모성애에 충실한 우리의 가슴이 승리하는 경우가 많았다. 그래서 결국 자꾸 아이들의 일에 끼어들어서 다시 애들을 편한 상태로 되돌아가게 했다.

패티 솔리스 도일은 위험과 실패의 힘이 어린 시절 이후에도 계속 유지된다는 것을 배웠다. 7년 전 그녀는 큰 도박을 감행했다. 그녀는 수년째 힐러리 클린턴을 위해 일해왔는데, 그런 그녀가 대통령 선거운동을 총지휘해달라는 힐러리 클린턴의 부탁을 받아들인 것이다. 그녀는 그 일이 고생만 잔뜩 하고 보람도 없이 끝날 가능성이 많다는 걸 잘 알고 있었다. 선거운동이라는 것이 늘 그렇듯, 잘못 되면 그 결과가 아주 처참할 수도 있었다. 게다가 그간 대통령 선거운동을 총지휘한 여성은 몇 안 됐고, 특히 라틴 아메리카계 여성으로서는 그녀가 최초였다. 결코 만만한 도박이 아니었다.

1년 후, 연이은 지역 경선 참패 끝에 패티는 선거운동 본부장 자리에서 해고됐다. 그녀는 자신이 해고됐다는 사실을 받아들이기 힘들었고 마음에 큰 상처를 받았다. 다시는 아무 일도 할 수 없을 것 같다는 절망감 속에 수개월을 보낸 뒤, 그녀는 자신에게 일어난 일을 서서히 받아들이기 시작했다.

"돌이켜보면, 위험을 무릅쓰고 그 일을 하길 정말 잘했어요." 패티는 이렇게 말하며 소리 내 웃었지만, 그때 일을 생각하면 너무 힘들다는 듯 머리를 좌우로 흔들었다. "일자리를 잃고 난 직후의 그 심정은 말로 다 못해요. 하지만 난 사람이 죽지 않을 만큼 힘든 일을 겪으면 그만큼 더 강해진다는 사실을 깨달았어요. 정말 많은 걸 알게 됐죠. 부정적인 얘기들에 대처하는 법도 배웠고요. 패배하더라도 다시 나아갈 수 있다는 걸 배웠어요."

그 이후 정치적 기반을 닦은 패티는 주 정부로부터 부채를 사들이는 금융 사업을 시작했다. 별로 경험이 없는 분야지만, 그녀는 일단 해보기로 마음먹었다. 자신이 성공은 물론 실패에도 얼마든지 대처할 수 있다는 걸 알기 때문이다. 최근 그녀는 그 회사를 대기업에 팔아서 큰 시세 차익을 보았다.

무엇이든 배울 수 있다는 믿음

위험과 실패, 불굴의 투지 그리고 최종적으로 자신감으로 이어지는 이 모든 과정의 출발점은 결국 한 가지 사고방식이다. 스탠퍼드대학 심리학 교수 캐럴 드웩은 그것을 '성장 사고방식'이라 부른다. 그녀는 인생에서 큰 성공을 거두거나 무언가를 성취한 사람들은 늘 자신은 더 잘할 수 있으며 계속 뭔가를 배울 수 있다고 믿는다는 사실을 발견했다.

여성과 남성들이 자신의 수학 능력에 대해 어떤 식으로 접근하는지 되돌아보자. 드웩 교수는 여성들의 경우 대개 자신의 능력이 정해져 있다고 믿는다고 말했다. 스스로가 수학을 잘하거나 못하거나 둘 중 하나라고 생각한다는 것이다. 리더십, 기업가다운 진취성, 대중 연설, 승진 또는 급여 인상 요구, 금융 투자 그리고 심지어 자동차 주차까지, 남성들에 비해 여성들이 자신 없어 하는 다른 많은 도전 분야들에 대해서도 마찬가지다. 많은 여성들이 그런 분야에서 자신의 재능은 한계가 있고 이미 정해져 있어 바꿀 수도 없다고 생각한다. 그러나 드웩 교수에 의하면, 남성들의 경우 자신이 거의 뭐든 다 배울 수 있다고 생각한다.

자신감을 쌓으려면 성장 사고방식을 가져야 한다. 어떤 능력이든 다 배울 수 있다는 믿음이 바탕이 되어야만 새로운 일들에 뛰어들 수 있기 때문이다. 성장 사고방식은 위험을 무릅쓰게 해주고 실패했을 때 다시 일어서도록 돕는다. 드웩 교수는 성장 사고방식이 특히 청소년기의 여학생들에게 더 큰 자신감을 갖게 해준다는 사실을 밝혀냈다.

성장 사고방식을 갖는 비결은 작은 일들부터 시작하는 것이다. 당신이 스스로를 혹은 아이들을 칭찬할 때 어떤 식인지 떠올려보라. "너 정말 똑똑하구나." 또는 "너 정말 테니스를 잘하는구나. 타고난 테니스 선수야." 만일 이런 식으로 칭찬한다면, 당신은 지금 고정된 사고방식을 심어주고 있는 것이다. 하지만 "테니스 연습을 아주 열심히 했구나. 특히 백핸드는 일품인데." 이렇게 말한다면, 당신은 지금 성장 사고방식을 심어주고 있는 것이다.

여기서 재능과 노력의 차이를 분명히 하고 넘어갈 필요가 있다. 우리가 만일 재능은 태어날 때부터 주어지는 것으로 스스로 어떻게 해볼 여지가 없다고 믿는다면, 취약한 부분을 개선할 수 있다고 믿기 어려워진다. 그러나 성공이 노력과 개선으로 측정 가능한 것이라면, 재능은 우리가 어떻게 해볼 여지가 있는 것이 되고, 또 개선해보겠다고 마음먹을 수 있는 것이 된다. 그리고 결과적으로 뭔가를 마스터할 수 있게 될 것이다.

일레인 차오는 아무리 노력해도 결코 뛰어나게 잘할 수 없는 무언가를 열심히 하라고 말하는 것이 아이들에게 힘든 일일 수 있다는 사실을 인정한다. 하지만 그렇게 함으로써 자신감을 통제하는 법을 배울 수는 있다. 자신감은 태어날 때부터 갖고 있는 것이기보다는 스스로 만들어나가는 부분이 더 크니까.

정상까지 올라가는 길은 늘 쉽지 않지만, 그렇다고 같은 수준에만 맴돌고 있어서는 자신감을 쌓을 수 없다. 다음 단계로 올라가는 건 힘들고 불안하고 초조한 일일 수 있지만, 그래도 과감히 행동에 나서는 것이 유일한 비결이다. "지도자 자리는 전부 노력해서 얻는 거예요." 일레인 차오는 자신의 경험을 예로 들며 이렇게 말한다. "자신이 타고난 지도자라거나 이런저런 지도자 자리에 딱 맞는다고 생각하는 사람은 아무도 없어요. 늘 노력해서 얻는 거죠. 우리는 젊은 여성들에게 더 노력하라고 격려해줘야 해요."

남들과 다름을 받아들이기

"제겐 늘 좀 남다른 데가 있었어요."

우리 앞에 앉은 자그마한 체구의 금발 머리 여성이 환하게 웃으며 말했다. 꽃무늬가 새겨진 사무실의 부드러운 소파 커버와는 대조적으로 사무실에 있는 미술 작품들은 조그만 무기들로 만들어져 있었다. 린다 허드슨은 이런저런 사회적 틀을 깬 경험이 많다. 그녀는 거대 방위산업체의 총수가 된 최초의 여성이다. 그리고 영국 방위산업체 BAE시스템스의 CEO가 되기 전에도, 그녀는 미국 방위산업체 제너럴 다이내믹스 General Dynamics 사상 최초의 여성 회장이었다. 그녀는 또 미국 방위산업체 마틴 마리에타 Martin Marietta 의 첫 여성 부회장이었고, 미국 항공우주 기업 포드 에어로스페이스 Ford Aerospace 의 첫 여성 관리자였다. 플로리다대학 공대 재학 시절, 같은 과에 여성은 그녀를 포함해 단 둘이었다. 고등학교 시절 그녀가 엔지니어링 설계 과정을 이수한 최초의 여학생이었던 것도 그리 놀라운 일은 아니다.

그녀는 자신이 남들과 다르다는 사실에 워낙 익숙해졌다고 말했다. 그렇다고 해서 그녀가 걸어온 길이 순탄했던 것은 아니다. 남성적인 산업 중에서도 가장 남성다운 산업에 몸담고 있으면서 그녀는 줄곧 이질감 그 이상의 것을 느껴왔다. 그녀는 특유의 무뚝뚝한 어투로 농담하듯 이렇게 말했다. "어쨌든 우린 탄약이니 탱크니, 뭐 그런 것들을 만들잖아요."

정상에 오른 여성이 워낙 몇 안 되기 때문이기도 하지만, 큰 성공을 거둔 모든 여성들의 에피소드에 꼭 등장하는 이야기는, 그들이 다른 사람들과 다르다는 것이다. 우리는 그 때문에 속상해하고 스스로 나약해지거나 자신의 한계에 갇힐 수도 있고, 아니면 우리 자신의 독특함을 받아들여 그것을 명예 훈장처럼 가슴에 달고 다닐 수도 있다.

우리가 좀 더 일찍이 다른 사람들과 달라 보이는 위험을 무릅쓴다면, 팽팽한 협상에서 자기주장을 편다거나, 가만히 있으면 남자 동료들이 낚아채 갈 흥미로운 프로젝트를 요구한다거나, 순종적이고 착한 전형적인 여학생에게는 주어지지 않을 이런저런 일들을 하기가 더 쉬워질 것이다.

자신감과 낙관주의를 연구하는 심리학자이자 베스트셀러 작가인 캐롤린 밀러는 자신감을 쌓으려면 과감히 다른 사람들과 달라질 수 있어야 한다고 말한다. "자신감을 갖는다는 건 단순히 위험과 실패를 무릅쓰는 일이 아니에요. 물론 위험과 실패가 꼭 필요하긴 하지만요. 자신감은 자신의 안전지대를 벗어나 밖으로 나설 때, 그리고 사회에 의해 정해지는 목표가 아니라 자기 자신의 가치와 필요에 따라 정해지는 목표를 향해 매진할 때 생겨나죠."

그런 깨달음은 캐롤린 밀러의 삶을 바꾸어놓았다. 젊은 시절 그녀는 폭식증 때문에 고생했다. 하버드대학 우수생으로 졸업 후 월가의 고소득자가 된 그녀는 계속 그 비밀을 숨겼다. 그러다 결국 더 이상 버틸 수 없는 상황이 되어 사람들에게 도움의 손길을 요청했고, 이후 자신의 첫 저서 《내 이름은 캐롤린이다》를 내놓으면서 자신의 병에 대해 솔직히 털어놓았다. 그 직후 밀러는 펜실베이니아대학 긍정심리학센터에서 박사 학위를 받았고, 작가이자 또 심리학자로서 새로운 길을 걷기 시작했다.

만일 린다 허드슨의 부모들이 전통적인 여학생, 그러니까 여학생다운 여학생을 원했다면, 그녀에게 실망했을지도 모른다. 그러나 그들은 그런 걸 원하지 않았다. 더 중요한 사실은 딸을 여자다운 아이로 만들려는 시도조차 하지 않았다는 것이다. 허드슨은 자신이 여학생들과 발레를 하기보다는 남학생들과 농구를 하는 걸 더 즐기며 자란 '스트리트 파이터'라고 말한다. 가장 좋아한 과목도 수학이었다. 그녀는 부모들로부터 자신이 되고 싶은 사람 외에 다른 사람이 되라는 압력을 받은 적이 전혀 없다고 말한다.

허드슨의 말에 따르면, 그녀는 사람들의 호감을 사는 일에 전혀 관심이 없었다. 그녀가 원하는 것은 사람들로부터 존경을 받는 것이다. 그 점에 대해서도 부모들에게 고마움을 느끼고 있다. 그녀의 부모들은 둘 다 교사였다. 그들은 돈은 많지 않았지만 강인한 딸에게 배움의 소중함과 큰 꿈을 꿀 수 있는 자신감을 심어주었다. 더 중요한 것은, 그녀가 좌절에 빠질 때마다 세상으로 나갈 수 있게 밀어주었다는 것이다. 이때 굳이 자녀 교육에 엄한 '타이거 맘'이 되어 열심히 공부하라거나 위험을 무릅쓰라고 아이들을 윽박지를 필요는 없다. 중요한 것은 사랑과 열린 마음이라고 할 수 있다.

허드슨은 바쁜 일정을 쪼개 두 시간 가까이 우리에게 자신이 '최초의' 여성이 된 일들에 대해 얘기해주었다. 그녀는 자신의 성공에 대해 그리고 또 약점에 대해 상대방으로 하여금 모든 경계심을 풀게 할 만큼 솔직했다. 전혀 거리낌 없이 자신은 현재 하고 있는 일에 능하다고 말했고, 마찬가지로 개선이 필요한 점에 대해서도 스스럼없이 말했다. 자신은 더 많이 듣고, 더 적게 말할 필요가 있다고 말이다. 심지어 후회스런 개인사에 대해서도 숨김이 없었다.

허드슨은 자신이 다른 사람들과 다르다는 사실에 자부심을 느끼고 있었다. 하지만 그녀에게도 다른 사람들의 압력에 굴복해 적응하려고 애썼지만 잘 안 된 일이 있었다. "나는 대학 졸업 후 바로 결혼을 했어요. 결혼해야 한다는 사람들의 생각 때문이었을 거예요. 결혼을 하면서 이름도 바뀌었는데, 그 역시 이름을 바꿔야 한다는 사람들의 생각 때문이었죠." 두 사람은 25년간의 결혼 생활 끝에 이혼을 했다. 생각에 잠긴 표정으로 그녀가 말했다. "내 이름을 되찾으니 너무 좋더군요." 하지만 이미 결혼을 하고 바뀐 이름으로 25년간 경력을 쌓은 그녀였다. "이미 사회에서 그 이름으로 인지도를 쌓았잖아요. 그러니 원래의 이름으로 되바꾼다는 게 정말 힘든 일이었어요."

우리가 인터뷰를 했던 다른 고위급 여성들도 모두 그랬지만, 허드슨의 거침없는 태도 때문에 그녀의 자신감은 한층 더 돋보였다. 그런 그녀를 보면서, 우리는 진정으로 자신감 있는 여성들은, 아니 어쩌면 진정으로 자신감 있는 사람들은 무엇 하나 숨길 게 없다고 느끼는 것 같다고 생각했다. 결점까지 다 포함해, 그것이 그들의 진정한 모습인 것이다. 만일 그들의 그런 모습이 마음에 안 든다면, 또는 그렇게 결점을 드러내는 것은 나약한 짓이라고 생각한다면, 오히려 그렇게 받아들이는 사람에게 문제가 있는 것인지도 모른다.

큰 포부를 가진 이 여성들은 스스로 자신의 결점을 드러내는 위험을 감수하지만, 그렇다고 해서 그것이 결코 성공에 방해가 되진 않았다. 결점을 드러내는 점까지도 그들이 거둔 성공의 한 원인인지 모른다. 그들은 다른 사람들과 달라질 수 있을 뿐 아니라 드러내기 민망한 자신의 민낯까지 드러낼 수 있을 만큼 용기가 있는 것이다.

칭찬에 휘둘리지 않기

누군가로부터 당신이 한 일, 입은 옷, 헤어스타일에 대해 칭찬을 들으면 기분이 좋아진다. 심지어 시간이 지나서 그 순간을 떠올려도 다시 좋은 기분을 느끼게 된다. 아첨과 칭찬은 설탕과 비슷하다고 한다. 조금 섭취하면 상관없지만, 너무 많이 섭취하면 중독되어 건강에 해롭다는 얘기다.

오하이오주립대학 심리학 교수인 제니퍼 크로커는 다른 사람들이 자신에 대해 어떻게 생각하느냐에 따라 자신감과 자기 가치감이 생기기도 하고 없어지기도 하는 사람들은 정신적 대가뿐 아니라 육체적 대가까지 치르게 된다는 사실을 밝혀냈다.

600명의 대학생들을 대상으로 실시한 연구 결과, 자신의 외모나 성적, 선택 등에 대한 다른 사람들의 생각에 신경을 쓰는 학생들은 스트레스도 더 많이 받고 약물중독이나 식이 장애에 걸릴 가능성도 더 높은 것으로 나타났다. 반면, 높은 도덕성 같은 내적 특성에 기초한 자부심이나 자신감을 갖고 있는 학생들은 다른 학생들에 비해 시험 성적도 더 좋았고 약물이나 알콜중독에 빠질 가능성도 더 낮았다. 또 다른 연구들에 의하면, 남성들보다는 여성들이 다른 사람들의 칭찬에 따라 자신감이 더 커지기도 하고 작아지기도 하는 경우가 많았다.

다른 사람들의 칭찬에 의존한 자신감은 자신의 성취에서 비롯하는 자신감에 비해 훨씬 더 취약하다. 생각해보라. 당신이 아는 사람 중에 아무리 큰 성공을 거두고 아무리 아름답고 유명한 사람이라도, 끊임없이 칭찬과 긍정적인 말만을 듣지는 못한다.

우리는 직장에서 좋은 평가를 받거나 연봉이 크게 오르거나 상사에게 기분 좋은 이메일을 받았을 때 큰 만족감을 느낀다. 하지만 당신은 그보다 먼저 자신의 일을 잘하는 데서 스스로 기쁨을 찾아야 한다. 자신감이 외부 평가에 의해 좌우될 때 가장 위험한 것은 행동하기를 꺼릴 수 있다는 점이다. 어떤 행동을 했을 때, 사람들의 평가가 나빠질 수도 있다고 느낀다면 그 행동을 하지 않으려 할 것이기 때문이다. 만일 우리가 아이들을 기를 때 내적인 자신감을 기르게 해주지 않고 끊임없이 다른 사람들의 평가에 매달리게 만든다면, 그 애들은 결국 나중에 허약한 사람이 될 수밖에 없다.

요즘 미국 상원의 대리석 홀에서는 예전에 듣지 못한 소리가 들린다. 윤기 나는 대리석 바닥에 또각또각 하이힐 뒤축이 부딪히는 소리가 점점 더 자주 울려퍼지는 것이다. 현재 20명이라는 기록적인 수의 여성 상원의원들이 나타나면서, 머리 희끗희끗한 남성들만이 발을 끌며 느릿느릿 걷던 철옹성도 서서히 여성화되어가고 있다. 미국에서 가장 오래된 상원의원 집무실 건물의 복도 끝에 있는 478호 사무실에서, 우리는 신참 상원의원들 중 한 사람인 크리스틴 길리브랜드를 만났다.

길리브랜드 상원의원은 그야말로 자신감의 화신이었다. 우선 외모부터 뉴욕 맨해튼 출신다운 완벽한 세련미와 품위가 느껴졌다. 금발 머리도 세련된 형태가 흐트러지지 않게 잘 손질되어 있었다. 그녀는 이미 세간의 이목이 집중된 몇몇 법안에 이름을 올렸고, 인기 TV 토크 쇼에도 여러 차례 얼굴을 내밀었다. 그녀를 잘 아는 사람들은 벌써부터 그녀를 대통령 후보감으로 지목하고 있다. 두 아이의 엄마이기도 한 48세의 길리브랜드 상원의원은 서른여덟의 나이에 처음 하원의원에 출마했다. 그녀는 당시를 떠올리며 자신이 늘 지금 같지는 않았다고 털어놓았다.

"십 년간 다른 사람들의 선거운동에 자원봉사 활동을 하고 난 뒤에야 공직에 출마할 자신감이 생겼어요." 웃으면서 그녀가 말했다. "다른 많은 여성들과 마찬가지로 나를 뒤로 물러서게 만든 건 자기 회의감에 가득 찬 질문들이었죠. '내가 그럴 만한 인물이 되나? 내가 충분히 거친가? 내가 충분히 강한가? 내가 충분히 똑똑한가? 내가 정말 자격이 되나?' 이런 것들 말이에요."

미합중국 군을 상대로 입법 전쟁을 벌이고 총기 규제 반대 세력의 막강한 로비에 맞서 싸워온 이 여성이 한때 자신에게 투지나 총명함이 부족하다고 느꼈다니 과연 믿을 수 있겠는가? 그런 다음 길리브랜드는 수년간 지속해온 무보수 자원봉사, 이런저런 야간 수업과 주말 수업들, 발성 지도 등등, 의회 출마에 필요한 자신감을 쌓기 위해 자신이 했던 노력들을 떠올렸다. 그리고 마침내 자기 회의에 맞서 싸워야겠다는 신중한 선택을 하기에 이른 것이다.

제인 워원드와 크리스틴 라가르드 그리고 일레인 차오의 경우, 어려서부터 자신감을 쌓는 수업을 받기 시작했다. 전혀 의도한 바는 아니지만, 부모들이 그들의 여린 어깨 위에 자신감 축적에 필요한 책임을 지워준 것이다. 하지만 다 자란 후에 스스로 자신감을 찾아도 절대 늦지 않다. 패티 솔리스 도일이나 캐롤린 밀러, 그리고 우리가 얘기를 나눈 다른 많은 여성들과 마찬가지로, 길리브랜드 상원의원이 이를 증명한다. 그녀는 위험을 무릅쓰고, 끝까지 참고 견뎠고, 끝내 좋은 결실을 맺었다. 선천적으로 타고난 것도 아니고 어린 시절 배운 것도 아니었지만, 그녀는 훗날 스스로 자신감을 만들어냈다.

한 방에 해결할 수는 없지만

이 책을 쓰기 위해 이런저런 조사를 하면서 우리는 그간 몰랐던 많은 사실들을 알게 됐다. 우리는 유전자와 자신감 사이에 확실한 연관이 있다는 것을 알게 될 줄은 정말 몰랐다. 남녀 간의 자신감 차이가 그렇게 크다거나, 여성들의 뇌가 생리학적으로 조금 다르게 기능할 수도 있다는 생각도 전혀 못했다. 유일하게 확신하고 있었던 것이 자신감은 대개 어린 시절에 얻게 된다는 것이었는데, 그것은 잘못된 생각으로 드러났.

우리가 새로 알게 된 가장 크고 고무적인 사실은 우리가 마음만 먹으면 스스로 자신감을 기를 수도 있다는 것이다. 길리브랜드 상원의원이 그랬듯, 우리 모두 삶의 어느 시점에서든 마음만 먹으면 더 큰 자신감을 기를 수 있다. 과학은 지금 새로운 행동과 새로운 사고가 어떻게 우리 뇌에 영향을 주고 또 우리 뇌를 변화시킬 수 있는지와 관련해 놀라운 사실들을 밝혀내고 있다. 갈루뎃대학의 로라-앤 페티토 교수는 우리가 이미 고정된 유전자 코드의 콘크리트 고속도로 주변에 다리와 샛길들을 건설할 수 있으며, 자녀 양육을 통해 새로운 길을 낼 수도 있다고 말한다.

　심리학자이자 베스트셀러 작가인 캐롤린 밀러와 다른 심리학자들은 자신감이라는 특성에 의지가 개입할 여지가 50퍼센트 가까이 될 수도 있다고 주장한다. 바꿔 말하자면, 우리가 성인이 되어서도 마음만 먹으면 자신감을 키우고 그 결과까지 직접 눈으로 확인할 수 있다는 얘기다.

　자신감이 선택하기에 달렸다는 사실은 모든 것에 대해 가능성의 문을 열어준다. 특정 시점, 특정 상황에서 사람들은 누구나 "난 부족해. 난 그것을 할 수 없어."라고 말하고 싶은 유혹에 빠질 수 있다. 우리는 이런 말도 많이 들어왔다. "우리 어머니는 내게 칭찬을 많이 안 해주셨어." 또는 "우리 가족 중에는 자신감 있는 사람이 없어." 그러나 자신감을 순전히 유전자의 변덕이나 환경적 운명 정도로 여기고 포기해버린다면, 우리 삶을 변화시킬 수 있는 가능성들마저 포기하는 것이 된다. 그 같은 자기 회의의 틀 속에 스스로를 옭아맬 필요는 없다.

　그런데 바로 이 시점부터 길이 험해진다. '자신감을 쌓기로 선택'했다고 해서, 삶이 갑자기 기적처럼 변화하면서 자신감에 대해 더 이상 생각하지 않아도 되는 것은 아니다. 모든 문제를 한 방에 해결해줄 간단한 처방 같은 건 없다. 우리가 자신감이 선택이라고 말하는 것은 어떤 행동에 나설 수 있다거나 어떤 일을 할 수 있다거나 아니면 어떤 일을 결정할 수 있는 선택이라는 뜻이다.

당신이 만일 행동에 나서지 않겠다고 선택한다면, 성공할 수 있는 기회는 거의 없다. 그러나 행동에 나서겠다고 선택한다면, 당신은 생각보다 더 자주 성공할 수 있다. 그간 실패할 거라는 생각 때문에 해보지도 않고 포기한 일이 얼마나 많았던가? 실패라는 게 정말 아무것도 하지 않는 것보다 나쁜 것일까? 그리고 시도해보기로 마음만 먹었더라면 얼마든지 성공할 수도 있었을 일은 또 얼마나 많았던가?

당신 주변을 돌아보라. 대부분의 여성들이 그런 선택을 하지 않고 주저앉는 것은 대개 능력이 부족해서가 아니다. 자기 능력에 대한 왜곡된 인식이 가장 큰 장애물인 것이다.

페이스북의 최고운영책임자 셰릴 샌드버그가 주장하듯, 우리는 과감하게 뛰어들 필요가 있다. 뒤로 물러서지 말고 행동에 나서야 한다.

The ConfidenceCode

CHAPTER 6

작은 일부터 시작하기

그녀는 얼마 전부터 달라져야겠다고 마음먹었다.
자신의 부정적인 패턴을 깨기 위해, 부정적인 생각이 떠오를 때마다
잘한 일 세 가지를 생각해내기로 한 것이다.

　여성들이 자신감을 기르려면 어떻게 해야 한다고 생각하느냐는 질문에 친한 우리 친구(그는 남자이고 각광받고 있는 인터넷 천재다)는 단 두 마디를 내뱉었다. "빨리 실패해야지."

　그 말에 우리는 웃음을 터뜨렸었다. 말도 안 돼! 실패는 우리 여성들이 아주 혐오하는 단어 중 하나다. 그런데 실패를 빨리 하라고? 그건 전력을 기울이지도 않았고 할 일을 완벽하게 하지도 않았다는 뜻 아닌가.

　그 친구의 말은 농담이 아니었다. 공교롭게도 '빨리 실패하라'는 IT 업계에서 아주 흔히 쓰이는 말이다. 게다가 널리 쓰이는 사업 전략이기도 하다. 서둘러 여러 가지 시제품을 준비한 뒤 빨리 만들어낸 다음, 어떤 게 가장 인기 있는지 확인하고 나머지는 버린다는 것이다.

　요즘 세상은 완벽해질 때까지 기다려주지도 않을 뿐 아니라, 끝없이 시간을 투자해 제품을 다듬어봐야 제작비만 치솟는다. 하지만 빨리 실패한다면 계속 수정하고 테스트해볼 수 있고 그런 다음 가장 좋은 쪽으로 신속하게 옮겨갈 수 있다. 빨리, 일찍 실패할 경우, 그만큼 손실을 크게 줄일 수 있다는 이점도 있다. 결국 많은 시간과 노력을 투자했다가 감당할 수 없이 큰 실패를 맛보기보다는 소소한 실패를 자주, 빨리 하는 것이다. 게다가 실패를 통해 뭔가를 배울 수도 있어 얻는 것도 많다.

　우리는 '빨리 실패하기' 이론을 여성들의 자신감 축적을 위한 이상적인 패러다임으로 보고 있다. 빨리, 작게 하는 실패는 상대적으로 감당하기도 더 쉽다. 우리는 계속해서 실패할 필요가 있으며, 그러다 보면 그것이 우리 DNA의 일부가 된다. 만일 그런 식으로 소소한 실패들을 하느라 정신없이 바빠지면, 자신의 결점을 계속해서 곱씹고 최악의 시나리오들을 머릿속에 그리는 일도 중단하게 될 것이다. 또 어떤 계획을 세우더라도 구석구석 뜯어보고 또 뜯어보거나 하지 않고 곧바로 행동에 옮기게 될 것이다.

　게다가 실패를 앞으로 전진하기 위한 과정으로 받아들인다면, 우리는 자신감을 쌓는 데 필요한 또 다른 요소인 '마스터하기'에 시간을 쏟을 수 있게 된다. 빠른 실패는 시간을 어떻게 쓸 것인가 하는 문제에 보다 신경을 쓰도록 돕는다. 우리는 더 이상 모든 것을 완벽하게 하려고 애쓸 필요가 없다. 결국 마지막에 살아남는 것은 가장 강한 종이 아니라 가장 적응을 잘하는 종이다.

　그간 누차 말해왔듯 자신감은 곧 행동이다. 또한 반복적인 시도이며 계산된 위험 감수이고 사고방식의 변화다. 유감스럽게도, 우리 할머니들이 말씀하시듯, 단순히 어깨를 쭉 펴고 옷매무새를 바로 하고 당당하게 행동해서 얻을 수 있는 것이 아니다. 물론 옛 어른들 말씀들 중 일부는 도움이 되기도 하지만, 그것만으론 부족하다.

최신 연구에서 학자들은 자신감 있는 삶을 살아가려면 어떻게 해야 하는지에 대해 아주 흥미로운 조언들을 해주고 있다. 조언들 중 상당수는 우리가 전혀 들어본 적도 없는 것들이어서, 솔직히 직접 시도해보기 전에는 효과가 있으리라고 믿을 수가 없었다. 그런데 실제로 효과가 있었다. 우리는 그 조언들 가운데 가장 중요하다고 생각되는, 그리고 특히 우리 일상생활에 적용 가능하다고 생각되는 것들을 추려냈다. 지금부터 소개하는 것들 중에서 공감이 가는 조언들은 반드시 내 것으로 만들기 바란다.

잘못된 결정이라도 해야 한다

이 책의 모든 내용 중, 딱 하나만 기억해야 한다면, 이것을 기억하라. '의심이 가면 일단 행동에 나서라.'

우리가 해온 모든 조사와 인터뷰 내용은 한 가지 결론에 도달했다. 자신감을 쌓는 데 직접 행동하는 것만큼 좋은 것은 없다. 특히 그 행동에 위험과 실패가 따를 때는 더 그렇다. 위험은 당신을 삶의 끄트머리에 서 있게 만든다. 위험은 당신을 성장시키고 더 나아지게 하며 자신감을 갖게 해준다. 반면, 결과에 대해 걱정할 필요가 없는 안전지대에 머물면, 금방 삶이 밋밋하고 따분해진다. 결국 소심한 자와 용기 있는 자를 구분해주는 것은 행동이다.

간단히 시작해도 좋다. 새로운 사람들을 만나는 일에 자신이 없다면, 작은 일부터 시작해보라. 예를 들면 파티에서 다른 사람에게 음식을 건네주며 자신을 소개한다거나, 세탁소에서 낯선 사람과 시선을 맞추며 대화를 나눠보는 것이다.

혼자 파티에 갈 자신이 없다면 이렇게 해보라. 당신이 잘 아는 친구들만 참석하는 조그만 모임부터 시작해보는 것이다. 갑자기 마음이 변해, 모임 참석을 스스로 취소하지 못하도록 아예 미리 꼭 참석한다고 말해두어라. 그런 다음 정말로 파티에 가는 것이다. 마지막 순간까지 마음을 바꾸지 않도록 해야 한다. 연회 장소에 도착하면, 재빨리 두세 사람이 모인 곳을 찾아내 먼저 자기소개를 한 뒤 그들의 삶에 대한 질문을 던진다. 이때 상대의 대답을 집중해서 들어줘야 하며, 그 대화에만 몰두해야 한다. 그러다 보면 그곳에서 자신만 일행 없이 혼자라는 사실조차 잊게 될 것이다.

만일 직장에서 승진 요청을 해야 하는데 자신이 없다면, 친한 친구와 미리 예행연습을 해보도록 하라. 그동안 당신이 부서에 도움을 준 다섯 가지 일에 대해 설명하는 것이다. 이렇게 작은 걸음들을 내딛다 보면 나중에 보다 의미 있는 위험들도 무릅쓸 수 있게 된다. 이런 자신감 축적 방법을 '노출 기법'이라고 한다.

또한 여성들에게 위험은 여러 형태로 나타난다. 자기 자신이 완벽하지 않아도 스스로를 받아들이는 것, 권위 있는 인물이나 사랑하는 사람들의 마음에 들지 않을 일도 과감히 하는 것, 관심의 대상이 되는 데 더 익숙해지는 것 등이 다 위험이 될 수 있다. 일단 이런 일들을 마스터하고 나면, 보다 큰 위험들에 도전할 수 있게 된다. 어떤 프로젝트에 대한 동료의 의견에 이의를 제기할 때도 절대 상대의 반격에 신경 쓰지 말라. 또 연극에 도전한다거나 도저히 가능성이 없어 보이는 일자리에 지원해볼 수도 있겠다.

과감히 도전해야 할 행동과 위험은 회의에서 일어나 발언을 한다거나 새로운 일자리에 지원한다거나 하는 일과 전혀 관계없는 일일 수도 있다. 자신감 넘치는 여성들은 하나같이 이렇게 입을 모은다. '크고 작은 결정들을 시기적절하게 내리고 그 결과에 대해 책임을 지는 능력 또한 아주 중요한 자신감의 표현이며 또한 리더십의 표현이라고.'

방위산업체 BAE시스템스의 린다 허드슨 역시 의사결정을 할 때는 설사 잘못된 결정을 하더라도 반드시 결정을 해야 한다고 강조한다. 분명 아무것도 안하는 것보다는 나으니까 말이다. 당신이 안전지대를 떠났을 때 예상해볼 수 있는 모든 시나리오 가운데 최악의 것은 무엇일까? 그렇다. 당신은 실패할 수도 있다.

베스 윌킨슨은 의사결정이 신속하고 위험을 감수하는 데 아주 능하며, 자신감 넘치는 사람이다. 미 연방 검사보로 일하던 시절에는 166명의 목숨을 앗아간 오크라호마 연방정부 청사 폭파범 티모시 맥베이 사건에 참여했고, 그 외에 세간의 관심을 끄는 큰 사건에서 계속 승소하면서 미국 내에서 가장 잘나가는 검사 중 하나가 되었다. 하지만 그런 그녀도 가끔은 실패를 맛본다.

어느 일요일 아침 일찍, 스타벅스 커피숍에서 만난 그녀는 자신은 소소한 일들에서는 빨리 실패하는 데 프로라면서, 그건 워낙 많은 걸 빨리빨리 결정하는 습관 때문이라고 했다. 그녀는 어깨를 으쓱해 보이며 "그러면서 배우는 게 많아요." 하더니, 소리 내 웃었다.

처음 단독으로 맡게 된 사건에서, 윌킨슨은 모든 진술을 정확히 하고 싶었다. 그래서 할 말을 다 적은 뒤 그걸 외우지 않고 그대로 주욱 읽었다. 그 일이 있은 직후 그녀는 한 남자 동료가 그런 자신에 대해 비판적인 얘기를 하는 것을 우연히 엿듣게 되었다. 그녀는 큰 충격을 받았다. 그러나 두고두고 오래 그 일을 곱씹는 대신 즉시 깊이 생각해보았고, 결국 그 남자 동료의 말이 옳다는 걸 깨닫게 되었다.

"그 일이 제겐 전환점이 되었어요. 모든 걸 완벽하게 말하는 것보다는 배심원들의 마음을 움직이는 게 훨씬 더 중요하거든요. 덕분에 저는 많은 걸 배웠고 다시는 최종 변론을 그대로 읽는 일이 없었죠."

빨리 실패하면서 성장 사고방식을 배운 거의 완벽한 사례였던 것이다. 행동에 나서라. 배워라. 그리고 계속 나아가라.

신경 회로를 변화시키기

　간단히 말해, 자신감에 관한 한 여성의 뇌는 우군이 아니다. 여성들은 생각이 너무 많고 특히 안 좋은 것들에 대해 지나치게 많이 고민한다. 그러나 아무리 생각하고 생각하고 또 생각해봐야 문제가 해결되는 것도 아니고 자신감이 더 커지는 것도 아니며, 행동에 나서는 것은 고사하고 무언가를 결정하는 일까지 못하게 된다.

　여성과 남성의 뇌가 다르게 움직인다는 사실을 잊지 말라. 여성들의 뇌는 주변에서 일어나는 모든 일을 더 예민하게 인식하고 받아들인다. 또 여성 특유의 곱씹는 행동은 우리에게서 자신감을 고갈시킨다. 문제 해결을 가장한 부정적인 생각과 악몽 같은 시나리오들이 끊임없이 반복되면서 자신감이 사라져가기 때문이다.

　물론 쉬운 일은 아니다. 되돌아보고 곱씹는 습관이 큰 문제라는 것을 잘 아는 신경과학자조차도 가끔 이런 행동을 한다. 갈루뎃대학의 로라-앤 페티토 교수는 신경과학 분야의 권위자다. 그녀는 언어의 기원과 관련해 중요한 발견을 여럿 했으며, 갈루뎃대학과 미국 국립보건원의 후원 하에 뇌와 언어 발달을 연구하는 연구소를 운영하고 있다. 그녀는 또 교육 신경과학이라는 새로운 분야를 만들어냈고, 20개가 넘는 국제적인 상을 수상했으며, 님Nim이라는 침팬지와 함께한 선구자적인 연구 과정을 담은 다큐멘터리로 오스카상 다큐멘터리 부문 후보에 올랐다.

우리는 페티토 교수를 그녀의 연구실에서 만났는데, 그녀는 호기심 많고 에너지가 넘치는 열정적이면서도 따뜻한 여성이었다. 우리는 그녀가 정말 자신감 넘치는 여성일 거라고 상상했다. 하지만 막상 페티토 교수는 자신이 아주 능력 있는 사람이라는 걸 잘 알지만, 아직도 사람들 앞에 나서서 말하길 두려워한다든가 하는 약점 때문에 고민이 많다고 말했다.

그녀에게는 수년째 스스로를 진 빠지게 만들어온 버릇이 있었다. 연구실 일을 마치고 집에 돌아갈 때마다 버스 안에서 실패했다고 생각되는 일들의 목록을 길게 머릿속에 그려보곤 하는 것이다. 그녀는 계속 이런 식으로 혼잣말을 했다. '더 잘할 수도 있었는데. 얼마든지 더 잘할 수 있었는데. 사람들 앞에서 말하는 걸 그렇게 불안해할 필요가 없었던 건데.'

그녀는 얼마 전부터 달라져야겠다고 마음먹었다. 자신의 부정적인 패턴을 깨기 위해, 부정적인 생각이 떠오를 때마다 잘한 일 세 가지를 생각해내기로 한 것이다. 그래서 이제 부정적인 생각들이 떠오르기 시작하면 의식적으로 자신이 이룬 성취와 성공들을 떠올린다. '내가 끝낸 그 논문은 정말 좋았어. 그 실험실 보고서는 예상보다 빨리 끝났어. 이번에 새로 온 대학원생과 말이 잘 통한 거야.'

계속 이런 식으로 생각하는 연습을 하면, 뇌 신경 회로에 변화가 생기면서 부정적인 피드백 회로가 무력화된다. 효과는 곧바로 나타나지 않을 수도 있지만, 대개 몇 주 이내에 생각이 먼저 변화되고 그런 다음 행동에도 변화가 일어나게 된다. 그렇게 하기 위해서 당신은 먼저 스스로의 생각과 감정 그리고 행동 사이의 관계를 면밀히 살펴봐야 하며, 그중 하나가 다른 것들에 어떤 영향을 미치는지도 잘 살펴야 한다. 다음은 생각과 행동 사이의 관계를 좀 더 잘 파악할 수 있게 해줄 연습 방법이다.

당신 직장에서 일어날 수 있는 최악의 시나리오를 생각해보라. 그런 다음 계속해서 그 생각을 하는 것이다. 예를 들어 당신이 프레젠테이션을 하고 있는데, 동료들 모두가 아주 실망스럽다는 표정을 하고 있다. 그럴 때 느낄 수 있는 기분들을 상상해보라. 불안하고 스트레스도 쌓이고 화도 날 것이다. 분명 기분 좋은 일은 아닐 것이다. 자, 이제 그 반대로 해보라. 직장에서 뭔가 멋진 일이 일어나는 상상을 해보는 것이다. 기대하지도 않았던 보너스가 나왔다거나 당신이 프레젠테이션을 매우 성공적으로 끝냈다거나 하는 일들 말이다. 이번엔 또 어떤 기분들이 몰려오는지 보라.

생각은 그대로 우리 감정에 영향을 미친다. 실제 아무 일이 일어나지 않았다 해도, 마음이 그런 일을 하는 것이다.

부정적인 생각 털어내기

'자동적으로 생겨나는 부정적 사고들'을 영어로는 Negative Automatic Thoughts, 간단히 줄여 NAT라고 한다. 자신감을 공격하는 가장 큰 적이 바로 이 NAT인데, 여러 가지 면에서 서서히 사람을 맥 빠지게 만든다. 그리고 불행히도 이 부정적인 사고들은 긍정적인 사고들보다 더 자주 나타나며, 번개처럼 빠른 속도로 점점 더 커져간다. 예를 들어 다음과 같은 부정적인 생각들은 정말 자주 나타나지 않는가?

"저 드레스는 너무 비싸. 어쩌자고 내가 저런 데 돈을 낭비했지?"

"난 이 프로젝트를 절대 끝내지 못할 거야. 내 이럴 줄 알았다니까. 역시 이건 내 능력을 넘어서는 일이었어."

"오늘 밤 이 프로젝트를 끝내지 못한다면, 사장 눈 밖에 날 거고 승진도 못할 거야."

유감스럽게도, 이런 NAT는 머릿속에서 쉽게 지워지지 않는다. 하지만 당신은 그것들에 맞서 싸울 수 있고 논리와 대안을 앞세워 거꾸러뜨릴 수도 있다. 이를 위해 가장 먼저 해야 할 일은 자기 안에 숨어 있는 부정적인 사고들을 알아내는 것이다. 방법은 간단하다. 일기장이나 메모장을 하나 마련해 하나하나 적어가면 된다. 그보다 좋은 방법은 없다. 단 며칠만 그렇게 해보라. 일기장이나 메모장을 침대 옆에 두고 매일 밤 머릿속에서 맴도는 부정적인 생각들을 적어나가는 것이다 우리 두 사람은 메모장에 이렇게 썼다.

케티, 늦은 밤에

- 연봉 인상을 요청해야 할 것 같은데, 나를 너무 거만하게 보지 않았으면 좋겠어.

- 아까 저녁 식사 시간에 BBC 방송국에서 왜 전화를 했을까? 책 마감을 해줘야 하는데, 아마 내가 원고 작업을 제대로 못하고 있다고 생각하는 거겠지. 틀림없어. 곧장 전화를 해줬어야 했는데.

- 집 뒤쪽을 페인트칠하는 데 그렇게 많은 돈을 쓰는 게 아니었어. 거길 가볼 사람도 없는데 말야.

- 마야가 대학 지원 문제로 스트레스를 받고 있는 것 같은데, 이러쿵저러쿵 참견하면 내가 자기를 못 믿는다고 생각하겠지?

- 살을 3킬로그램 정도는 빼야 할 텐데 어쩌지?

클레어, 새벽에

- 도대체 왜 새벽 5시 반에 비행기들이 착륙 전 우리 집 위에서 빙빙 돌게 하는 거야? 이건 정말 지역 자치회에 전화해서 항의를 해야겠어.

- 휴고가 과제물을 가방 안에 넣는 걸 본 적이 없는 것 같네. 과제는 알아서 잘 챙겨 가고 있는 건가?

- 어째서 늘 시간이 부족한 거지? 지금 ABC 방송국 파트타임 일만 하고 있으니, 애들 돌보고 책 쓸 시간이 충분해야 하는 거 아냐? 이건 지금 내가 시간을 효율적으로 쓰지 못하고 있다는 거야. 대체 뭐가 잘못된 거지?

- 이제 정말 앞으론 새벽 4시 반에 일어나 책을 써야 할 것 같아. 지금 팔근육이 다시 처지고 있는 거 아냐?

- 남편은 대체 언제쯤에야 지금 하고 있는 그 스트레스 쌓이는 일을 끝낼까? 그게 끝나면 정말 도움이 될 텐데. 그 사람이 휴가 비행기 표도 사야 하고 말야. 난 시간이 없어.

우리는 서로의 메모장을 비교하면서 크게 웃었다. 조금 당혹스럽기도 했다. 사실 우리가 마음속에 갖고 있던 생각들은 누군가에게 털어놓기에도 너무 쑥스러운 것들뿐이었다.

생각을 내 편으로 만들기

억지로 NAT를 생각하지 않으려고 애쓰는 것은 최선의 방법이 아니다. 그래봐야 불안감만 더 커진다. 가장 효과적이고 쉬운 방법은 그런 부정적인 생각들을 대체할 생각들을 찾는 것이다. 그저 조금만 마음을 달리 먹어도, 그러니까 긍정적인 생각을 하거나 아니면 긍정적이지도 부정적이지도 않은 중립적인 생각만 해도 자신감으로 향하는 문이 활짝 열릴 것이다. 그래서 우리는 그 이후 생각을 고쳐먹으려 애쓰고 있다. 다음과 같은 생각들이 좋은 예다.

나는 지금 시간을 효율적으로 쓰지 못하고 있어. 대체 뭐가 잘못된 거지?
➡ 어쩌면 내가 지금 일 배분을 균형 있게 잘하고 있는지도 몰라.

상사들이 왜 지금 내게 전화를 하는 걸까?
➡ TV 출연을 더 해달라고 하려는 모양이지? 좋은 일이야.

집을 페인트칠하는 데 너무 많은 돈을 쓴 거 아닐까?
➡ 벽으로 빗물이 스며들었었는데, 도움이 될 거야. 그래서 페인트칠을 한 거잖아.

이런 식으로 계속 부정적인 생각을 달리 해석하는 연습을 하다 보면, 그것이 일종의 습관이 된다. 혹시 부정적인 생각들을 긍정적인 생각들로 바꾸는 일이 너무 힘들다고 느낀다면, 당신의 친구가 부정적인 생각을 털어놓았을 때 어떤 말을 해줄지 상상해보라. 아마 불편했던 기분이 빠른 속도로 줄어들어, 스스로도 놀랄 것이다. 친한 친구나 다른 사람들에게 따뜻함과 관대함을 보여주는 건 쉽지 않은가. 이제 그런 따뜻함과 관대함을 우리 자신에게 베풀자.

우리의 정신적 멘토인 오하이오주립대학 심리학 교수 리처드 페티는 NAT를 죽이는 데 도움이 되는 또 다른 방법을 소개해주었다. 그와 동료들은 학생들에게 자기 자신에 대한 부정적인 생각들을 메모지에 적어보라고 했다. 그런 다음 학생들을 세 그룹으로 나누었다. 이후 한 그룹의 학생들에게는 부정적인 생각들을 적은 메모지를 주머니에 넣고 늘 가지고 다니도록 했다. 또 다른 그룹의 학생들에게는 메모지를 찢어 휴지통 안에 던져버리라고 했다. 그리고 나머지 한 그룹의 학생들에게는 메모지를 테이블 위에 놔두라고 했다.

페티 교수는 실험 결과에 대해 이렇게 말했다. "메모지를 주머니 속에 넣고 다닌 학생들은 자신이 적은 부정적인 생각들에 대한 걱정이 점점 더 심해졌어요. 마치 그 부정적인 생각들에는 다 그럴 만한 가치가 있다는 듯이 말이죠. 메모지를 찢어서 휴지통 안에 던져버린 학생들은 거기 적혀 있던 부정적인 생각들이 타당한지에 대해 의구심을 갖기 시작했고, 더 이상은 그런 생각들에 신경 쓰지 않게 됐어요. 그리고 테이블 위에 메모지를 놔둔 학생들은 앞서 말한 두 그룹의 중간 어디쯤의 상태가 됐죠."

이 전략은 부정적인 생각들이 더 이상 퍼지지 않게 막아줄 방화벽을 쌓는 데 도움이 된다. 당신이 뭔가를 거절당했다고 해서 절대 성공할 수 없는 것은 아니다. 자신이 한 일에 대해 누군가 부정적인 반응을 보였다고 해서 다음번에 더 잘할 수 없게 되는 것도 아니다. 중요한 취업 면접을 앞두고 불안하고 초조하더라도, 예상 가능한 결과를 놓고 미리 고민한다든가, 이번에 취업을 못하면 다시는 그 업계에서 일할 수 없게 된다며 성급한 결론을 내릴 필요는 없다. 새로운 전략으로 그런 부정적인 생각들에 맞서 싸우도록 하라. 그런 부정적인 생각들에 '사실'을 앞세워 맞서는 것이다. 그런 다음 그 부정적인 생각들을 내던져버려라. 때에 따라선 우리가 앞서 써보라고 권했던 일기장이나 메모장을 쓰레기통 안에 던져버려야 할지도 모른다.

우리가 무언가에 관심을 갖는다는 것은 강력한 힘을 가지고 있다. 조지워싱턴대학의 신경과학자 사라 슈스타인에 따르면 갖고 싶은 새 차 혹은 운동이나 어떤 프로젝트 등등, 그 무엇이든 계속 그 생각을 하고 집중하면 대부분은 결국 실제 그 방향으로 나아가게 된다고 한다. 우리는 자신의 생각을 든든한 내 편으로 만들 필요가 있다.

나에게 집중하는 것이 최선은 아니다

어쩌면 당신은 자기 스스로에게 더 집중하는 것이 자신감에 이르는 자연스런 디딤돌이라고 생각할지도 모른다. 성공하려면 먼저 자기 자신에 대해 만족해야 하는 것 아닌가? 그러나 사실 여성들의 경우 그 정반대가 되어야 한다. 우리 여성들은 대개 자기 자신의 감정과 능력에 대해 많은 생각을 하고, 자기 평가를 하며, 스스로 멜로드라마 속 주인공이 되려고 하는데, 그런 행동은 늘 우리 발목을 잡고 자신을 무력화시킨다. 이런 상상을 해보라.

만일 거리에서 어떤 아이를 구해야 할 위급한 상황을 맞는다면 어떻게 행동하겠는가? 아마 평소처럼 이런저런 걱정을 하거나 자신이 할 수 있는 행동들을 생각해보지는 않을 것이다. 잠시 멈춰 서서 당신이 그 아이를 구할 자격이 있는지 자문한다거나 심폐소생술CPR 공부를 더 해야 하는지 여부를 생각하지도 않을 것이며, 일단 아이를 구하기 위해 뛰어들 것이다. 당신의 관심은 오로지 위급한 상황을 끝내는 데 쏠릴 것이고, 당신은 해결 방법에 대한 회의 같은 게 없어도 아주 잘해낼 것이다.

자, 이제 똑같은 것을 당신의 경우에 적용해보라.

당신이 큰 사내 행사를 앞두고 있다고 해보자. 처음엔 계속 그것에 대해 많은 생각을 하고 최대한 모든 관점에서 상황을 분석하며 또 예상 가능한 모든 시나리오에 대비하는 것이 당연하다고 느껴질 것이며, 심지어 그러는 게 도움이 된다고 느껴질 것이다. 그러면서 당신은 그 행사가 궁극적으로 자신에게 어떤 의미가 있을지, 행사 당일 자신이 어떻게 보일지, 또 어떤 말을 해야 할지, 날씨에 따라 무엇을 입어야 하며, 혹시 일어날지 모를 모든 돌발 상황에서 어떻게 대응할지 등등, 그야말로 온갖 시나리오를 다 그려본다.

하지만 이것은 당신이 할 수 있는 최선이 아니다. 그보다는 필요한 준비를 마친 다음, 그 행사가 자신의 팀이나 회사를 위해 얼마나 도움이 될까 하는 쪽으로 모든 관심을 돌려야 한다. 그렇게 되면, 당신은 스스로도 자유로워지고 더 대범하게 그리고 적극적으로 관심의 대상을 넓힐 수 있다.

오하이오주립대학 심리학 교수 제니퍼 크로커는 여성들이 '우리'라는 의식으로 무장할 경우 더 잘해낼 수 있다는 사실을 밝혀냈다. 갓 대학을 졸업한 젊은 여성들은 아직 자신감이 불안정한 편인데, 그런 여성들이 자신의 능력을 입증해보이겠다는 욕심을 버리고 대신 동료나 기업을 위해 일하기로 마음먹으면 놀랄 만큼 자신감이 커진다는 것이다.

크로커 교수는 그 연구 결과를 사람들 앞에서 말하길 불안해하는 이들을 위한 좋은 팁으로 활용했다. 자신을 위해서가 아니라 팀이나 조직을 대신해서라고 또는 다른 사람들을 위한 일이라고 스스로에게 말해보라. 이런 식으로 관심의 주 대상을 자기 자신에게서 다른 사람들로 바꾸는 연습을 하면 자신감이 늘어나게 된다.

크리스틴 길리브랜드 상원의원은 이와 유사한 원칙을 의회에 진출하려는 여성들을 설득하는 데 적용하고 있다. 의회에 진출하는 것은 자기 자신이 아니라 보호를 필요로 하는 다른 사람들을 돕기 위한 일이라는 점을 환기시키는 것이다. "의회 진출을 생각하는 후보자들, 특히 여성 후보자들의 경우, 의원이 되는 것이 개인적인 입신출세를 위해서가 아니라는 사실을 깨닫는 순간 더 강해지고 목적의식도 더 뚜렷해져요."

사람들은 각자 자기 생각으로 바쁘다

다른 사람들이 내내 당신 생각을 하는 게 아니라는 사실을 깨닫게 되면, '나'에서 '우리'로 나아가기가 훨씬 더 쉬워진다. 그릇된 자아도취에 빠져 있으면, 잘된 일이든 잘못된 일이든 당신이 하는 일 하나하나가 다른 이들의 관심의 초점이라고 생각하기 쉽다. 하지만 전혀 그렇지가 않다. 대부분의 사람들은 자기 자신의 삶만으로도 너무 바빠 당신이 무슨 일을 하든 신경 쓸 겨를이 없다. 당신이 반장으로 선출되지 못했든, 아니면 고객과의 미팅에서 어떤 실수를 했든, 그 어느 누구 하나 당신 뒤에서 몇 주일씩 계속 당신 험담을 하진 않는다. 그러지 않을 뿐 아니라, 곧 당신 문제를 떠나 다른 관심사로 옮겨간다.

당신이 직장에서 어떤 문제에 부딪힐 경우, 그 문제는 일과 관련된 것이지 당신이라는 사람 자체와 관련된 것이 아님을 잊지 말라. 상사가 당신이 해온 프로젝트에 개선이 필요하다고 말할 때, 그걸 개인적인 공격으로 해석하려는 유혹에 빠지지 말라. 또 당신 동료가 웃지도 않고 진지하게 주말에 어떻게 지냈냐고 물어올 때, 그게 꼭 당신이 사무실에 나왔어야 했다며 꼬집는 말이 아님을 알아야 한다. 사실 그런 것들이야말로 지나치게 자기중심적인 생각이다.

세상에는 특히 끊임없이 평가를 받아야만 하는 직업들도 있다. 예를 들어 연기자나 연주자들은 늘 엄격한 평가를 받으며 산다. 오페라 가수이자 발성 지도자인 크리셀린 페트로포울로스는 이렇게 고충을 털어놓았다.

"극장에선 머리부터 발끝까지, 눈썹부터 귓불까지, 그리고 의상부터 분장까지, 그야말로 모든 게 비판의 대상이죠. 여러분 같으면 미쳐버릴 거예요. 절대 좋은 소리는 못 듣고 늘 아주 심한 말만 듣죠. 한때는 숨이 막히고 아무 의욕도 없고 그랬어요. 그 모든 걸 개인적인 얘기로 들었거든요. 툭하면 지휘자가 다가와 이러는 거예요. '당신 아예 노래하는 법을 모르는군.' 그럴 땐 정말 '아아악' 비명이라도 지르고 싶죠."

페트로포울로스는 비판을 받아들이는 자신의 방식이 연기에는 독약과 같다는 사실을 깨달았다. 그녀는 그런 스트레스가 성대에 미치는 영향을 알아보기 시작했고, 예상 외로 큰 영향을 받는다는 사실에 놀랐다. 그래서 그녀는 자신에 대한 비판을 한 인간으로서의 가치에 대한 비판이 아니라 자기 능력에 대한 비판으로 해석하는 법을 배웠다.

오늘날 그녀는 발성 지도자로서 인기가 아주 많다. 그리고 그녀의 강의에서는 특히 자신감이 발성 기술들만큼이나 중시된다. 학생들 중에는 아이들이 많은데, 그녀는 늘 그들과 함께 긴 목록의 답변들을 암기하는 연습을 한다. 비판을 받았을 때 언제든 쉽게 대응하기 위해서다. 그들이 연습하는 비판과 응답은 이런 식이다.

비판 너 오늘 헤어스타일 왜 그래?
응답 관심 가져줘서 고마워.

비판 너 또 콧노래 부르는 거야? 그러지 좀 마. 듣기 싫어.
응답 음, 더 잘 부르도록 노력해볼게.

비판 그 옷 진짜 안 어울린다.
응답 그래? 어떻게 바꿔 입으면 좋을까?

페트로포울로스에 따르면, 그녀의 어린 학생들은 처음엔 이런 응답 방식에 키득키득 웃기도 하지만, 결국에는 부정적인 비판을 어떻게 받아들이고 내면적으로 어떻게 처리해야 하는지에 대해 좀 더 마음을 쓰게 된다고 한다. 또한 "의견을 주셔서 고마워요." "그 말씀 정말 고맙게 생각해요." 등등 각자 자신에게 맞는 자신만의 응답 목록을 만들어 활용할 수도 있다.

비판을 개인적으로 받아들이는 습관이 잘 고쳐지지 않을 때는 주변 현실을 둘러보는 것이 도움이 된다. 다른 많은 사람들도 똑같은 문제를 안고 있으며, 특히 여성들의 경우 자신들이 컨트롤할 수 없는 이런저런 힘들의 영향으로 사회생활에 어려움을 겪는 경우가 많다는 사실을 잊어선 안 된다. 유타주립대학의 크리스티 글래스 교수는 이렇게 말한다. "그동안 나를 괴롭혀온 문제들을 단번에 해결해줄 열쇠를 찾은 후, 제대로 된 자신감을 갖게 됐어요. 내게 열쇠가 되어준 건 이런 말이었어요. '이 일을 할 수 없는 건 내게 그럴 만한 능력이 없어서가 아니야. 단지 필요한 여건들이 주어지지 않았기 때문이지. 그리고 내가 늘 적극적이지 않은 것도 아냐. 결국 이건 개인적인 실패가 아닌 거야.'"

그녀는 여성들이, 특히 젊은 여성들이 직장 내에 엄연히 편견이 존재한다는 걸 인식하기만 해도 자기 회의로부터 벗어나는 좋은 해독제가 될 거라고 말한다.

이처럼 우리가 어쩔 수 없는 보다 큰 힘에 의해서 자신감이 떨어지기도 한다. 하지만 이런 사실만 제대로 알아도, 자신감이 없다며 스스로를 닦달하는 일이 줄어들 수 있다. 그렇다고 해서 여성들에게 불리한 현실에 대해 너무 깊이 생각할 필요는 없다. 끊임없이 불평한다거나 두 손 들고 포기해버릴 필요도 없다. 다만 전후 상황과 조직 내 역학 구조를 제대로 이해한다면, 크게 실망하지 않고 다시 도전에 나설 수 있게 될 것이다.

칭찬에 감사하는 법을 배우자

여성들은 집중 조명을 받으며 즐거워해야 할 일도 감추려들 때가 있다. 자신의 부족함과 불안정성, 그리고 자신이 실패할 수밖에 없는 희한한 이유들에는 집중적으로 관심을 갖다가도 막상 어떤 공을 세웠거나 승리의 기쁨을 누려야 할 일이 생기면 미심쩍은 눈으로 자신이 이룬 일을 쳐다본다. 마치 자신은 전혀 알지 못하는 일이라는 듯이 말이다.

하지만 살다 보면 초점을 우리 자신에게 맞춰야 하는 순간이 있다. 그리고 '우리'에서 다시 '나'로 돌아가야 할 때도 많다. 당신은 회사 내에서의 자신의 정당한 가치에 대해 자부심을 가져야 하며, 가끔은 자화자찬도 할 줄 알아야 한다. 조금 쑥스러울 수도 있지만 분명 이런 일들은 회사 내에서의 입지 향상에 도움을 줄 뿐 아니라, 당신이 이룬 일을 인정해주는 이들의 말을 듣는 과정에서 자신감도 커지게 된다.

　대부분의 여성들은 잘난 척하는 것보다 자기 비하를 하기를 훨씬 더 편하게 여기는 것 같다. 그러나 우리 여성들은 그런 성향 때문에 다방면에서 역풍을 맞을 수 있다. 우리가 만일 다른 사람들 앞에서 자신이 이룬 일을 대수롭지 않게 여긴다면, 그것은 결국 스스로에게 악영향을 주는 얘기를 자기 입으로 들려주는 꼴이다.

　'사실 난 내가 이룬 일에 대해 칭찬받을 자격이 없어.'

　이런 말들은 우리가 자신을 보는 시각은 물론이고, 다른 사람들이 우리를 보는 시각에까지 좋지 않은 영향을 준다. 잊지 말라. 우리 상사들은 패자가 아닌 승자들과 함께 일하길 바란다. 우리가 뭔가를 잘해냈다는 말을 듣고 싶어 하는 것이다. 게다가 스스로가 지레 자신이 이룬 일을 평가절하 한다면, 앞으로 장애물을 만났을 때 뛰어넘을 자신감을 갖기 힘들어질 것이다.

　우리는 칭찬을 받아들이고 자신이 이룬 일은 자신의 것으로 만드는 법을 배워야 한다. 아주 간단한 방법이 있다. 칭찬을 받을 때 이렇게 답하는 것이다. "고맙습니다. 그렇게 말씀해주시니 좋네요." 직접 써먹어 보라. 이 간단한 말에 놀랄 만큼 강력한 힘이 들어 있다는 사실을 느끼게 될 것이다.

자신감은 내 손으로 만드는 것이다

앞서 잠시 언급한 여군 장교 미카엘라 비올로타는 남자들도 힘들어 하는 턱걸이를 통해 강력한 이두박근을 키웠고 그러면서 자신감도 키웠다. 사관학교 시절 비올로타는 한 번도 주눅이 든 적이 없었다. 다만 그녀는 다른 운동들은 모두 잘했지만 유독 턱걸이는 딱 질색이었다.

그랬던 그녀는 몇 년간 많은 시간을 쏟아가며 꾸준히 턱걸이를 연습했다. 덕분에 지금 비올로타는 연이어 14~15회를 매달릴 수 있다. 그녀 스스로도 그에 대해 큰 자신감과 자부심을 느낀다.

"14회까지 하기 위해서 계속해서 노력하고 또 노력해야 했어요. 만일 그때 그렇게 하지 않았다면, 아마 이 폭발물 처리반에 들어올 수도 없었을 거예요."

자신감의 경우도 마찬가지다. 열심히 노력하지 않으면 손에 넣을 수가 없다. 우리 스스로 만들어가는 자신감은 전적으로 많은 노력과 특히 '무언가 마스터하기'를 통해 생기기 때문이다. (재차 강조하지만, 마스터한다는 것이 완벽해야 한다는 뜻은 아니다. 새로운 '한계'들을 정복할 수 있을 만큼만 잘하면 된다.)

여자 농구 팀 워싱턴 미스틱스의 크리스탈 랭혼의 이야기는 마스터하기와 자신감의 관계를 잘 설명해준다. "워싱턴 미스틱스에 들어온 첫 해에 전 플레이를 거의 못했어요. 잘하지를 못했죠. 시즌이 끝나갈 무렵엔 농구가 내게 전혀 안 맞는 게 아닌가 하는 생각까지 들더군요." 랭혼은 프로 선수로서 가장 힘들었던 시절의 기억을 떠올리며 잠시 입을 다물었다.

이때 그녀는 농구를 그만두는 대신 다른 계획을 생각해냈다. 연습을 더 많이 한다는 계획이었다. 단순히 좀 더 연습하는 정도가 아니라, 매일 연습 경기를 끝낸 뒤 몇 시간씩 슈팅 연습을 한다는 것이다. 플레이오프에 참가하지 않아도 되는 오프 시즌을 맞아 리투아니아에서 뛰고 있을 때였다. 그녀는 자신의 슈팅 스타일을 완전히 뜯어고쳐야 한다는 사실을 잘 알고 있었고, 실제로 그렇게 했다.

그 효과는 단순히 눈에 띄는 정도가 아니라 정말 대단했다. 시즌이 다시 시작됐을 때 크리스탈 랭혼은 여자 리그를 통틀어 가장 실력이 향상된 선수로 불렸다. 그리고 그 이후 매년 올스타 선수로 선정되었다. 그녀는 끊임없이 움직이면서 골대를 향해 슛을 날렸고, 그렇게 자신이 플레이하는 스타일 자체를 바꿔버렸다.

연습. 그리고 배우려는 의지. 그 두 가지는 이제 그녀에게 자신감을 불어넣는 원동력이 되었다. "열심히 노력하다보면 이런 생각이 들게 되요. '난 잘 알아. 이걸 할 수 있어. 열심히 노력했으니까. 연습도 많이 했고.' 그러면서 자신감이 생기죠."

성공하는 사람들 모두가 재능을 타고난 건 아니라는 점을 잊지 말라. 그들은 재능을 타고난 사람이라기보다는 행동에 나서는 사람들이다.

끝을 올리지 않고 말하라

낯선 사람들 앞에서 말하는 일은 많은 자신감을 필요로 한다. 특히 이것은 여성들에게 있어서 자신감을 테스트하는 대표적인 도전이다. 젊은 여성들에게 공직 출마와 관련된 조언을 해주는 비영리단체 '러닝 스타트'에 따르면, 대중 연설은 여성들이 선거 정치에 뛰어들지 못하게 가로막는 가장 큰 장애물이다. 하지만 정치에 뛰어들고자 마음을 먹은 사람이라면 대중 연설이라는 장애물에 반드시 맞서 싸워볼 가치가 있을 것이다.

당신이 독서 클럽에서 활동을 하든 중역실 안에 있든 아니면 생일 파티 자리에 있든, 어느 시점에선가 당신은 자신의 생각을 사람들에게 털어놓아야 할 때가 찾아온다. 그래서 사람들 앞에서 자신 있게 말할 수 있는 것은 익혀두면 매우 유용한 기술이다. 그리고 다른 많은 일들과 마찬가지로, 사람들 앞에서 말하는 기술 역시 배워서 습득해야 한다. 기본적인 수준이나마 그 기술을 마스터할 수 있다는 걸 알게 된다면, 아주 큰 자신감을 갖게 될 것이다.

대규모 연례 회의를 예로 들어보자. 당신 업계에서 일하는 수많은 사람들이 몰려올 것이고, 당신은 사람들이 꽉 들어찬 강당이나 연회장에서 기조 연설자의 연설을 듣게 된다. 45분간의 연설이 끝나고 나면, 분명 뭔가 물어보고 싶은 것이 생길 수 있다. 하지만 연사가 혹시 무슨 질문이 없냐고 물을 때 손을 드는 여성은 하나도 없다. 그래서 보통 질의응답 시간은 자신감 넘치는 남성들의 독무대가 되어버린다. 그리고 여성들은 말없이 앉아서 이런 생각들을 하고 또 한다. '자칫 잘못 말했다간 멍청하거나 업계 사정을 잘 모르는 사람으로 보이지 않을까?' '말을 더듬진 않을까?' '모든 사람이 쳐다볼 텐데.'

1장에서 언급한 연구 결과들을 기억하는가? 남성들이 다수를 차지할 때, 여성들은 남성들에 비해 75퍼센트나 더 말을 하지 않는다. 우리 두 사람 모두 가끔 사람들 앞에서 말을 하는데, 그때마다 비슷한 일을 자주 목격한다. 여성들의 경우, 다른 여성들 앞에서는 거리낌 없이 질문을 한다. 그러나 청중이 거의 다 남성이거나 남녀가 적당히 섞여 있을 경우, 여성들은 질문 한 번 하는 데 정말 큰 용기를 내야 하는 것 같다.

우리는 최근 저녁 식사 자리에서 한 여성을 만났는데, 하늘을 찌를 듯한 그녀의 자신감에 우리 둘 다 정말 깊은 인상을 받았다. 어쩌다 보니 편안하게 진행되던 대화가 금방 싸움이라도 날 듯 치열한 논쟁으로 번졌는데, 이미 처음의 주제는 모호해졌고 어느덧 종교에서의 여성의 역할과 입지에 대한 문제로 흘렀다. 그런데 식탁 끝에 앉아 있던 한 남성이 계속 자기 말이 맞다고 우겨댔다. 자연스럽게 그 자리에 있던 사람들은 하나씩 그와의 언쟁을 포기하고 있었다. 그런데 그때 스물여덟 살의 한 여성은 끝내 물러서려 하지 않았다. 막무가내인 그 남성이 나이도 두 배 가까이 많았지만, 그녀는 조금도 주눅 들지 않았다.

사실 대부분의 여성들은 대화가 격렬해질 기미가 보이면 바로 꼬리를 내리는 경향이 있다. 직업 세계에서는 물론이고 사교적인 자리에서는 훨씬 더 그렇다. 그런데 그녀는 한 치의 양보 없이 자기 입장을 밀고 나갔다. 무례한 것도 아니었고, 아주 매력 있게 처신하며 끝까지 포기하지 않았다. 참 인상적인 여성이었다.

우리가 만일 보다 작은 사무실 환경이나 저녁 식사 자리에서 자신의 의견을 밀고 나가는 능력을 기른다면, 심지어 많은 군중 앞에서 연설을 해야 한다거나 비즈니스 세계에서 결정적인 거래를 하는 순간에도 대비할 수 있다.

언제 어디서든 자신의 생각을 효과적으로 전달한다는 것은 끊임없는 자신감 테스트의 과정이기도 하다. 때론 마음을 단단히 먹어야 하고 타고난 자의식을 극복해야 하며 또 성대가 자신의 의지를 제대로 따르게 해야 한다. 그러나 잘 생각해보라. 그렇게 할 때 실제 어떤 일이 일어날까? 최악의 시나리오라고 해도, 얼굴이 빨개지고 말이 뒤죽박죽되어버리고, 물론 심할 경우 겨드랑이 밑에 색소 침착이 일어날 정도로 땀을 쏟아내야 할 수도 있다.

하지만 그렇다고 해도 땅이 꺼져 당신을 삼켜버리지도 않고, 하늘이 무너져 당신 머리 위로 쏟아져내리지도 않는다. 당신은 그 자리에 그대로 멀쩡히 살아 있다. 대중 연설과 관련된 좋은 책은 워낙 많기 때문에 굳이 그런 책들에 실린 조언들을 인용하진 않겠다. 대신 우리가 자신감 프로젝트를 진행하면서 접하게 된 새롭고 유용한 대중 연설을 위한 몇 가지 팁을 소개하기로 한다.

첫째, 당신 자신의 스타일대로 말해야 한다. 유엔총회 연설 도중 구두를 벗어 탁자를 내리친 전 소련 공산당 서기장 니키타 흐루시초프를 당신이 흉내 낼 필요는 없다. 웰슬리대학 사회학 교수인 페기 매킨토시는 집 안에 있을 때 가장 편하다는 여성들의 이른바 '가정 자아 home self'와 관련해 설득력 있는 말을 하고 있다. 우리 여성들이 집에서 보여주는 스타일과 편안함을 직장 생활에서도 보여줄 수 있다면, 보다 큰 권위가 느껴질 수 있다는 것이다.

둘째, 오하이오주립대학 심리학 교수 제니퍼 크로커에 따르면, 우리는 다른 사람들을 대신해 연설할 때 더 큰 힘을 느낀다고 한다. 그러니 사람들 앞에 나서서 말할 때 그것을 잘 활용하도록 하라. 어떤 고귀한 목표나 팀 전체의 성공 등을 위해 나선다면, 사명감에 불타 더 나은 연설을 할 수 있을 것이다.

마지막으로, 말끝을 올리는 비릇을 버려야 한다. 크리스토퍼 피터슨은 미국 미시간 주의 도시 앤 아버에서 학생들에게 아주 인기가 높은 교수로, 긍정심리학 분야의 선구자들 중 한 사람이기도 했다. 그는 2012년 말에 갑자기 세상을 떠났는데, 운 좋게도 우리는 그 전에 그와 인터뷰를 해 그의 지혜 가운데 일부를 우리 것으로 만들 수 있었다. 피터슨 교수에게는 불만이 하나 있었다. 자신이 가르치는 대학원 여학생들 상당수의 말하는 방식이 아주 마음에 들지 않았던 것이다.

강의 시간에 그가 학생들에게 질문을 던지면, 똑똑한 여학생들조차 십중팔구 그가 말하는 이른바 '말끝 올려 말하기' 버릇을 보였다. 여러분도 주변에서 흔히 보았을 것이고 혹은 자신이 그런 버릇을 갖고 있을 수도 있다. 어찌 되었든 이렇게 문장을 마칠 때 끝을 올리는 버릇을 하면 상대방이 듣기에는 자기 의견을 밝히는 것이 아니라 질문을 하는 것처럼 느껴지게 된다. 다음 문장을 큰 소리로 읽어보라.

우리 영화보러 가자.
우리 영화보러 가자.↗

이번 프로젝트는 온라인 마케팅 전략을 펴야한다고 생각합니다.
이번 프로젝트는 온라인 마케팅 전략을 펴야한다고 생각합니다.↗

여러 연구 결과, 여성들이 그런 식으로 마치 질문을 하듯 말하는 데는 한 가지 분명한 목적이 있다고 한다. 그것이 일종의 심리학적 안전그물 역할을 해줘서, 이야기 중간에 다른 사람이 끼어드는 일을 막아주고 안전감을 높여준다는 것이다. 그래서 여성들이 스스로 확신이 없을 때, 정말 몰라서가 아니라 자칫 사람들의 비판에 부딪칠까 두려워, 무의식적으로 자기 말을 질문처럼 들리게 한다는 것이다.

피터슨 교수는 여학생들이 말끝을 올려 말하면 아주 민망해했다. 그것이 상대와의 소통을 막기 위해 스스로 울타리를 세우는 일이나 다름없고 스스로 자신감 부족을 드러내는 일이라고 믿었기 때문이다. 그는 말끝을 올려 말하는 행동이 이렇게 말하는 것과 같다고 했다. "내 말에 반박하지 마. 난 사실 지금 무슨 얘기를 하자는 게 아니라 그저 질문하고 있는 것뿐이니까."

피터슨 교수는 말끝 올리기를 하는 대학원 여학생 대부분이 전도유망한 학생들인데, 잘못된 언어 습관이 늘 논지를 흩뜨리는 바람에 발전에 걸림돌이 된다고 말했다. 스스로 늘 그런 식으로 울타리를 쌓고 있어서 자신이 말하고자 하는 바를 상대에게 제대로 전하지 못한다는 것이다.

피터슨 교수는 남학생들에게서는 말끝 올리기 경향이 있다는 증거를 찾지 못했다. 오히려 남학생들의 경우 말할 때 지나친 자신감이 문제라면 문제였다. 그들은 뜬금없이 곧장 본론으로 들어가기도 하고, 말하면서 계속 허공에 손가락질을 해대기도 한다. 피터슨 교수는 말끝 올리기 문제는 어쩌면 대충 무시하고 넘어갈 수 있는 문제인지도 모르지만, 자신이 보기에는 얼마든지 고칠 수 있는 버룻인데 그렇게 하질 못해서 여학생들의 발목을 잡고 있다고 본다. 그래서 피터슨 교수는 말끝을 올려 말하는 사람을 보면 늘 선의의 잔소리를 늘어놓았다.

피터슨 교수는 세상을 떠나기 직전, 우리에게 고마운 조언을 남겼다. "자신 있게 말하세요. 당신 스스로가 자신 없어 보이는데, 대체 누가 당신이 하는 말을 믿어주겠어요?"

자신감을 높이는 습관들

자신감을 갖는 습관은 더 큰 자신감으로 이어진다. 그리고 이런 습관을 길러두면 심지어 뇌 신경 회로까지 바뀌고, 당신을 지탱해 줄 굳건한 자신감을 갖게 될 것이다. 물론 가끔은 응급조치가 도움이 될 수 있다. 우리는 함께 나누면 좋을 몇 가지 작은 지혜와 유용한 비법들을 찾아냈다.

- **명상을 하라** 뇌를 차분하게 만드는 것은 자신감을 높이는 매우 좋은 방법이다. 그런 점에서 명상은 큰 도움이 되며, 군대에서도 기본적인 훈련 과정 중에 명상을 가르칠 정도다. 앞서 명상을 하면 우리 뇌가 얼마나 더 건강해지는지에 대해 했던 말들이 기억나는가? 심지어 뇌 신경 회로가 다시 만들어지고, '뇌의 불안 센터'인 편도체 크기까지 줄어

든다. 또한 자기 자신의 감정을 통제하는 능력도 더 커지고 목표 의식도 더 명료해진다.

- **감사하라** 감사하는 마음은 행복과 낙관적인 사고방식에 꼭 필요한 요소들 중 하나다. 사소한 일들에 감사하는 마음을 갖도록 하라. 운전 중에 누군가 끼어들기를 허락해준다면, 그냥 내달리지 말고 일단 감사하라. 다시 말하지만, 그냥 감사하다고 말하라. 누군가 당신에게 따뜻한 말을 한다면, 그 말을 그대로 믿고 감사하다고 하라. 그저 "감사합니다. 정말 고맙게 생각합니다."라는 말만 해도 기분이 달라지고 상대방 기분까지 좋아질 것이다.

- **작게 생각하라** 문제를 잘게 나누어 바라보라. 어떤 어려운 문제의 각 부분을 가지런히 정리한 뒤, 그 10분의 1만 해결해도 자신감이 커질 수 있다. "난 논리적인 사고에 무척 강해요. 시스템공학으로 학위를 받았는데, 그 분야에서 하는 일이란 복잡한 문제들을 하나하나 전부 분해하는 것이죠." 방위산업체 BAE시스템스의 CEO 린다 허드슨의 말이다. 그녀의 경우, 자신 앞에 놓인 모든 일을 단순화시킴으로써 문제를 자신 있게 해결하는 데 도움을 받고 있다. "심지어 개인적인 생활에서도 뭔가 벅찬 일이 생기면, 스스로 이렇게 말해요. '좋아, 이걸 다루기 쉽게 조각조각 분해해서 하나씩 해결하는 거야.'"

- **잠을 자라, 움직여라, 나눠라** 이런 말을 하면 우리가 마치 당신 어머니

라도 되는 것 같다고 생각하겠지만, 정말 그렇게 해야 한다. 잠과 운동이 부족하면 뇌가 극도로 불안해지게 된다. 그리고 친구들과 함께하면 우리 뇌 속에서 옥시토신 수치가 올라간다. 그러니 부담감을 전혀 느낄 필요가 없는 친한 친구들과 최대한 많은 시간을 보내도록 하라.

- **힘 있는 사람이 되는 연습을 하라** 오하이오주립대학 심리학 교수 리처드 페티와 그의 동료들이 최근에 실시한 연구에 따르면, 등을 펴고 꼿꼿이 앉기만 해도 잠시 동안 자신감이 올라간다고 한다. 지금 당장 시도해보라. 아랫배를 당기고, 턱은 쳐들라. 놀랄 만큼 간단한 일이지만, 슬플 만큼 평소에는 잘 취하지 않는 자세다. 그런 다음 머리를 위아래로 끄덕여보라. 말을 할 때 그렇게 하면 자신감이 더 커질 뿐 아니라, 사람들에게 잠재적인 신호를 보내 당신 말에 더 동의하게 만든다. 그리고 늘 사람들과 함께 테이블에 앉아라. 그렇게 힘을 가진 사람들과 함께 앉지 않으면, 그 힘의 도움을 받지 못한 채 그냥 기회를 날려버리게 된다.

- **자신감이 생길 때까지 자신 있는 척이라도 하라는 말은 무시하라** 사실 이것은 해선 안 될 일인데도, 대중 심리학에서는 위기 시에 그렇게 하라고 권하고 있다. 원래 아리스토텔레스는 이렇게 말했다. "인간은 끊임없는 연기를 통해 어떤 특성을 얻게 된다." 이 말이 현대에 들어와 인간은 적당히 허세를 부려야 한다는 쪽으로 왜곡됐다. 하지만 실제 그런 식으로 행동하면 잘못되기 십상이다. 진정한 자신의 모습과 전혀 다른 모습을 보인다는 발상은 이 책의 중심 전제와도 맞지 않는다. 자신

감이란 거짓으로 자신 있는 척한다거나 어떤 연기를 하는 것이 아니며, 진정한 성취와 노력의 결과로 주어지는 것이다.

- **옥시토신의 힘을 잠시 빌려라** 이것저것 다 안 되면, 언제든 코에 뿌리는 옥시토신 스프레이를 활용할 수 있다. 우리도 그것을 써봤다. 남편들이 더 다정다감해 보이고, 일과 아이들도 더 대처하기 쉽게 느껴진다. 액체로 된 현대판 자신감 제조기인 것이다.

오하이오주립대학 심리학 교수 제니퍼 크로커는 허세 혹은 가식은 자신감을 높이는 데 도움이 되지 않을 뿐 아니라 안정감도 주지 못한다고 말했다. 의도적으로 실제의 자신과 다른 모습을 내보이는 것은 사람을 불안하게 만들기 때문이다. 남녀 대학생들을 상대로 지나친 자신감에 대해 연구했던 캘리포니아대학 경영대학원 교수 카메론 앤더슨도 말했지만, 우리가 설사 어떤 허세나 가식으로 자신감 있어 보이는 데 성공한다 해도, 어떤 식으로든 그것이 거짓이라는 미세한 신호를 보내게 되어 있어 결국에는 별 도움이 되지 않는다.

진정한 자신이 아닌 다른 그 누구인 척하지 말고 그냥 행동에 나서라. 작은 일에 용기를 내면 다음에 용기를 내는 게 더 쉬워지며, 그걸 반복하다 보면 곧 자신감이 흘러넘치게 된다.

The ConfidenceCode

CHAPTER 7

딸에게 자신감을 물려주자

내 세대의 여성들은 늘 미뤄진 일을 처리하면서 지냈어요.
그럴 수밖에 없었죠. 우린 거의 다 엄마들이 밖에 나가
일을 하는 가정에서 자랐거든요.

짐 스티글러는 대학원에서 심리학 박사 과정을 밟고 있던 시절, 새로운 교수 방법을 연구하러 일본으로 날아갔다. 어느 날, 그는 한 초등학교 수학 시간에 맨 뒷줄에 앉아 있었다. 교실 안은 열 살 남짓 되어 보이는 아이들로 가득했다. 교사는 아이들에게 3차원 정육면체 그리는 법을 가르치고 있었는데, 한 아이가 제대로 된 정육면체를 그리지 못해 쩔쩔매고 있었다.

그때 교사가 그 아이를 교실 앞으로 불러내 칠판에 정육면체를 그려보라고 했다. 이 모습을 본 스티글러는 깜짝 놀랐다. 미국 교실에서라면 무언가를 못하는 아이를 그런 식으로 불러낸다는 건 상상조차 할 수 없기 때문이다. 가엾은 아이를 더욱더 비참하게 만드는 일로 여겨질 테니까.

일본 남자아이는 모든 사람들 앞에서 도형을 그리기 시작했는데, 여전히 잘되지 않았다. 교사는 매 순간 학생들 쪽으로 몸을 돌려 그 아이가 그린 도형을 어떻게 생각하느냐고 물었고, 그때마다 아이들은 고개를 가로 저으며 말했다. "아뇨, 아직 정확하지 않아요." 도형 그리기 훈련이 계속되면서, 스티글러는 점점 좌불안석했고 급기야 진땀까지 나기 시작했다. 그는 당시 상황을 이렇게 말한다. "그 아이 심정이 100퍼센트 공감이 갔어요. 그러면서 생각했죠. '저 아이 결국 울음을 터뜨리겠구나.'" 하지만 아이는 무너지지 않았다. 차분하게 그러면서도 꿋꿋하게 계속 도형을 그리기만 했다. 그러다 마침내 제대로 된 정육면체를 그려냈다. 아이는 자신이 해낸 일이 자랑스럽다는 듯 함박웃음을 지으며 자기 자리에 돌아가 앉았고, 반 아이들은 모두 박수를 치며 좋아했다.

지금 UCLA 심리학 교수가 되어 있는 스티글러는 배움에 대한 동서양의 관점에 근본적인 차이가 있으며, 그 차이가 자신감에 큰 영향을 미친다는 결론에 도달했다. 그리고 그 차이는 전적으로 노력과 관련이 있다. 그는 이렇게 말한다. "미국인들은 무언가에 쩔쩔매며 고군분투한다는 것은 결국 그리 똑똑하지 못하다는 사실을 보여주는 것이라 생각합니다. 똑똑한 사람은 고군분투하지 않고 자연스레 해낸다는 거죠. 그러나 아시아 문화권에서는 쩔쩔매며 고군분투하는 것 자체를 하나의 기회로 보려는 경향이 있어요."

바로 여기에 어린 마음들을 이끌어주어야 할 위치에 있는 모든 사람과 모든 부모들이 가슴에 새겨야 할 교훈이 있다. 이 책을 쓰면서, 우리는 자신감이야말로 아이들에게 심어줄 가장 중요한 자질들 중 하나라고 믿게 됐다. 그렇다고 해서 지금 다 닳아빠진 진부한 기법들을 재활용해야 한다는 얘기를 하려는 것은 아니다. 옛날 기법들을 따르려면, 부모들은 아이에게 "넌 원한다면 그 어떤 사람도 될 수 있어." 같은 말을 해줘야 하고, 심지어는 그걸 납득시켜야 한다. 얼핏 보기엔 괜찮아보이는 양육 방식이다. 그러나 아이들은 부모들의 그런 말이 공허하다는 것을 잘 안다. 아이들은 손에

만져지는 명확한 증거를 갈망하는 존재들이다.

자신감은 아이들에게 그와 전혀 다른 것을 준다. 어떤 일을 일어나게 할 수 있고 실패를 무릅쓸 수 있으며, 그러면서도 내적 평온과 균형을 유지할 수 있는 능력에 대한 믿음 말이다. 자신감은 입증되지도 않은 약속들이 아니라 의미 있는 도구들을 아이들의 손에 쥐어준다. 성공을 보장해주지는 않지만, 스스로 초래한 한계들을 이겨내도록 돕는다는 점에서 더 큰 의미가 있다. 우리가 우리 아들딸들에게 필요하다고 생각하고, 꼭 주고 싶은 것도 바로 그런 것이다. 게다가 자신감은 어떤 종교와 문화 또는 경제적 지위를 떠나서 모든 부모가 자기 아이들에게 심어줄 수 있다.

결과 대신 과정을 칭찬하라

장애물을 만나 쩔쩔매다가 고군분투 끝에 극복해낸 경험은 성공에 필요한 것을 손에 넣었다고 느끼는 기회가 된다. 일본 학교에서는 교사들이 일상적으로 아이들에게 과제를 내주는데, 그 과제 내용이 아이들이 이미 배운 내용보다 약간 더 어렵다. 아이들에게 자기 능력에서 약간 벗어난 뭔가를 붙잡고 고군분투할 계기를 주는 것이다. 그런 다음 아이들이 열심히 노력해서 그 과제를 마스터하게 되면, 교사는 처음에는 할 수 없다고 생각한 것을 어떻게 해낼 수 있었는지 그 과정을 아이들에게 알아듣기 쉽게 설명해준다.

고군분투해야 할 도전 과제가 주어질 때 피하기보다는 인정하고 받아들여야 한다고 가르치는 것은 자신감을 쌓아주는 데 중요한 첫걸음이다. 또한 아이에게 완벽하진 못해도 더 발전할 수 있다는 사실을 가르쳐주는 것이기도 하다.

우리는 앞서 잠시 2차 대전 직후 유행했던 '자신감 심어주기 운동'의 폐해에 대해 얘기했었다. 심리학자들은 우리가 그때의 경험에서 배웠어야 할 교훈을 아직도 제대로 배우지 못했으며, 여전히 아이들에게 도전하고 고군분투하는 방법을 제대로 가르쳐주지 못하고 있다고 생각한다.

샌디에이고주립대학 심리학 교수인 진 트웬지는 2000년 이후에 태어난 이른바 밀레니엄 세대에 대해 경고한다. 어떤 행동을 해도 "잘했어!"라는 말과 함께 뭔가 보상해주려 애쓰는 부모들 밑에서 자라고 있기 때문이다. 트웬지 교수는 이 아이들이 늘 사람들의 관심을 끌려 하며, 외모와 지위를 필요 이상으로 중시하고, 건강한 인간관계를 형성하는 데 어려움을 겪을 수도 있다고 지적한다.

하지만 이미 완벽하다고 말해주는 건, 어렵다고 느껴지는 일들은 피해도 좋다고 부추기는 것이나 마찬가지다. 그리고 절대 패배란 있을 수 없다는 환경에서 자란 아이가 성인이 되었을 때 어떻게 실패에 대처할 수 있겠는가? 패배하고 그 패배를 극복하고 그런 다음 몸과 마음을 추스려 다시 도전하는 것이야말로 자신감을 쌓는 것은 물론이고 뭔가를 마스터하는 데 꼭 필요한 과정인데 말이다.

그렇다고 칭찬이 다 나쁘다는 것은 아니다. 미시건대학 심리학 교수 박난숙은 부모들이 아이들을 칭찬할 때는 일과 관련해 구체적으로 그리고 최대한 정확히 칭찬해야 하며, 특히 아이가 어릴수록 더 그래야 한다고 말한다. 예를 들어, 네 살 난 당신의 아들에게 상 차리기를 도와달라고 한다고 가정해보자. 박 교수는 아이가 당신 지시대로 스푼을 잘 놓았을 때 "오, 넌 정말 세상에서 가장 착한 아들이야."라고 말하는 건 너무 두루뭉술한 칭찬이라고 지적한다. "그보다는 이렇게 말해야 하죠. '식탁 위에 스푼을 가지런히 잘 놓았네.'" 사실 그 아이가 스푼을 포크나 나이프와 뒤섞어놓는다고 해서 누가 신경이나 쓰겠는가? 중요한 것은 그 아이가 시도를 했다는 것이다.

이때 아이들이 스푼, 포크, 나이프 같은 것들을 뒤섞어놓는다고 뭐라고 할 필요는 없다. 그리고 아이 일에 사사건건 지나치게 개입하지도 말라. 당신이 어떻게 반응하느냐에 따라, 아이가 독립심을 기를 수도 있고 위험을 무릅쓸 줄도 알게 된다.

혼자 힘으로 버스타기

과잉특권 때문이든 과잉보호 때문이든, 우리들 중 상당수는 삶의 기본적인 도전들에 제대로 대응하는 법을 배우지도, 아이들에게 가르치지도 못했다.

피부 관리 전문 기업인 더말로지카의 설립자 제인 워워드는 자신이 두 자녀를 어떻게 응석받이로 키웠는지를 신선할 만큼 솔직히 털어놓으면서, 자신이 애들에게 몹쓸 짓을 한 것 같아 두렵다는 점을 인정했다. 그래서 그녀는 더 늦기 전에 간단한 해결책을 생각해냈다. 바로 작게 시작하는 것이다.

"발레나 중국어를 배우는 것처럼 거창하지 않아도, 훨씬 작은 일이어도 좋아요. 우리 애들은 꽤 괜찮은 사립학교에 다녔지만, 거기서 자기 구두 닦는 것도 배우지 않았어요. 기본적인 일들은 직접 해야 한다는 걸 제가 가르쳤어야 했는데, 그걸 못한 거죠. 우리 아이들이 살아가면서 직접 할 수 있어야 하는 사소한 일들을 스무 가지 정도 작성해볼 필요가 있어요."

다음은 그녀가 작성한 목록의 일부다.

친구에게 문자 대신 전화를 한다
자기 빨래는 스스로 한다
혼자 힘으로 버스를 탄다
계란 후라이는 직접 요리한다
자기 옷은 자기가 개킨다
직접 단추를 단다

친구와 얘기할 때 페이스북을 통하지 말고 직접 만난다

어떤 일이든 즐거운 마음으로 경험하게 하라. 필요하다면 게임식으로 하게 해도 좋다. (그렇다고 상금 같은 것으로 보상해주는 일은 하지 말라.) 단, 이 일을 할 때는 계란 후라이, 단추 달기, 버스 혼자 타기 등을 한 번에 한 가지씩 하게 하고, 아이들에게 삶의 기본적인 기술들은 직접 마스터할 수 있다는 사실을 가르쳐주어라.

그리고 진정한 도전 과제는 이것이다. 애들이 시험을 망치거나 저녁 준비를 하다 태우거나 버스를 놓치더라도, 화를 내거나 직접 뛰어들어 문제를 해결해주지 마라. 누구든 어떤 기술을 제대로 익히려면 실패나 좌절을 참고 견딜 줄도 알아야 하는데, 부모가 너무 빨리 도움의 손길을 내밀거나 소란을 떨면, 아이는 참고 견디는 능력을 키울 수가 없다. 그럴 때는 심호흡을 하고 아이들이 스스로 해결해나가게 내버려둬라. 직접 실패를 경험하게 해야 한다.

나의 불안을 아이에게 지우지 말기

최근 아일랜드 보건아동부는 부모가 아이들의 정신 건강에 미치는 영향을 수량화하는 작업에 착수했다. 그들은 '정신이 건강하다'는 것은 곧 '자신의 있는 그대로의 모습에 자신감을 갖고 있고, 이런저런 상황에 대처할 수 있는 상태'로 보았는데, 사실 둘 모두 자신감에 꼭 필요한 특성이다. 그들은 아일랜드 전역의 아이들에게 무엇이 정신 건강에 해롭다고 생각하는지 물었다. 아이들은 외모로 판단하는 사람들, 학교와 시험이 주는 압박감, 그리고 가족 내 역학관계 등을 정신 건강에 해로운 것들로 꼽았다.

그렇다면 아이들은 집과 관련된 요소들 중에서는 무엇이 가장 정신 건강에 해롭다고 생각했을까? 그것은 바로 부모들의 기대에 맞춰 사는 일이었다. 부모들은 아이들이 자신의 꿈을 대신 이루어주길 바라기도 하니까 말이다. 따라서 우리 아이들에게 새로운 일을 시도해보고 위험도 감수해보라고 권할 때는, 그것이 우리 자신을 위한 것이 아니라 아이들 스스로를 위한 것이라는 사실을 잊지 말아야 한다.

중요한 시험을 앞두고 밤늦게까지 십 대 자녀를 붙들고 가르치는 부모들이 있다. 비록 좋은 의도이긴 하겠지만 아이에게 해를 끼칠 수 있는 부모 유형이다. 이런 부모들은 자신이 그저 공부 지도를 해주는 것뿐이라고 생각하겠지만, 실은 아이가 좋은 점수를 받지 못하면 어쩌나 하는 불안감을 견딜 수 없는 것이다.

아이들은 현재 당신의 모습을 보고 배운다. 당신을 자신들의 본보기로 삼는 것이다. 당신이 이런저런 도전에 직면해 고군분투 끝에 극복하는 것을 보면서, 아니면 아주 열심히 노력하는 모습을 보면서, 아이들은 모든 것을 그대로 흡수한다. 우리의 유능한 변호사 친구 타냐 코크는 많은 아프리카계 미국인 여성들은 언제든 기댈 수 있는 몸에 밴 자신감이 있는데, 그 역시 자신의 엄마에게서 배운 것이라고 생각한다.

"내 세대의 흑인 여성들은 평소 늘 이런저런 일을 처리하면서 자랐어요. 그럴 수밖에 없었죠. 우린 거의 다 엄마들이 밖에 나가 일을 하는 가정에서 자랐거든요. 흑인 친구들 중에 엄마가 일을 하지 않는 친구는 단 한 명도 없었던 것 같아요. 그래서 우리의 모델은 강인한 여성이었어요. 경제적으로 집안을 돕는 데 필요한 일은 뭐든 다 하는 거죠. 우리는 그런 가난 상태에서 벗어나야 하며 필요하다면 앞장서 집안을 일으켜야 한다는 생각이 아주 강해요. 물론 그렇다고 해서, 그런 환경에서 살아가는 일이 힘들지 않다는 뜻은 아니지만요."

완벽하지 않아도 괜찮아

지금까지 자신감에 대해 알아본 것들 대부분은 우리 아이들 모두에게 적용될 수 있는 교훈이다. 그런데 여자아이들의 경우 보다 자신감 넘치고 독립심 강하게 키우려면 특히 더 큰 노력을 기울여야 한다. 또 동시에 덜 완벽해도 좋다는 생각을 갖도록 해주어야 한다.

시작은 소박해도 좋다. 그 어떤 어른이나 부모 또는 교사가 조용히 도움을 주고 예의 바르게 행동하는 아이를 높이 평가하지 않겠는가? 그러나 솔직히 까놓고 말해보자. 그렇게 어른들 손이 덜 가는 아이들은 그저 다루기 쉬울 뿐이다. 물론 어른들 입장에서 작정하고 여자아이들은 착해야 한다는 생각을 밀어붙이고 있는 것만은 아니다. 여자아이들 입장에서도 그렇게 행동하는 것을 더 편하다고 느끼기 때문이다. 그 결과 여자아이들은 의식적으로든 무의식적으로든 그렇게 행동하는 것이 어른들에게 칭찬받는 빠른 길이라고 배우게 된다. 이런 패턴이 굳어지며, 우리는 결국 자신도 모르는 새에 딸들에게 목소리를 높이지 않고, 또 무언가를 요구하거나 심지어 거의 아무것도 요구하지 않도록 훈련시키고 있는 것이다. 그리고 뒤늦게 그것을 고치려고 해도, 이미 굳어진 습관을 깨기란 쉽지 않다.

지금 우리가 '딸들에게 공격성을 심어줘야 한다'고 말하는 것은 아니다. 착한 행동에 대한 압박과 보상이라는 끝없는 순환이 나중에 전쟁터 같은 직장 세계에 뛰어들었을 때 자신감을 느끼게 해주는 데 도움이 되지 않는다는 말을 하는 것이다. 남자아이들은 끊임없는 잔소리를 늘어놓는 부모들을 무시하고, 부모들이 정해놓은 통금 시간을 어기고, 샤워하라는 부모의 말을 거부하는 경우가 많다. 그렇게 어른이 되고 나면 어떻게 될까? 연봉 인상이나 승진 요구로 상사들의 마음을 불편하게 하면 어쩌나 하는 두려움 같은 건

대수롭지 않게 여기는 바로 우리 주변의 남자 동료들이 된다. 그들이 이처럼 윗사람 마음을 상하게 만드는 일을 대수롭지 않게 여기는 것은 여자 형제들과는 달리 어른들의 뜻에 순종하도록 교육받지 않았기 때문이다. 게다가 뇌 구조 자체도 다른 사람들의 비판에 여성들만큼 민감하지 않다.

솔직히 말해, 당신에게 만일 착한 아이가 될 거라 믿어지는 딸이 있다면, 당신의 삶은 훨씬 편해질 것이다. 하지만 훗날 당신의 딸이 세상에 나가서 이의도 제기하고 소신도 지킬 만큼 자신감 넘치는 여성으로 살길 바란다면, 어린 시절에 약간 나쁜 일도 하도록 해야 한다.

그러기 위해 꼭 필요한 두 가지를 소개하겠다.

첫째, 나쁜 행동을 지나치게 나무라지 말 것. 당신의 귀한 딸이 당신 일을 방해하거나 소리를 질러대거나 떼를 쓰거나 새로 사준 드레스를 찢었을 때, 혼내주고 싶다는 충동을 억눌러라. 특히 여자아이한테 어울리지 않는 행동이라고 말하고 싶은 충동을 억누를 필요가 있다. 마치 사람들에게 사랑받는 여자아이가 되는 것이 그 아이가 꼭 해야 할 일인 것처럼 말이다. 이런 식의 말들은 사라져야 한다. "엄마는 정말 실망이야. 그렇게 소란을 피우다니 너답지 않아."

둘째, 착한 행동에 대해 지나친 칭찬은 하지 말 것. 잘못된 말로 들릴 수도 있겠지만, 우리 딸들이 늘 완벽해야 한다고 생각하는 습관에서 벗어나게 하려면 꼭 필요한 일이다. 만일 당신이 딸에게 어떤 일을 도와주었거나 조용히 있었거나 정리정돈을 잘한 것에 대해 끊임없이 보상을 해준다면, 착한 일과 그에 따른 칭찬에 정신적인 중독 상태에 빠지게 만들고 있는 것이다.

이 점을 잊지 말라. 당신은 독립적인 행동이 얼마나 강력한 힘을 발휘할 수 있는지 전혀 모르고 있다. 전직 워싱턴 D.C. 교육감 미셸 리의 말을 들어보라. 그녀는 미국 내에서 가장 문제 많은 교육자치구 중 하나였던 워싱턴 D.C.를 혼자 힘으로 개혁한 여성이다. 그녀의 교육개혁에 학교 노동조합들이 거세게 반발했고 학부모들까지 들고일어났지만, 그녀는 전혀 개의치 않는 듯했다. 그것이 그녀에겐 엄청난 힘이었다. 리는 웃으며 이렇게 말했다. "저는 사람들이 저를 좋아하든 싫어하든 그런 것엔 신경 쓰지 않아요. 그러고 보니 정말 그런 것에 신경 쓴 적이 없는 것 같아요."

한참 워싱턴 D.C. 지역 내 공립학교 개혁을 이끌고 있을 때 언론에서는 연일 그녀를 두드려대고 있었다. 그때 그녀의 어머니가 딸의 곁에 있어주려고 찾아왔다. 어느 날 그녀의 어머니가 텔레비전을 켜자 학교 이사회에서 사람들이 자기 딸을 향해 소리를 질러대는 장면이 나온 것이다. 텔레비전을 끄고 〈워싱턴 포스트〉 지를 펼쳐들자, 이번에는 두 페이지가 온통 텔레비전에서 본 것과 똑같은 학부모와 교사들의 비난으로 도배되어 있었다.

그날 밤 미셸 리가 집에 돌아왔고, 걱정이 된 그녀의 어머니는 딸이 무엇을 하는지 보러 갔다. 사실 그때 딸은 주방에서 땅콩버터 샌드위치를 만들고 있었다. 그 당시 일을 리즈 이렇게 회상한다. "엄마가 주방 안으로 들어오시더니 낮은 음성으로 '너 괜찮니?' 하시더군요. 그래서 '네, 전 괜찮아요.' 그랬죠. 그러자 엄마가 이러셨어요. '알겠지만, 넌 어렸을 때부터 사람들이 너에 대해 어떻게 생각하든 전혀 신경 쓰지 않았어. 그래서 난 늘 네가 나중에 커서 사람들과 잘 어울리지 못하면 어쩌나 걱정이었지. 그런데 지금 보니 네가 그렇게 자란 게 오히려 잘된 일 같구나.'"

점수 대신 큰 그림을 보라

어린 시절 착한 여자아이가 되기 위해 노력하는 것은 완벽한 여성이 되기 위한 노력의 씨앗을 뿌리는 것이나 다름없다. 여자아이들은 모든 일을 잘해서 반에서 꼭 최고가 되려 한다. 또 그러기 위해 필요한 교훈을 내면화하는데, 그것이 결국은 완벽주의로 발전하게 된다. 그러나 그렇게 해서는 진정한 성취를 이룰 수 없다. 완벽주의는 자신감의 적이다.

성취욕 강한 여학생들의 경우 완벽주의의 폐해는 특히 더 심각하다. 리즈 펑크는 자신의 저서 《슈퍼 걸들이 밝힌다》에서 지금 정말 많은 여학생들이 남들보다 뛰어난 학생이 되겠다는 욕심에 스스로를 한계점까지 밀어붙이고 있다고 말하고 있다.

성취욕 강한 여학생들은 몇 시간이고 계속 공부하면 모든 과목에서 원하는 점수를 얻을 수 있으리라 믿는다. 하지만 현실은 어떤가? 조금이라도 느슨해지는 순간, 원하는 점수를 얻지 못하게 된다. 바로 이런 여학생들이 나중에 직장에 가서 너무 많은 프로젝트를 떠맡는 여성이 된다. 그 모든 프로젝트를 잘할 수 있는 사람은 자신밖에 없다고 믿기 때문이다. 이 여성들은 매일매일의 업무를 정확히 잘하는 데만 몰두하느라, 시간을 내서 더 큰 그림을 보질 못한다. 그리고 자신이 하는 일에 대한 확신이 강해 다른 사람들이 이의를 제기할 수 없는 경우가 많고, 그래서 결국 동료들과 소원해지고 발전을 기대하기도 어려워진다. 어쩌면 이것은 자신감이 아니라, 인간관계를 소원하게 만드는 근시안적인 독선이다. 딸에게 완벽주의를 피하게 만들 몇 가지 아이디어는 다음과 같다.

- 딸을 적당히, 지나치지 않게 칭찬하라. "넌 누구보다 뛰어나."보다는 "이걸 열심히 한 건 잘한 일이야." 이런 칭찬이 훨씬 낫다.

- 다른 아이들보다 더 잘했든 못했든 상관없이 최선을 다했을 때 만족감을 느낄 수 있게 해주어라.

- 딸에게 당신 역시도 완벽하지 못하다는 것을 보여줘라. 그리고 당신 자신이 실수를 할 경우, 그걸 숨기지 마라. 그리고 일을 망쳤다고 해서 세

상이 끝나지 않는다는 것을 알려줘라.

- 유머는 늘 도움이 된다. 당신이 스스로의 실수를 웃어넘긴다면, 딸도 마찬가지로 자신의 실수를 웃어넘겨도 된다는 것을 배운다. 약간의 유머와 균형감은 완벽주의 충동을 없애는 데 도움이 된다.

- 이젠 더 이상 쓰라리게 느껴지지 않는 당신의 지난 실패 혹은 딸이 극복해낸 장애물들을 함께 돌아보라. 좌절해도 다시 일어서는 투지와 균형감을 갖게 해주는 데 도움이 될 것이다.

뚜렷한 목표를 갖는 법

유명한 완구 제조업체 레고Lego는 남자아이들에 비해 여자아이들에게선 큰 인기를 얻지 못하고 있었다. 그러다 2011년, 돌파구를 마련해줄 아이디어를 찾아냈다. 바로 핑크빛 조립식 블록들을 만들어서 여자아이용 공주 인형 세트와 함께 판다는 것이었다. 사람들이 고정관념을 교묘히 이용한 그 아이디어로 레고 사는 놀라운 성공을 거뒀다. 덕분에 조립식 블록을 구입하는 어린 여자아이들의 수가 3배나 뛰었고, 레고를 구매하는 남녀의 격차는 눈에 띄게 줄어들었다.

레고 시장은 수십억 달러에 달하지만 거기서 여자아이들이 차지

하는 비중은 매우 작다. 게다가 여자아이들은 레고 놀이와 거리가 멀다는 무의식적인 고정관념도 있는 상황에서, 그런 문화적 흐름에 역행한다는 것은 그야말로 도전일 수 있다. 그러나 우리는 고정관념을 깨야 한다. 우리 딸들도 엔지니어나 기술의 달인 또는 금융 천재가 될 수 있다는 것을 보여줄 필요가 있다.

과학과 수학을 예로 들어보자. 경제협력개발기구OECD에서 내놓은 2009년도 보고서에 따르면, 5퍼센트도 안 되는 여자아이들만이 나중에 커서 공학과 컴퓨터 과학 분야에서 일하길 원한다고 한다. 남자아이들의 경우는 18퍼센트나 된다. 두 분야 모두 뛰어난 수학 실력을 요구하기 때문에, 여자아이들이 그만큼 수학에 약한 게 아니냐고 추정할 수도 있지만 사실은 그렇지 않다. 보고서는 문제 해결 능력에 관한 한 남자아이와 여자아이들 사이에 거의 차이가 없음을 확인시켜준다.

실제 일부 국가들(아이슬란드, 노르웨이, 스웨덴)에서 문제 해결 능력에 대해 조사한 결과, 여자아이들이 남자아이들보다 나은 수준을 보였다. 또 중국의 특별 행정구인 마카오에서만 남자아이들이 여자아이들보다 나은 결과가 나왔다. 여자아이들은 아주 뛰어난 수학 실력을 가지고 있으면서도, 스스로 그렇지 않다고 생각할 뿐이었다.

OECD 보고서는 사실, 우리가 그동안 여자아이들과 능력 그리고 자신감에 대해 알아낸 모든 것을 재확인시켜준다. 보고서에는 이런 말이 등장한다.

> 거의 모든 국가에서 대체로 여성들은 남성들에 비해 자신의 수학 실력에 대해 더 낮은 자기 효능감을 갖고 있다. 반면 남성들은 여성들에 비해 자신의 수학 실력에 대해 더 긍정적인 생각을 갖고 있었다. 그리고 40개 국가 중에서 32개 국가의 여성들은 남성들에 비해 수학 시간에 훨씬 더 큰 부담과 무력감과 스트레스를 느낀다.

당신 딸이 핑크색 레고를 좋아하든 아니면 레이스 달린 발레복을 좋아하든, 그 애에게 수학과 과학을 동시에 가르치지 못할 이유는 전혀 없다. 수학과 과학에 대해 갖고 있는 그 애의 부정적인 생각만 바꿔주면 된다. 여기 몇 가지 팁이 있다.

먼저, 당신 딸을 계속 과학 세계에 머물 수 있게 해줄 이야깃거리들을 만들어라. 날씨, 기후 변화, 식량 문제, 여행, 각종 질병과 알레르기, 컴퓨터 등등은 모두 아이의 상상력을 자극할 수 있는 과학 분야다. 학교 교사들에 따르면, 여자아이들은 중학교에 들어가면 과학 공부에 훨씬 더 흥미를 느끼는데, 그것은 중학교에선 과학을 독립된 과목이 아닌 사회학의 일부로 다루기 때문이다.

두 번째로는 당신 딸이 농담으로라도 자신의 수학 실력을 깎아내리는 말을 하지 못하게 하라. 여성들이 이런 말을 하는 것을 얼마나 많이 들었던가? "아, 난 정말 수학에는 재능이 없나봐." 여성들의 이러한 자기 평가 때문에 '여자애들은 글쓰기에 강하고 남자애들은 수학에 강하다'는 잘못된 고정관념이 생겨나는 것이다. 그보다는 수학이 얼마나 도움이 되는 멋진 과목인지 알게 해주어야 한다. 딸 입장에서는 당신이 가장 강력한 롤모델이다.

마지막으로 딸들에게 운동을 시켜라. 여자아이들이 공개적으로 경쟁하는 법을 배우는 데 스포츠만큼 좋은 것도 없다. 워싱턴 D.C.에서 어린 여자아이들을 위한 최고 수준의 축구 프로그램 중 하나를 운영 중인 카렌 케슬러는 스포츠가 학위를 따거나 올림픽에 나가기 위해서가 아니라 실생활을 위해서도 꼭 필요한 훈련이라고 확신한다. "스포츠만큼 삶을 잘 반영하는 거울도 없어요. 스포츠는 한 팀을 이뤄 노력해서 승리하기도 하고 패배하기도 하며, 실패를 극복하는 법을 배우고, 또 그 과정에서 서로를 도울 수 있는 더없이 좋은 기회를 제공하거든요."

그녀는 자신의 리그에서 뛰는 여자아이들이 빠른 승리를 쟁취하기보다는 이런저런 축구 기술들을 마스터하도록 하는 데 중점을 둔다. 물론 그 때문에 경쟁심이 강한 부모들이 종종 실망하기도 하지만, 그녀는 패배 역시 좋은 것이라고 생각한다. 게다가 여자아이들이 오랜 기간 탄탄한 축구 기술을 연마할수록 더 굳건하고 지속적인 자신감을 갖게 된다고 믿고 있다.

다만 케슬러는 고등학생이 되면서 지금 눈앞에 닥친 경기에서 반드시 이겨야 한다는 부담감이 더 커지는 바람에 많은 여자아이들이 축구를 그만두는 점을 우려하고 있다. 자칫 앞으로 좋은 선수가 될 만한 잠재력을 지닌 아이들마저 축구를 못하게 될 수 있기 때문이다.

- 만일 당신 딸들이 농구나 축구 같은 스포츠를 한다면, 힘들어지는 순간, 그만두지 않도록 하는 것이 중요하다. 스포츠를 하는 사람 중에서 완벽한 사람은 없다.
- 가능하면 더 어린 나이에, 스포츠를 시작하게 하라. 열 살이 되면 네 살 때보다 더 다른 사람들 속에 들어가 어울리기 어려워진다. 특히 여자아이들의 경우에는 그런 현상이 더 많이 나타날 수 있다.
- 당신 딸이 축구나 농구처럼 거칠고 험한 세계에 들어가는 것을 좋아하지 않는다면, 수영이나 태권도 같은 다른 운동을 생각해봐도 좋다. 아이들이 숙제나 시험 외에 다른 것에서도 성공과 실패를 경험하게 하라.

과학이든 비즈니스든 정치든 예술이든 아니면 팀 스포츠든 그 어떤 분야에서든, 롤모델을 갖는 것이 아이들에게 매우 중요하다. 롤모델의 존재는 가능성으로 향하는 창문을 활짝 열어젖혀준다. 또한 우리 딸들이 작은 왕관을 쓰고 새틴 드레스를 걸친 아름다운 플라스틱 인형으로 상징되는 실현 불가능한 환상을 좇는 대신 인간, 그것도 같은 여성으로 대변되는, 손에 잡힐 듯 뚜렷한 목표를 향해 매진할 수 있게 해준다.

잘한 일은 알려라

딸들에게 전해줄 수 있는 교훈들의 상당수는 같은 시대를 살아가는 다른 모든 여성들에게도 적용 가능하다. 가끔은 누군가에게 자신감은 선택할 수 있는 것이라는 얘기만 해주어도 충분하다. 당신이 아는 여성들 중 일부는 그런 사실만 알아도 큰 자극이 되어 자기 안에 잠재된 자신감을 키워나갈 수 있을 것이다. 물론 더 구체적인 조언이 필요할 수도 있다. 어떻게 하면 정말 재능이 있는데도 스스로를 믿지 못하고 있는 당신 주변의 모든 친구와 동료와 어린 여성들에게 성공할 수 있다는 믿음을 심어줄 수 있을까?

확실한 첫걸음은 그 여성들에게 자신이 성공할 수 있다는 사실을 깨닫게 해주고 그것에 대해 더 많은 이야기를 함께 나누는 것이다. 연구에 따르면, 그렇게 하는 것이 우리 사고방식을 재정립하는 데 도움이 될 뿐 아니라 곧바로 직장에서도 더 많은 성과와 성공으로 이어질 수 있다.

2011년 여성 비즈니스 사업 단체인 캐털리스트Caralyst는 3천 명의 MBA 졸업생을 상대로 '이상적인 직장인을 위한 아홉 가지 전략을 실천했을 때 어떤 일이 일어나는지'에 대한 설문 조사를 실시했다. 그 아홉 가지 전략이란 예를 들어 직장 생활의 목표를 뚜렷이 하고, 다른 많은 직원들이 원하는 일을 하게 해달라고 요청하고, 상사들과의 관계를 돈독히 하는 것 등이었다. 이때 여덟 가지 전략은 별 효과가 없어도 한 가지 전략만은 상당한 효과가 있었는데, 그것은 '자신의 업적을 상사들에게 제대로 알린다'는 전략이었다. 캐털리스트의 설문 조사에 따르면, 그 전략을 따른 여성들은 자신의 업적을 알리는 노력을 소홀히 한 여성들에 비해 훨씬 더 잘나갔고, 직장 생활에 대한 만족도도 더 높았다.

젊은 여성들이 자신의 업적을 알리는 일을 쑥스러워하거나 부끄러워할 이유는 전혀 없다. 남자 동료들은 늘 그러고 있지 않은가. 그들은 기회만 있으면 활짝 웃으며 상사에게 다가가 손바닥을 마주쳐 하이파이브를 하려고 한다. 자신이 이룬 놀라운 업적을 큰소리로 자랑하면서 말이다.

당신 친구들에게 또는 당신을 멘토로 생각하는 사람들에게, 업적은 광고할 필요가 있으며 고용주들 역시 그런 행동을 좋아한다는 사실을 알려줘라. 우리는 자신의 업적을 광고하면서도 얼마든지 거만한 허풍쟁이처럼 보이지 않게 할 수도 있다. 예를 들면 이런 식이다. "우리가 창조적 매장 설계 상을 받았다는 얘기 들으셨어요? 저희 팀이 정말 자랑스러워요."

크리스틴 라가르드 IMF 총재는 자신의 위치에서 여성들이 자신감을 쌓도록 도와줄 수 있다는 사실에 대단한 자부심을 느낀다.

그녀는 능력이 있는 여성들을 열심히 찾아낼 거라며 이렇게 말한다.

"우리는 지도자 위치에 있어요. 가서 여성들이 이 세상에 기여할 수 있는 방법을 찾는 것이 사회에 대한 우리의 의무죠. 몸짓이 하는 말, 혹은 시선 맞추기를 하는 것만 봐도 그 여성이 이미 준비가 다 되어 있는 여성이란 걸 알 수 있어요. 단지 과감히 손을 들어 세상에 기여할 용기를 내지 못하고 있을 뿐이죠."

라가르드 총재는 그런 여성을 보면 곧바로 이렇게 요청한다고 한다. "거기 뒷줄에 있는 당신, 뭔가 말하고 싶으시죠? 자, 어서 말하세요." 솔직함이 묻어나는 그녀 특유의 미소를 지으며 그녀는 말했다. "그다음엔 그 여성의 멋진 모습을 보게 되죠."

라가르드는 정말 여성들을 높은 자리로 승진시키고 싶었지만 그럴 만한 자격을 갖춘 여성을 찾을 수 없을 뿐이라는 남성들의 말을 귀에 못이 박히도록 들어왔다. 그래서 그녀는 명단을 만들었다. 그리고 어떤 조직에 들어가도 소중한 자산이 될 거라고 믿어지는 유능한 여성들의 이름이 적힌 그 명단을 지갑 속에 넣고 다닌다. 그러다가 고위직에 앉힐 만한 여성 후보를 찾을 수 없다고 말하는 남성을 만나는 순간, 바로 그 명단을 꺼내는 것이다.

저명한 여성들이 보증을 해준다면 그 효과는 정말 대단하다. 그러나 일상생활에서 자신감을 쌓게 해줄 보다 현실적인 방법은 주변 여성들이 뭔가 새로운 일을 시도해보거나 목표를 좀 더 높게 잡을 수 있게 해주는 것이다. 우리는 따뜻한 마음으로 상대를 돕고 싶다는 생각 때문에 오히려 솔직해지지 못하는 경우가 많다. 여성들의 큰 장점 중 하나가 서로에게 도움을 주려 애쓴다는 것이다. 하지만 친구나 동료들도 가끔은 자신을 강하게 밀어붙여주길 진심으로 기대한다. 누군가 풀이 죽어 있거나 장애물을 만나 힘들어 할 경우, 우리는 대개 공감을 표하며 위로해주고 싶어 한다. 그리고 만일 그 사람이 자기 자신에게 크게 실망해 있다면, 우리 속의 모성애가 튀어나오면서 이런 격려의 말을 하게 된다. "지금 그대로도 넌 충분하고 대단해." 그러면서 상대가 그런 말을 주문처럼 외우면 곧 괜찮아질 거라고 생각한다.

세계적인 비즈니스 잡지 〈포춘〉의 선임 편집자인 패티 셀러즈에게는 진정한 친구가 몇 있는데, 그들은 늘 패티가 제대로 대우받고 있지 못하다면서 승진을 해야 한다고 말했다.

실제로 패티는 〈포춘〉지를 위해 25년 동안 열정적으로 일해왔다. 주로 편집자 일을 하면서 굵직굵직한 인터뷰도 많이 했고, 특히 그 당시 매년 〈포춘〉 선정 '세계에서 가장 강력한 여성' 행사를 주관하고 있었는데, 이 행사는 엄청난 성공을 거두고 있었다. 패티는 어떻게든 행사 규모를 더 키우고 싶었지만, 상사들에게 그런 제안을 하기가 두려웠다. 이미 너무 괜찮은 직장 생활을 하고 있는데, 굳이 시끄럽게 문제를 일으킬 필요가 있을까? 그러나 마침내 친구들의 말이 그녀를 움직였다. 물론 이때 그녀 내면의 목소리도 한몫 했다. 그녀는 이렇게 말한다. "상사들과 만날 일을 생각하면 정말 너무너무 불안하고 초조했어요."

이 이야기의 결말이 어땠을지 짐작이 갈 것이다. 패티는 벼락 승진을 했고 새로운 직함을 얻게 됐으며 연봉도 엄청나게 올랐다. 그녀는 지금 〈포춘〉 지의 자매사인 〈타임〉 지의 모든 행사 개발을 지휘하고 있다. 그녀는 이렇게 속마음을 털어놓았다.

"그 오랜 세월 대체 무슨 생각을 하며 지냈는지 모르겠어요. 용기 한번 내는 데 그렇게 많은 시간이 걸리다니 말이죠. 더 많은 걸 요구했다가는 해고당할지도 모른다고 생각한 걸까요? 그런 걸 두려워했던 것 같아요." 그녀는 잠시 말을 멈추고 생각에 잠겼다. "저는 아마 더 많은 걸 요구하면 그들이 날 해고할 거라고 생각한 것 같아요." 직업상 제법 많은 시간을 패티와 함께 보낸 우리로서는, 그녀 입에서 자신이 그런 딜레마에 빠진 적이 있다는 얘기를 듣는다는 건 그야말로 청천벽력 같은 일이었다. 그러나 어쨌든 그 경험은 패티에게 엄청난 자신감을 주었다. "그 이후 난 더 크고 더 폭넓은 일을 요구했고, 원하는 걸 얻었죠. 그런데도 상사들한테는 그 어느 때보다 더 큰 신임을 받고 있다는 느낌이 들어요. 정말 큰 교훈을 얻었죠."

간단히 요약하자면 이렇다.

현실		그녀의 생각
상사들은 당신을 굉장히 가치 있는 사람이라고 생각한다. 그러므로 얼마든지 승진을 요구해도 좋다.	VS.	함부로 승진을 요구해선 안 된다. 그랬다가는 해고될지도 모른다.

여성들 내부에 있는 자기 평가 시스템은 왜 그리 엉망일까? 스스로에 대한 그들의 평가 결과는 그야말로 말도 안 된다. 그리고 바로 그렇기 때문에 친구나 지인은 물론 심지어 낯선 사람들끼리도 서로 솔직해야 하며 또 서로 밀어줘야 한다.

어쨌든 우리가 각종 카드에 적어넣는 '네가 최고야' 식의 감상적인 멘트는 별 효과가 없어 보인다. 몇 년 전 워털루대학의 심리학 교수 조앤 우드가 연구한 바에 따르면, '나는 최고야. 나는 완벽해. 나는 사랑받을 자격이 있어.' 같은 긍정적인 자기 평가들이 실제로는 장점보다 단점이 더 많을 수도 있다.

우드 교수와 그녀의 연구 팀은 참가자들에게 로젠버그 자존감 측정표에 나오는 열 가지 항목에 답해보라고 했다. 그런 다음 각자의 점수에 따라 참가자들을 세 그룹으로 나누었다. 로젠버그 자존감 측정표에서 가장 낮은 점수를 받은 사람들은 자존감 낮은 그룹으로, 가장 높은 점수를 받은 사람들은 자존감 높은 그룹으로, 그리고 중간 점수를 받은 사람들은 평균적인 자존감을 가진 그룹으로 분류됐다. 그리고 이 중 자존감이 가장 높은 그룹과 가장 낮은 그룹의 사람들에게 무작위로 한두 가지 과업이 주어졌다. 그들은 4분간 계속 "난 사랑받을 자격이 있어."라는 말을 되뇌거나 아니면 4분간 자신의 실제 생각과 감정들을 적어야 했다. 그 결과, 똑같이 자존감 낮은 그룹에 속한 사람들이라도 "난 사랑받을 자격이 있어."라고 되뇌인 사람들은 평소대로 생각과 느낌을 적었던 사람들에 비해 자신에 대한 평가가 더 나빠졌다. 대체 어떻게 된 일일까?

우드 교수는 그 같은 결과가, 타의에 의해 갖게 된 자신에 대한 느낌과 실제 갖고 있는 자신에 대한 느낌이 다른 데서 생겨난다고 믿고 있다. 공허한 말을 되뇌는 행동은 결국 실제 자기 모습이 거기서 얼마나 동떨어져 있는지 절감하게 만들 뿐이라는 것이다.

팔꿈치로 한번 쿡 찔러주기

친구에게 앵무새처럼 대단하다는 말만 되풀이하는 것은 도움이 되지 않는다. 대신 행동에 나서라고 격려해주어라. 이들에겐 간단명료한 한 가지의 제안, 그러니까 친구나 동료의 단 한마디 말이면 충분하다. "너라면 시의회 출마를 고려해봐야 해." 또는 "당신이라면 얼마든지 그 관리자 일을 해낼 수 있을 거예요. 한번 시도해봐요." 이렇게 우리는 서로 행동하도록 권함으로써 서로에게 가장 큰 도움을 줄 수 있다. 그저 팔꿈치로 한번 쿡 찔러주기만 하면 된다.

때론 전혀 예상치 못한 순간에 팔꿈치로 한번 쿡 찌르는 것과 같은 효과가 나타나기도 한다. 마음속으로 잠시나마 '자신이 될 수 있는 사람을 그려보는 것'도 큰 도움이 되고, 자신감을 갖는 데 결정적인 역할을 해준다. 당신이 만일 권위 있는 자리에 오른 여성이라면, 틀림없이 다른 많은 여자아이들과 여성들이 당신을 지켜볼 것이다. 당신이 가진 직위와 있는 그대로의 당신 모습만으로도 당신은 많은 사람들의 롤모델인 것이다. 당신은 그들 눈에 비친 당신 모습이 그들의 삶을 바꿔놓을 수도 있다는 사실을 알아야 한다.

우리는 그 같은 사실을 국무부를 방문했을 때 새삼 확인할 수 있었다. 당시 우리는 국무부에 초대를 받아 전 세계에서 온 2백 명의 여성들과 이야기를 나눌 수 있었는데, 그 여성들은 모두 자기 나라에서 떠오르는 리더들이었다. 사실 우리가 그 모임에 참석한 것은 직장 내에서 점점 커져가고 있는 여성들의 힘에 대해 연설하기 위해서였다. 그런데 우리는 거기서 우리가 얼마나 운 좋은 여성들인지 새삼 깨닫게 되었고, 겸허한 마음을 갖지 않을 수 없었다.

그곳에 모인 여성들은 사업을 시작했거나 의회에 출사표를 냈거나 용기 있게 정치 탄압에 맞서고 있는 여성들이었다. 한 사람 한 사람씩 자리에서 일어나 마이크에 대고 자신에 대해 그리고 자기 나라에 대해 원하는 것을 이야기했다.

집단 토론 후에 우리는 아프리카 말라위에서 온 에우니케 무사-나폴로와 자리를 함께했는데, 그녀는 자신의 삶을 바꿔놓은 한 여성에 대한 얘기를 들려줬다. 그 여성은 아마 자신이 그녀에게 그런 변화를 준 사실조차 모를 거라고 했다.

에우니케는 작은 마을에서 자랐다. 그녀는 자신이 직업을 갖는 건 고사하고, 학교에 다니게 되리라는 것조차 전혀 상상하지 못했다. 그녀의 나라에서 그런 일들은 여자아이들이 하는 일이 아니었기 때문이다. 그녀는 자신이 열둘 또는 열세 살 때쯤 결혼해 아이들을 낳고 남자아이들을 교육시키기 위해 죽어라 일하게 될 거라 생각했다. "여자애들은 여섯 살만 돼도 아침 일찍 일어나 땔감을 해오고 남자애들 아침밥을 먹여 학교에 보내야 해요." 그녀는 이런 말을 하면서도 전혀 자기 연민 같은 것을 내보이지 않았다.

그러던 어느 날 그녀는 충격적인 장면을 보았다. 자동차를 모는 한 여성을 본 것이다. 에우니케는 여성이 운전하는 모습을 본 적도 없고 상상해본 적도 없었다. 그녀가 태어난 곳에서는 여성들이 차를 몰지 않았다. 그 여성의 행동은 그야말로 상상할 수 없을 만큼 두둑한 배짱과 자신감 그리고 강한 독립심을 보여주는 행동이었다. 아직 어린아이였지만 에우니케는 용감했고, 그래서 그 불가사의한 여성에게 다가가 말을 걸었다.

알고 보니 그 여성은 멀리 떨어진 어느 도시의 한 은행 지점장이었다. 에우니케는 그 여성에게 경외감을 느꼈고, 그녀의 충고를 가슴에 새겼다. "네가 나처럼 될 수 있는 길은 교육을 받는 것뿐이란 다." 그래서 에우니케는 끈질기게 아버지를 졸라댔고, 결국 성화에 못 이긴 그녀의 아버지는 그녀를 학교에 보내 남자아이들 옆에 앉을 수 있게 해주었다. 그녀는 그야말로 잠깐의 시간 동안, 자신이 되고 싶은 사람의 모습을 본 것뿐이다. 하지만 그 영향은 실로 엄청났다.

처음에 그녀는 자신의 롤모델이 간 길을 그대로 따라갔다. 그리고 스스로 은행 지점장이 되었다. 그러나 점점 큰 자신감을 갖게 된 이 야심만만한 젊은 여성에게는 그것도 성에 차지 않았다. 에우니케는 우리에게 이렇게 말했다. "여자아이들이 처한 어려운 상황에 큰 관심을 갖게 되었어요." 그래서 그녀는 정말 큰 위험을 무릅쓰기로 결심했다. 국회의원에 출마하기로 한 것이다. 정치적으로 아무 연고도 없는 그녀는 아홉 명의 남자 후보들을 상대로 그야말로 처절한 선거전을 치렀고, 결국 아무도 상상하지 못한 일을 해냈다. 최종 승자가 된 것이다.

The ConfidenceCode

8
CHAPTER

나만의 자신감을 찾다

전체 그림이 시야에 들어오면서, 우리는 미처 예상 못한 한 가지 사실을 마주하게 됐다. 그것은 바로 여성들의 자신감은 남성들의 자신감에 비해 서로 다른 모습을 띠는 경우가 많다는 사실이었다.

 드디어 이메일이 도착했다. 게노마인드와 23andMe에서 각각 우리 두 사람이 전에 받은 유전자 검사 결과를 보내온 것이다. 솔직히 밝히자면 우리 둘 모두 그 이메일을 받았지만 서로 그 일에 대해 이야기조차 하지 않았었다. 한참이 지나서야 열어볼 용기를 낸 우리는 서로 그런 식으로 시간을 끌고 있었다는 사실을 확인하며 웃음을 터뜨렸다. 둘 모두 자신의 유전자 비밀을 만천하에 밝힐 용기가 없어서 시간만 보내고 있었던 것이다.

 처음에 이런저런 과학적인 조사를 시작할 때만 해도, 우리는 유전자 검사를 받기로 한 것이 아주 대단한 아이디어라고 생각했다. 하지만 막상 검사 결과를 확인하려고 보니 가슴이 설레기보다는 왠지 불길하고 꺼림칙하게 느껴졌다. 검사 결과를 봤는데, 혹시 우리에게 큰 약점이라도 있다고 하면 어쩌지?

 그러나 마침내 우리의 호기심이 승리했고, 우리는 유전자 전문가들에게 전화 상담 약속을 잡았다. 이메일로 보내온 유전자 검사 결과는 요약된 것임에도 광범위했고, 앞으로 발생할 가능성이 있는 건강 문제들을 확인할 수 있는 자세한 지도 같았다. 그 속에는 많은 주요 질병들과의 유전학적 연관성이 담겨 있었는데, 메일 내용을 스크롤하며 읽다 보니 알츠하이머부터 심장 질환에 이르기까지 모든 병에 대한 발병 가능성이 나와 있었다.

우리는 사실 가벼운 마음으로 유전자 검사라는 새로운 경계 안으로 뛰어들었다. 하지만 현실이 될지도 모를 자신의 미래를 들여다본다는 것은 그야말로 정신이 번쩍 드는 일이었다. 다행히도 우리는 대체로 운이 좋은 편이었다. 우리 DNA 속에는 인생을 바꿀 정도로 놀라운 것이 들어 있지 않았기 때문이다. 또 우리는 스스로에 대한 멋진 사실들도 알게 되었다.

케티는 세계 최고의 단거리 선수들의 유전자와 유사한 유전자를 갖고 있었다. (그런 점에서 그녀가 고등학생 때 달리기를 포기한 것은 정말 유감이다.) 그리고 그녀는 쓴맛을 잘 구분하지 못하는 것으로 나타났다. 클레어의 유전자는 그녀가 미국 원주민 할머니의 할머니의 할머니의 할머니의 자손이라는 집안 내력을 확인시켜주었다. (그 이후 지금까지 수십 차례에 걸쳐 DNA상으로 자신의 친척으로 보이는 사람들에 대한 후속 통보까지 받고 있다.)

심리학적 측면에 대한 우리의 유전자 검사 결과는 훨씬 놀라웠다. 그때까지만 해도 케티를 역경 속에서도 꿋꿋이 헤쳐나가는 유형이라고 믿었던 클레어는 스스로는 걱정이 많은 유형일 거라고 확신해왔다. 그러나 검사 업체인 23andMe의 신경과학자 에밀리 드라반트 콘리는 우리 둘 모두가 걱정이 많은 유형의 사람들이라고 말해주었다. 전혀 예상치 못한 결과였다. 연구에 따르면 이 유형의 사람들은 평상시의 상황에서는 어떤 일이든 잘 해나가지만, 큰 위기가 닥치면 현저하게 평정심과 자신감이 떨어진다고 한다. 드라반트 콘리 박사는 '걱정 많은 사람들은 인지 능력이 뛰어난 경우가 많다'는 말로 우리 마음을 달래주었다.

옥시토신 검사 결과 역시 예상 외였다. 케티는 클레어가 '자신과는 다르게' 사람을 따뜻하게 안아주고 잘 보살피게 하는 옥시토신 수용체 유전자OXTR를 갖고 있을 거라고 예상했다. 그 예상 역시 빗나갔다. 우리 둘 다 사람들과 세상을 향해 따뜻한 마음을 갖게 해주는 그 유전자를 갖고 있었다. 그 소식은 '걱정이 많은 사람 유형'이라는 결과에 대한 실망감을 상쇄시켜주는 반가운 것이었다.

그다음으로 게노마인드의 제이 롬바드 박사와 전화상으로 얘기를 나눴다. 그는 우리의 타액에서 얻은 검사 결과가 어떤 것들을 의미하는지, 비전문가도 알아들을 수 있는 쉬운 말로 설명해주겠다고 약속했다. 게노마인드는 23andMe와 비슷하긴 하지만 종종 더 심도 있는 유전자 검사를 해 곧바로 의사들에게 전해준다. 그곳 과학자들은 세로토닌 전달 유전자 검사도 할 수 있다. 앞서 3장에서 얘기했듯, 세로토닌 전달 유전자는 자신감에 결정적인 영향을 줄 수 있는 유전자다. 이 유전자의 짧은 가닥을 하나 또는 두 개 가지고 있다면 근심 걱정이 많을 가능성이 높고, 긴 가닥을 두 개 가지고 있다면 유전적으로 보다 강한 투지를 보이는 성향을 갖고 있을 가능성이 높다.

물론 우리 두 사람 모두 긴 가닥을 가지고 있길 바랐다. 우리

DNA 안에 역경 속에서도 끄떡없을 안전그물이 들어 있길 바랐던 것이다. (우리는 지금 우리가 주제넘게 그리고 무책임하게 유전학이라는 복잡한 주제와 그 속에 담긴 함축성을 너무 단순화시켜 말하고 있다는 것을 잘 안다. 유전자가 모든 것을 결정하는 건 아니라는 것도 잘 알고 있다. 하지만 당시 우리는 전화상으로 얘기를 나누었고, 그래서 더 유전학이 그야말로 단순한 흑백 논리처럼 느껴졌다.)

롬바드 박사가 유전자가 모든 것을 결정하는 건 아니라는 말을 반복하는 걸 들으면서, 우리는 그가 뭔가 안 좋은 얘기를 하려고 미리 연막을 치는 거라고 생각했다. 역시나 그의 입에서 나온 것은 실망스런 얘기였다. 우리 두 사람 다 긴 가닥 두 개가 아닌, 긴 가닥과 짧은 가닥이 섞인 세로토닌 전달 유전자를 갖고 있다는 것이었다. 그러니까 우리 둘 다 기본적으로 근심 걱정을 많이 하는 편이며, 삶이 우리에게 어떤 도전을 던지느냐에 따라 우울증에 빠질 수도 있다는 뜻이었다.

롬바드 박사는 이렇게 강조했다. "모두 가능성일 뿐이지 완전한 사실은 아닙니다. 환경, 그러니까 후성유전학이 유전자를 켜기도 하고 끄기도 하거든요. 짧은 가닥의 세로토닌 전달 유전자를 갖고 있는 사람들은 상대적으로 경계심도 많고 적응력도 뛰어나죠. 그래서 결국 위험한 상황에 처했을 때 살아남을 가능성이 더 높아요." 근심 걱정은 많겠지만 결국에는 살아남는다고? 그렇게 생각하자 조금 위안이 됐다.

결과는 그랬다. 우리는 다른 사람들에 비해 근심 걱정이 많겠지만, 그래도 타고난 낙관주의와 세상을 향한 따뜻함을 갖고 있는 것으로 나타났다. 살아가면서 어떤 순간에는 우리 자신의 모습이 그럴 것이고 어떤 순간에는 전혀 그렇지 않을 것이다.

이후 며칠간은 자꾸 스트레스에 찌든 '걱정 많은' 우리 자신의 이미지가 떠올라 마음이 편치 않았다. 완벽주의자인 우리는 왠지 시험을 망친 듯한 기분이었고 그 바람에 맥이 다 빠졌다. 우리 남편들은 유전자 검사 결과를 보고 그렇게 끙끙 앓을 거면서 대체 그런 검사는 왜 받았냐고 놀려댔다. 그러다가 문득 우리는 우리 자신이 직접 본성과 양육의 논쟁과 관련된 체험을 하고 있다는 사실을 깨달았다.

우리는 대략적인 DNA 지도를 갖고 출발했는지도 모른다. 우리 둘 다 많은 걱정거리와 불안, 그리고 스트레스를 극복하며 살아와야 했다. 그러나 우리는 그 모든 걸 극복하는 방법을 배웠다. 우리는 스스로의 인생 경험이 그 어떤 유전학적 특성들보다 더 중요하다고 믿는다. 그리고 지금 아주 스트레스가 심한 상황에서도 순수한 자신감으로 무장한 채 아주 잘해내고 있다.

유전자 검사 결과만으로는 우리 자신의 모든 것이 설명되지 않았다. 우리에겐 많은 자료가 있었지만, 그 어느 것 하나 우리의 현재 모습을 완전히 설명해주지는 못했다. 그리고 다시 과학적 미스터리에 빠져들면서, 우리는 복잡하기 이를 데 없는 자신감의 실체를 밝혀줄 궁극적인 비밀을 찾을 마음의 준비를 했다.

자신감의 모습은 서로 다를 수 있다

진정한 자신감을 찾아가는 과정에서 우리는 농구공을 휘두르는 여성과 총포류를 휘두르는 여성, 교과서에 의존하는 여성과 시험관에 의존하는 여성, 의회 홀을 드나드는 여성과 기업체 중역실을 드나드는 여성 등등, 자신감의 화신 같은 많은 여성들을 만났다. 그리고 전체 그림이 시야에 들어오면서, 우리는 미처 예상 못한 한 가지 사실을 마주하게 됐다. 그것은 바로 여성들의 자신감은 남성들의 자신감에 비해 서로 다른 모습을 띠는 경우가 많다는 사실이었다.

우리는 자신감이 100퍼센트 표현될 경우, 그것을 표현하는 스타일과 행동은 공장에서 찍어낸 제품들처럼 똑같을 필요가 없다는 사실을 알게 됐다. 자신감은 오늘날 흔히 볼 수 있는 자신감 모델과 같을 필요도 없다. 또 실제로 이전 세대에서 볼 수 있었던 자신감 모델과도 사뭇 다르다. 당당한 남성의 모습으로 과시하는 것, 모든 것을 결정하는 사람처럼 행동하는 것, 그리고 다른 사람들에게 자신의 권위를 확인하려는 것이 한 세대 전의 자신감 모델이었으니까.

직장에서 흔히 볼 수 있는 남성들의 허세는 여전히 유효한 자신감의 기준이다. 어쩌면 유일한 기준인지도 모른다. 어떤 대가를 치르더라도 승리하겠다는 투지, 위험에 대한 끝없는 갈망, 신속한 의사결정 성향, 큰 목소리와 에너지 넘치는 의사소통……. 이 모든 것이 자신감을 측정하는 중요한 가치이며 행동 방식이다. 그리고 그런 것들은 대체로 잘 먹힌다. 하지만 그런 것들이 자신감의 정의는 아니다.

오랜 세월 동안 우리 여성들은 그것이 강요에 의한 가짜 자신감이라고 느끼면서도, 승리하고 싶다면 또 자신감을 경험하고 싶다면 그런 식의 플레이를 해야 한다고 생각해왔다. 마치 남성들이 입는 자신감이라는 갑옷을 입으면 우리 자신도 그들처럼 될 수 있다고 믿기라도 한 것처럼 말이다.

그런데 다행히도, 많은 남성들도 마찬가지지만 특히 여성들은 이제 굳이 그럴 필요가 없다. 우리가 그간 막강한 힘을 가진 수십 명의 자신감 넘치는 여성들을 만나 대화하고 조사하면서 확인한 자신감의 모습은 그와는 전혀 다르다. 그리고 그 자신감은 훨씬 더 자연스러운 진짜 자신감이다 접근 방식도 전혀 다르다.

그 미묘한 차이를 정확히 아는 것이 아주 중요하다. 주의를 기울이지 않으면, 우리 여성들은 다시 또 잘못된 자신감을 좇고 있을 게 분명하기 때문이다. 웰슬리대학 사회학 교수 페기 매킨토시는 이렇게 말한다. "자신감이 오랜 세월에 걸쳐 사회화되면서 외형상 더 공격적인 모습으로 변한 것은 맞아요. 하지만 우리는 사실 자신 감은 그보다 훨씬 더 광범위한 것이며 종종 더 미묘한 것이라는 점을 알 필요가 있어요." 그렇다면 우리가 갖춰야 할 자신감 브랜드는 어떤 모습이어야 할까?

당신이 중역 회의에 참석했다고 가정해보자. 당신에겐 곧 시작될 한 프로젝트와 관련해 아주 중요한 아이디어가 떠올랐다. 하지만 당신은 그 아이디어가 환영받지 못하리라는 것을 안다. 이럴 경우, 여성들은 마음속에서 한바탕 레슬링 경기를 치른다. 결국 자기 회의감이 승리하고, 당신은 침묵을 지키는 쪽을 택한다. 아니면 침묵을 지키는 대신, 반대로 아주 고집스럽게 자신의 권위와 자신감을 지키려고 나선다. 아주 공격적으로 그리고 때론 다소 방어적인 자세로 자기주장이 옳다는 것을 입증하려고 애쓸 수도 있다.

지금 우리는 그 두 가지의 길 말고도, 다른 세 번째 길이 있다고 말하고 싶은 것이다. 우리가 늘 제일 먼저 입을 여는 사람이 될 필요는 없다. 그냥 말없이 듣고 다른 사람들이 말하는 것을 통합하고 조정할 수도 있다. 동료들의 힘을 빌려 자신의 주장을 관철할 수도 있고, 심지어 다른 사람들에게 공을 돌리며 잠재적인 적들과의 우호적인 관계를 만들어갈 수도 있다.

조용히 말해도 아주 훌륭하게 자신의 메시지를 전하는 것이 가능하다. 우리 대부분에게 자신감은 조용한 모습일 수도 있다. 여성의 자신감 넘치는 행동은 그런 모습을 띨 수도 있는 것이다.

아마 우리 여성들에게 맞는 자신감은 자신의 약점도 드러내는 자신감, 그리고 자신의 결정에 대해 의문도 표하는 자신감인지 모른다. 실제로 지금 많은 심리학자들은 자신의 약점을 표현하는 법을 배우면 잠재되어 있는 뜻밖의 힘을 발휘할 수 있고, 또한 그렇게 함으로써 더 큰 자신감을 쌓을 수도 있다고 생각하고 있다.

그런데 여기서 한 가지 분명히 해둘 필요가 있다. 특히 우리 남편들을 포함해, 적지 않은 사람들이 이렇게 말하기 때문이다. "이봐, 스스로 자기 약점을 드러내거나 자신이 무언가를 결정하고 나서 그걸 다시 비판하는 게 도대체 어떻게 자신감이라는 거야? 지금까지 내내 그런 건 자신감 있는 행동이 아니라고 하더니."

이 미묘한 차이를 설명하기 위해, 몇 가지 예를 들겠다. 자신의 약점을 표현하는 것이 힘이 될 수 있는 한 가지 이유는 그런 행동이 자신과 다른 사람들을 연결시켜준다는 점 때문이다. 계속 불안해하고 자기 회의감에 빠져 있는 것은 진정한 힘이 될 수 없다. 실수를 인정하기 위해서는 큰 용기와 힘이 필요하듯이, 뭔가 개선해보려는 생각으로 자신의 결정을 재고하는 자세는 우리 여성들이 반드시 갖춰야 할 중요한 덕목이다.

이미 내린 결정이나 앞으로 내릴 결정을 놓고 몇 날 며칠 계속 생각하는 것은 우리가 생각하는 자신감과는 거리가 멀다. 구차한 변명을 하거나 알아들을 수도 없게 중얼거리거나 사람들과 어울리지 않고 따로 노는 것 역시 우리가 생각하는 자신감 있는 행동이 아니다. 사실 리더가 되고 싶다면, 자신의 생각을 다른 사람들에게 알려야 하며 행동에 나서야 한다. 이제 우리는 스스로의 직감을 믿기 시작해야 한다. 우리는 이를 각기 다른 스타일의 여러 여성들에게서 발견했다. 오바마 대통령의 선임 고문 발레리 재럿의 공감 능력, 제시카 라이트 장군이 보여준 개방적이며 호기심 어린 따뜻함, 방위산업체 BAE시스템스의 CEO 린다 허드슨이 보여준 놀라운 솔직함 등등이 바로 그것들이다.

우리는 우리가 인터뷰했던 자신감 넘치는 많은 여성들이 보여준 이런저런 행동들을 보석을 모으듯 하나하나 주워담았다. 그리고 이 자신감 프로젝트를 진행하면서 처음 머릿속에 갖고 있던 자신감과 우리가 새로 목격하게 된 전혀 다른 매력적인 자신감을 비교해보려 했다.

과단성과 명료성, 다가가기 쉬움 등등······. 새로 목격한 자신감의 특성은 다양했다. IMF 총재 크리스틴 라가르드의 경우 불안감과 약점, 그리고 우아한 자신감을 동시에 갖고 있었는데, 그런 것이 더 이상 모순되어 보인다거나 의아하게 여겨지지 않았다. 오히려 이 여성들 대부분은 자기 자신에 대해 아주 편하게 느끼는 것 같았다.

우리가 이 책을 쓴다고 한참 정신없이 돌아다닐 때 케티가 깨달은 사실이 하나 있다. '인터뷰할 때는 그야말로 전투에 임하듯 해야 한다'는 기존 사고방식을 따르지 않고 자기 자신의 본능 내지 직감을 믿고 따를 때 기자로서 가장 자신감 넘치는 인터뷰를 할 수 있다는 것이다. "우리 기자들은 아주 강력하면서도 치밀한 질문을 던져야 한다는 압박감을 엄청 심하게 받아요. 공격적으로 보이면서도 솔직하고 간결한 질문을 던져야 하죠. 하지만 저는 그런 부분을 잘 못해서 늘 걱정이었어요. 원래의 나는 그렇지 않은데 그런 척하려니 힘들었던 거죠. 그러다 문득 이런 인터뷰 스타일은 사실 인터뷰를 받는 사람이 아니라 인터뷰를 하는 기자에게 더 관심이 쏠리는 방식이라는 생각이 들었어요. 그러자 인터뷰할 때마다 느끼던 압박감이 사라졌고, 내 질문도 더 자연스럽고 직감적인 질문이 됐죠. 나 자신만의 자신감을 만들게 된 거예요."

스스로의 롤모델이 되기

스탠퍼드대학 경영대학원에서 최근 실시한 한 조사에 따르면, 남성적인 특성과 여성적인 특성을 두루 발휘할 수 있는 여성들이 직장 내의 다른 그 어떤 사람들보다, 심지어 남성들보다 더 잘해나간다고 한다. 그렇다면 그들이 보는 남성적인 특성이란 어떤 것들일까? 공격성과 강한 확신 그리고 자신감이다. 여성적인 특성은? 협력과 과정의 중시, 설득 그리고 겸손이다.

연구 팀은 132명의 경영대학원 졸업생들을 8년간 추적 조사했다. 그 결과, 이른바 남성적인 특성을 갖고 있으면서 보다 여성적인 특성까지 갖춘 여성들은 대부분의 남성들보다 1.5배 더 자주 승진했고, 여성적인 남성들보다는 2배, 완전히 남성적인 여성들보다는 3배, 그리고 완전히 여성적인 여성들보다는 1.5배 자주 승진한 것으로 밝혀졌다.

이 같은 조사 결과를 보더라도, 우리 여성들은 타고난 우리의 강점이 될 수 있는 특성들을 포기해선 안 된다. 여성들은 자신의 길을 가야 하며, 자신감 문제에 대해서도 스스로 자신의 롤모델이 되어야 한다. 거칠고 공격적인 남성이 우리가 추구해야 할 롤모델이 되어서는 안 된다.

그 점에 관한 한 크리스틴 길리브랜드 상원의원의 생각은 확고하다. 우리가 그녀에게 여성들이 남성들처럼 "내가 최고야."를 외치며 다닌다면 그게 더 유리하지 않겠냐고 묻자 그녀는 어깨를 으쓱해 보이며 이렇게 말했다. "뭣 때문에 그래야 하나요? 여성이 남성처럼 되길 원해선 안 됩니다. 여성들 스스로 자신의 강점을 자랑스러워해야죠. 여성들은 어떤 면에서도 남성들에게 꿀릴 게 없다는 걸 자각해야 해요. 성공하려면 어떤 것이 필요한지 알아야 하고 또 그걸 완전히 이해할 수 있어야 해요."

길리브랜드는 상원에서는 가장 목소리가 크고 오래 떠드는 남성이 가장 유능한 의원이라는 잘못된 인식이 퍼져 있는데, 자신은 그런 인식에 아주 신물이 난다고 했다. 그녀의 생각이 옳다는 것은 최근에 행해진 스탠퍼드대학의 한 조사에 의해서도 입증된다. 그 조사에 따르면, 미 의회에서 여성 의원들이 남성 의원들에 비해 훨씬 더 많은 법안을 통과시키고 있으며, 반대 당 의원들과 손잡고 법안을 통과시키는 경우도 많다고 한다. (남성들이 상원이나 하원에서 거드름을 피우는 동안 그런 일들이 벌어지고 있다는 것이다.)

미국의 대형 법률회사인 딕스테인 샤피로Dickstein Shapiro의 회장인 마이클 나네스는 자신감은 여러 형태로 표현될 수 있다고 믿는다. 그는 스스로가 덜 공격적인 자신감에 더 마음이 간다고 말한다. 나네스는 남성들이 지배하는 대화에 끼어들려고 애쓰는 여성들에게 이런 조언을 해주었다.

"다른 관점을 갖는 게 중요해요. 그리고 말할 때는 권위를 잃지 않도록 하고, 자신이 조직에 기여하는 바가 많다는 점을 상기시켜 줄 필요가 있죠."

직장 내에서는 사람들마다 가치를 두는 것이 다르다. 따라서 자신감을 드러내는 방법 또한 달라질 수 있다는 사실을 알아야 한다. 여러 해에 걸쳐 행해진 기업 조사에 따르면, 예를 들어 여성들은 이익이나 소득 또는 조직 내에서의 자기 위치보다는 다른 것들을 더 우선시하는 경향이 있다. 이를테면 직원들의 사기와 회사의 사명감 등에 더 관심이 많은 것이다.

하지만 자신감은, 그리고 성공은 자기 자신만의 강점과 가치를 잘 살리는 데서 온다. 그런 개념은 이제 널리 인정받는 리더십 개발 수단이 되었다. 사람들의 성격적 강점에 대해 연구하는 미국의 유명 단체인 행동가치연구소VIA에서 교육 프로그램을 운영하고 있는 라이언 니에미엑은 이렇게 말한다. "자신의 강점이 무엇인가 하는 데 관심을 갖게 해주자는 거죠. 우리 대부분이 자신의 강점을 보지 못하거든요."

여성으로서 그리고 개인으로서 있는 그대로의 모습으로 세상과 자신감 넘치는 소통을 하는 것. 자기 자신의 의견을 내세우기보다는 다른 사람들의 의견에 귀 기울이는 것. 주제 넘는 행동이라는 내면의 목소리를 누르고 표를 부탁하거나 기부 또는 지원을 요청하는 것. 이 모든 것이 거의 예술에 가까운 우리 여성들의 자신감의 모습이다.

달라질 땐 과감하게

진실성. 이 단어는 자신감에 있어서 가장 중요한 것인지도 모른다. 자신감은 우리 자신의 핵심부에서 나올 때 가장 강력한 힘을 발휘한다.

되돌아보니, 함께 저녁 식사를 하며 얘기를 나누던 중에 크리스틴 라가르드 IMF 총재가 우리에게 경고했던 것이 바로 그런 것이었다. 그때 그녀는 우리 여성들이 자신의 강점을 포기한 채 마지못해 억지로 남성들과 똑같이 행동하려 하는 것에 대해 경고했었다. 그리고 그때 그녀는 참석자 대부분이 여성이던 다포스 포럼의 한 토론회 얘기도 했었다. 그 토론회는 너무도 공격적인 한 남성이 발언을 독점하려 하는 바람에 공정한 토론이 되지 못했지만, 그 와중에도 여성들은 귀 기울이며 자기 발언 순서를 기다림으로써 진정한 자신감을 보여주었다.

그때 라가르드는 여성들이 남성들과 다른 점을 애써 부인하거나 무시하거나 바꾸려 하지 말고 최대한 활용해야 한다면서 또 다른 이야기를 들려주었다. 자신감 프로젝트를 마무리해가는 시점에서 그 이야기는 특히 더 공감이 갔다.

새로 선출된 개발도상국의 한 여성 대통령이 오랜 전통에 변화를 주기로 마음먹는다. 하나같이 남성이었던 전임 대통령들 가운데 25대의 수행 차량 없이 대통령궁을 나선 대통령은 한 사람도 없었다. 그러나 이 새로운 대통령은 그럴 필요가 없다고 생각한다. 가뜩이나 가난한 나라에서는 지나친 허례허식이라고 보는 것이다. 그녀는 수행 차량을 다섯 대로 줄이기로 결정한다.

라가르드는 이렇게 말한다. "그녀는 자기 뜻대로 밀어붙이려 하지만, 사람들이 특히 여성들이 그녀에게 말합니다. '왜 그렇게 하려 하십니까? 각하께서 여성이기 때문에 그렇게 하시려는 거면, 그건 스스로 여성 대통령의 권위를 손상시키는 일입니다. 그리고 사람들은 여성은 남성만 못하다고 생각할 겁니다.'"

전 세계 여성 지도자들을 위해 비공식적인 자문 역할을 하고 있는 라가르드는 지체없이 그 여성 대통령에게 자신의 의견을 내놓았다. "그녀에게 과감히 달라지라고 했죠. '그걸로 차별화시키세요. 스스로를 그리고 자신의 업적과 인기를 굳이 앞서 남성들이 사용한 기준이나 척도에 맞춰 평가할 필요는 없어요. 어차피 그들과는 관점부터가 다르고 내건 공약도 다르고 앞으로 하고자 하는 일도 다르니, 100퍼센트 자신의 길을 걸어가야 합니다.' 그래서 그녀는 수행 차량을 다섯 대로 줄이는 걸 고수하고 있어요. 하지만 쉬운 일은 아니죠. 주변 압력이 얼마나 심할지 나로선 상상도 안 가요. 그래서 지금 매달 그녀에게 전화를 걸어 포기하지 말라고 말하고 있어요."

'과감히 달라져라.' 정말 마음에 드는 말이다. 물론 라가르드도 이 점은 인정한다. "뭐든 요령껏 해야 하죠. 하지만 어떤 순간에는 다르다는 점, 그 자체에 자신감을 가져야 해요."

적게 생각하라. 행동에 나서라. 진실해져라

 자신감은 드디어, 우리 손에 닿을 듯한 거리에 들어왔다. 자신감을 경험하는 일은 분명 중독성이 있다. 그렇다면 자신감은 어떻게 나타날까? 외적인 성공과 직장 내에서의 성취만으로 자신감이 나타나지는 않는다. 자신감이 주는 가장 큰 보람은 따로 있었다.

 힐러리 클린턴 캠프에서 대통령 선거운동을 총지휘했던 패티 솔리스 도일이 그에 대한 답을 들려주었다. 그녀는 지긋이 눈을 감고, 과거의 일들을 회상하며 이렇게 말했다. "완전히 몰입한 상태에서 세상 모든 것과 연결되고, 내가 조금 더 커진 느낌이에요. 뭔가 위대한 일을 이룬 느낌, 어떤 행동에 심취한 느낌이기도 하고요."

 베스트셀러 작가이자 긍정심리학 코치이기도 한 캐롤린 밀러는 이렇게 말하기도 했다. "온전히 받아들여진 느낌이 들었어요. 이 세상에 내가 있을 자리가 있다는 느낌, 뭔가를 성취할 수 있다는 느낌, 또 목적의식이 생긴 듯한 느낌. '목적'을 뜻하는 일본어를 문자 그대로 해석하면 '깨어났을 때 갖고 싶은 것'이 되는데, 바로 그런 것 같아요."

 우리는 버라이즌센터를 다시 찾았다. 여자 농구 팀 워싱턴 미스틱스의 스타 모니크 커리와 크리스탈 랭혼을 마지막으로 한 번 더 보기 위해서였다. 이번에는 연습 경기가 아닌 진짜 경기를 볼 수 있었다. 많은 농구 팬들의 함성으로 시끌벅적한 가운데, 워싱턴 미스틱스는 이제 막 플레이오프를 시작하려는 참이었다. 문득 우리 남편들이 몇 년째 해온 말이 와닿았다.

'그렇구나. 스포츠는 정말 삶 그 자체다.'

코트 위에서 우리는 삶의 모든 것을 볼 수 있다. 고된 준비와 연습, 거기에 목적의식이 더해진 그야말로 자신감이 살아 숨 쉬는 공간인 것이다.

바로 그때, 스포츠가 곧 삶이라는 깨달음을 더 극적으로 만들어주는 일이 일어났다. 크리스탈이 던진 롱슛이 빗나간 것이다. 그리고 몇 분 뒤, 그녀는 리바운드된 공을 낚아채 골대를 향해 질주하기 시작했다. 점프한 상태에서 오른쪽으로 몸을 틀어 왼손 레이업슛을 날리고, 그 공이 보기 좋게 링 안으로 빨려들어간다. 이 순간의 그녀는 파워 그 자체다. 자기 팀의 골대 쪽으로 돌아와 동료 선수와 힘차게 하이파이브하는 그녀의 얼굴에는 이런 말이 쓰여 있다.

'해낼 줄 알았어.'

감·사·의 글

몇 해 전, 우리 두 사람은 미 의회에서 '여성과 일'이라는 해묵은 주제에 대한 연사들의 이야기를 들었다. 당시 막 《위미노믹스》 집필을 끝낸 우리는, 여성과 관련된 모든 모임에 초대되는 사람들 명단에 이름을 올리고 있었다. 그 날 모임은 의회 지하의 한 방에서 열렸는데, 사람들로 가득 차 있었다.

여성의 권리를 다루는 모임은 여전히 큰 관심을 끌고는 있지만 어쩐지 거북한 면이 있다. 그날도 역시 연사들 대부분은 우리가 이미 알던 이야기들을 들려주었다. 여성들은 기업의 수익성 개선에 도움이 되며 또 많은 기업들이 여성들의 재능을 필요로 하고 있지만, 어쨌든 여성들이 정상으로 올라가는 길은 여전히 좁다는 것이었다. 우리는 연사들이 탄력적인 근무 시간제 운용, 이런저런 법의 제정, 그리고 멘토들과의 만남 등, 답이 뻔한 해결책들을 길게 늘어놓는 것을 들었다.

그러다 마리 윌슨이 입을 열었다. 정치 분야에서의 여성들의 권익을 위해 싸워온 거의 칠순이 다 된 이 유명한 여권 운동가는 티타늄처럼 강한 투지에 전통적인 여성의 우아함까지 겸비하고 있다. 앞서 서문에서도 잠시 언급했지만, 그녀는 우리 앞에 닥치는 도전을 이렇게 생각해야 한다고 말했다.

"남성의 경우, 미래의 자기 위치를 상상하며 거울을 볼 때 거울 속에서 상원의원이 자신을 쳐다보고 있는 걸 봅니다. 하지만 여성은 절대 그 정도까지 뻔뻔하거나 대담하진 못하죠. 여성의 경우, 그런 이미지를 보려면 누군가 밀어줘야 해요."

순간 그야말로 정신이 번쩍 드는 기분이었다. 그 한마디 말에 우리가 그간 기자 생활을 하면서 봐온 여러 가지 일들이 곧 이해됐다. 우리는 후에 마리 윌슨을 만나, 여성들은 심지어 자신이 이미 어떤 사람이 되어 있는지, 그리고 또 이미 어떤 일을 이뤘는지조차 모르는 경우가 많은 것 같다고 말했다.

바로 이러한 현상이야말로 우리가 앞으로 탐구해보아야 할 대상이었다. 우리는 처음으로 정신을 번쩍 들게 해준 마리에게 고마움을 전하며, 또한 수십 년간 이 문제를 위해 애써왔으며 오늘날 우리에게 이 책을 낼 수 있는 기회를 준 그녀의 동지들에게도 고마움을 전한다.

우리의 뛰어난 편집자 홀리스 하임바우크는 우리와의 첫 통화에서 바로 이 프로젝트의 가능성을 믿어주었다. 그녀는 집필 과정에서 계속 자신의 열정과 풍부한 감성을 보태주었고, 주제를 명확히 하는 데 도움을 주었으며, 최대한 우리 목소리를 내라고 격려해주었다. 그리고 그야말로 모든 주제를 놓고 우리와 함께 웃고 고민하고 감탄했으며, 그러면서도 절대 이런저런 우리의 기준들을 낮추게 하지 않았다. 아주 이상적인 친구의 원형이 아닌가 싶다. 부편집장 콜린 로우리가 세세한 부분들을 꼼꼼히 살펴주고 끝없는 인

내심을 발휘하지 않았다면, 이 책은 절대 세상에 나오지 못했을 것이다. 레슬리 코헨과 스테파니 쿠퍼, 두 사람의 그 모든 노력과 열정에도 감사드린다. 하퍼콜린스 출판사의 모든 팀원들에게도 고마움 전한다.

더없이 너그러운 마음으로 우리를 도와준 수십 명의 교수와 과학자들게도 끝없는 감사의 마음 전한다. 그들은 인지과학과 생물학, 유전학, 철학 분야 등 다양한 분야에서 인간의 마음이 어떻게 움직이는지를 정말 열심히 그리고 자세히 설명해주었다. 그리고 정말 고맙게도 우리에게 신경과학 및 심리학에 대한 특강을 해주면서 무척 짜증이 났을 만도 한데, 그걸 끝까지 잘들 참아주었다. 이 책에서 그들 얘기를 실수 없이 제대로 잘 전달했기를 진심으로 바란다. 로라-앤 페티토 교수는 갈루뎃대학에서 너무도 열심히 자신의 연구를 안내해주었고 여러 시간을 할애해 우리에게 신경과학에 대해 자세히 설명해주었다. 스티브 수오미와 그의 원숭이들은 이제 마치 오랜 친구처럼 느껴진다. 애덤 케펙스는 우리로 하여금 쥐들의 새로운 면에 대해 알게 해주었고, 너무 고맙게도 이 책의 각 장을 읽어봐주었으며, 자신감의 특성에 대해 밤 늦게까지 스캔받은 그림들까지 첨부해가며 이메일로 세미나를 방불케 하는 폭넓은 설명을 해주었다.

게노마인드의 제이 롬바드와 낸시 그렌은 얼핏 보기엔 전사 같지만 실은 걱정 많은 사람인 두 작가의 유전자 검사를 실시했을 뿐 아니라, 몇 시간 동안 전화기를 붙들고 그 결과를 설명해주기도 했다. 신경학자 페르난도 미란다는 늘 그랬듯 더없이 좋은 친구가 되어주었다. 23andMe의 캐더린 아파리안과 에밀리 드라반트 콘리는 빠른 시간 내에 우리 유전자 검사를 해주었고, 그런 다음 그 검사 결과를 조목조목 상세히 설명해주었다.

컬럼비아대학 '정신 뇌 행동 연구소' 건설 책임자인 톰 제셀은 보고만 있어도 그 열정에 감염될 것 같은 아주 매력적인 정신 뇌 행동 분야의 거물이었다. 그리고 한번 잡으면 손에서 놓을 수 없는 저서 《감추어진 여성 뇌의 힘 발현》의 저자인 다니엘 에이멘 박사에게도 감사 드린다. 다프나 쇼하미 교수와 사라 숌스타인 교수, 레베카 엘리엇 교수 그리고 프랜시스 샴페인 교수 등등 최근 뇌 과학 분야에서 보여준 여러분의 통찰력에 깊은 감사를 드린다.

우리는 또한 운이 좋아 세계 최고 수준의 여러 심리학자들로부터 도움을 받았다. 그들은 정말 대단한 인내심을 가지고 그 복잡한 자신감을 알기 쉽게 설명해주었고 자신감에 대한 우리의 잘못된 여러 가지 선입견들을 바로잡아주었다. 오하이오주립대학의 리처드 페티 교수는 차분함의 대명사로, 정말 큰 인내심을 갖고 자신감의 여러 측면들을 우리가 알기 쉽게 간단히 설명해주었다. 케메론 앤더슨 교수는 능력을 상회하는 자신감의 힘에 대한 연구로 우리를 놀라게 했다. 자카리 에스테스 교수는 남녀 간에는 차이가 있지만, 그 차이는 자신감의 차이일 뿐 능력의 차이는 아니라는 것을 보여주었다. 그렇다. 여성들도 남성들만큼 주차를 잘할 수 있다.

페기 매킨토시와 조이스 에링거 교수 두 사람은 우리와 얘기하는 것을 정말 늘 행복하게 여기는 듯했다. 제니 크로커와 캐롤 드웩, 데이비드 더닝, 빅토리아 브레스콜, 브렌다 메이저, 크리스티 글래스, 크리스틴 네프, 낸시 델스턴, 켄 데마리, 셸리 테일러, 수전 세게르스트롬, 박난숙, 그리고 바바라 타넨바움은 모두 배려심도 많았고 뭔가를 깊게 생각하게 만드는 좋은 스승들이었다. 라이언 니에미엑은 성격적 강점의 중요성에 대한 가르침을 주었다. 그와의 인터뷰는 정말 명쾌하면서도 흥미진진했다. 단 30분간의 통화에서도 그의 놀라운 정신력이 느껴졌다.

불교 명상 전문가 샤론 샐즈버그는 평화롭고 통찰력 넘치는 시간을 갖게 해주었다. 여성들의 공직 출마를 돕는 비영리 단체 '러닝 스타트'에 몸담고 있는 열정적인 세 여성 수잔나 웰포드 샤코프와 케티 쇼레이, 그리고 힐러리 클린턴의 대통령 당선을 위해 뛰고 있는 제시카 그라운즈에게도 큰 도움을 받았다. 감사드리고 싶다. 러닝 스타트는 정말 너무도 중요한 일을 하고 있다.

모니크 커리와 크리스탈 랭혼은 워낙 뛰어난 농구선수일 뿐 아니라, 델라에게 코트 위에서 직접 몇 차례 슛을 해볼 기회도 주었고, 종횡무진 코트 위를 누비면서도 남녀 간의 자신감 차이를 느낀다며 그에 대한 색다른 의견도 들려주었다. 여성과 어린 여자아이들을 위해 시간과 기타 모든 것을 쏟고 있는 마이크 티볼트 코치와 카렌 케슬러 코치에게도 감사드린다. 미 해군사관학교에서 겪은 소름 끼치는 일들을 솔직하게 들려준 미카엘라 빌로타에 대해서는 평생 그 고마움을 잊지 못할 것이다.

우리는 적잖은 공인들과 이야기를 나누었다. 다들 끝없는 의무 속에 바쁜 삶을 사는 여성들이지만, 우리가 자신감 방정식을 푸는 것을 도와주려 애썼다. IMF 총재 크리스틴 라가르드, 상원의원 길리브랜드, 전 미국 노동 장관 일레인 차오, 오바마 대통령 선임 고문 발레리 재럿, BAE시스템스의 CEO 린다 허드슨, 펜타곤의 라이트 장군, 더말로지카 설립자 제인 워워드, 히어세이랩스 설립자 클라라 샤이, 전 워싱턴 D.C. 교육감 미셸 리, 감사합니다.

그리고 일찍이 몇 해 전 비교적 낯선 사람이었던 우리를 만나 열의를 갖고 소중한 조언들을 해준 페이스북 최고운영책임자이자 《린 인》의 저자인 셰릴 샌드버그에게는 특별한 감사의 말을 전하고 싶다. 당시 그녀는 뜻밖에 너무 고맙게도 자신의 겨울 휴가 기간 중에 거의 다 완성된 우리 원고를 읽어봐 주었고, 아주 구체적이고 더없이 도움 되는 제안들을 해주었다. 고마워요, 셰릴!

그리고 이 프로젝트를 진행하는 우리를 돕기 위해 소중한 시간과 사생활 그리고 지혜를 포기한 우리 친구 패티 솔리스 도일, 티아 쿠다히, 버지니아 쇼, 베스 윌킨슨, 패티 셀러스 그리고 타냐 코크, 여러분은 꺼내기 쉽지 않은 얘기들을 솔직하고 재미있게 들려주었고 우리는 거기서 많은 영감을 얻었어요. 여러분이 없었다면 우리는 복잡한 자신감 코드를 풀 수 없었을 거고. 우리의 여정도 훨씬 더 지루했을 거예요.

엘리자베스 스파이드는 우리 프로젝트와 관련해 꼭 필요한 비전과 순수한 열정을 보여주었다. 존 보울린과 비비엔 카에타노, 조나단 크사포 그리고 리젯트 바르다디는 모두 원고 교열, 받아쓰기, 주 달기 등 여러 가지 일로 더없이 큰 도움을 주었다. 그들의 헌신은 거의 축복 수준이었고 그들의 열의는 정말 대단했다.

BBC와 ABC 경영진은 늘 우리가 하는 일에 힘을 실어주었다. 이 책을 쓴다고 잠시 일에 소홀했던 걸 눈감아준 것에 대해 감사드린다. 특히, 우리가 자신감을 쫓아다니는 동안 흠 없이 뉴스를 진행해준 'BBC 월드 뉴스 아메리카'의 케이트 패럴과 기자 일과 책 집필을 병행하는 우리를 정말 너그럽게 봐준 ABC의 벤 셔우드에게 고마움을 전한다.

늘 그랬듯, 가까운 데서 이 프로젝트를 지켜봐야 했던 사람들은 우리의 자신감 사냥이 낳은 가장 큰 피해자들이었다. 우리 일정은 늘 종잡을 수 없었고 아이들 돌보는 일도 엉망이었지만, 그들은 그걸 다 감내해주었다.

케티는 그녀의 가족 중에 아와 엠바우가 있는 것을 늘 축복이라 여기고 있다. 아와의 따뜻하고 너그러운 마음은 우리 모두의 귀감이다. 클레어의 경우, 바위처럼 든든한 재닛 샌더슨의 뒷받침이 없었다면 이 책을 쓰지 못했을 것이다. 재닛은 이제 우리 그룹의 일부가 되었고, 그녀의 넓은 마음은 영감의 원천이다. 고마워요, 재닛. 그리고 타라 마호니는 시프먼과 카니를 잘 돌봐주었고 웃게 만들어주었다. 당신의 멋진 기술에 너무 감사드린다.

우리 아이들은 사무실에 갇혀 수북이 쌓인 종이들이나 컴퓨터들과 씨름하거나, 아니면 새로운 통계 수치들을 읽어주며 귀찮게 굴거나, 허구한 날 정신이 딴 데 가 있는 엄마들을 참고 견뎌주었다. 너흰 늘 노래하듯 우리가 너희보다 책을 더 사랑한다고 말하지만, 아냐, 절대 그렇지 않아. 책은 너희와는 비교도 안 돼.

말 한마디 행동 하나가 다 영감이 되는 우리 아이들에게 진심으로 고마움 전하고 싶다. 거의 본능적으로 관습과 권위에 도전하고 무언가를 이뤄내고 사람들의 생각에 별 신경 쓰지 않는 휴고의 모습을 지켜보는 것은 자신감을 향해 열린 경이로운 창문을 내다보는 느낌이다. 너의 기쁨, 너의 독창성, 너의 포옹, 다 고맙다. 네가 적어도 세 번의 삶을 살아낼 만한 많은 계획과 열정을 가진 놀라운 청년으로 변모해가는 모습을 지켜보면서 너무나 자랑스럽다.

그리고 직접 짠 스코틀랜드풍 킬트로 반 아이들 모두를 놀라게 한 자신감 넘치는 성격을 가진 주드도 자랑스럽다. 우리 모두 네가 잘해나가는 모습을 보는 게 너무 좋다. 그리고 인상적일 만큼 강인한 투지를 발휘해 하루 종일 거의 햇빛 한 번 비치지 않는 전혀 새로운 문화 속에서 삶의 시련을 견뎌내고 있는 펠릭스를 지켜보는 것도 큰 자랑이다. 매일 네가 그립지만, 네가 즐거워하는 것을 보니 너무 기쁘다. 마야의 자신감은 이제 활짝 만개했고, 우리는 그 애가 지배하는 세상은 훨씬 더 좋은 세상일 거라는 걸 믿어 의심치 않는다. 그 애 없이 무얼 할 수 있을지 모르겠다.

그리고 더 어린 우리 딸들에게도 고마움 전한다. 델라, 너와 너의 그 열정에서 생각한 것보다 훨씬 더 많은 걸 배웠단다. 너와 너의 사랑, 정말 고마워. 네 용기와 모험심을 절반만 갖고 있어도 좋을 텐데. 내 친구 패티가 늘 말하듯, 자유로운 세상이 네가 어서 자라 지배해주길 기다리고 있단다.

특히 오랜 동안 고생 많았고 더없이 훌륭한 뒷바라지를 해준 우리 남편들 톰과 제이에게 고마움 전하고 싶다. 두 사람 모두 아주 큰 관심을 갖고 원고를 읽어주었고, 쉼표부터 통찰력 있는 말들에 이르기까지 이 책 내용을 훨씬 더 좋게 다듬어주었다. 두 사람은 우리가 일을 하고 있을 때 차(케티에게)와 아이스크림(클레어에게)을 가져다주었고, 아이들을 위해 운전기사 역할을 했으며, 우리 손이 가지 못해 생기는 이런저런 틈새들을 메워주었다. 우리는 정말 운이 좋다. 그리고 둘 다 남편 하나는 잘 골랐다고 자신한다.

마지막으로, 우리 두 사람을 함께하게 해준 운명의 여신에게 감사드린다. 아니 어쩌면 이 책을 통해 얻은 교훈을 따른다면, 우리 두 사람 모두에게 더 큰 공을 돌려야 하는지도 모르겠다. 우리가 좋은 친구가 되고 파트너가 되고 자신감 공동 연구자가 된 것이 순전히 운 덕이라고는 말하지 않겠다. 좋은 관계를 유지하려고 둘 다 노력했으니, 서로가 서로에게 고마움 전한다. 세상에 아마 한 권도 아닌 두 권의 책을 함께 쓰고, 그러고도 여전히 가장 친한 친구로 남아 있는 사람들은 그리 흔치 않을 것이다.

Note 1

리스 로젠버그의 기본적인 자존감 측정표

당신의 자존감 수준을 알아보려면, 주어진 10가지 항목에 대해 다음 A, B, C, D 중에서 하나를 답으로 고르면 된다.

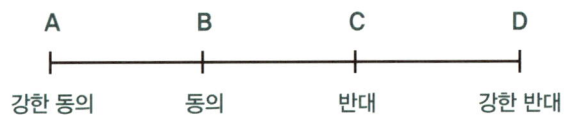

1. 나는 내 스스로 가치 있는 사람이라고 생각하며, 적어도 다른 사람들과 대등하다고 믿는다. _____
2. 나는 내 자신이 많은 장점을 갖고 있다고 생각한다. _____
3. 나는 대체로 내 자신이 실패작이라고 생각한다. _____
4. 나는 내 자신이 어떤 일이든 대부분의 다른 사람들만큼 잘 해낼 수 있다고 생각한다. _____
5. 나는 내 자신이 자랑할 게 많지 않다고 생각한다. _____
6. 나는 내 자신에 대해 긍정적인 생각을 갖고 있다. _____
7. 나는 대체로 내 자신에 만족한다. _____
8. 나는 내 스스로 자신을 좀 더 높이 평가했으면 좋겠다. _____
9. 나는 가끔 내 자신이 쓸모없는 인간이라고 느낀다. _____
10. 나는 가끔 내 자신이 잘하는 게 없다고 생각한다. _____

다음과 같이 스스로 점수를 매겨보라.

1, 2, 4, 6, 7번 질문의 경우에는

> A는 3점
> B는 2점
> C는 1점
> D는 0점이다.

3, 5, 8, 9, 10번 질문의 경우에는

> A는 0점
> B는 1점
> C는 2점
> D는 3점이다.

총점은 0점에서 30점까지다.
총점이 15점부터 25점 사이라면, 당신의 자존감은 평균 수준에 속한다.
그러나 총점이 15점 아래라면, 당신의 자존감은 낮은 편이다.

Note 2

자기 효능감 평가표

다음은 1981년에 고안되어 오늘날까지도 널리 쓰이고 있는 '일반적 자기 효능감 측정표 General Self-Efficacy Scale'다. 이 측정표는 일반적인 자신감을 측정한다기보다는 뭔가를 할 수 있다는 믿음을 측정하려는 성격이 더 강하다. 다음 점수 기준에 따라 주어진 10가지 항목에 답해보라.

전혀 맞지 않는다 = 1점
거의 맞지 않는다 = 2점
약간 맞는다 = 3점
정확히 맞는다 = 4점

1. 나는 충분히 노력하기만 한다면 언제나 어려운 문제들을 해결해낼 수 있다. _____

2. 누군가 반대한다 해도, 나는 원하는 것을 손에 넣을 수단과 방법을 찾아낼 수 있다. _____

3. 목표를 끝까지 고수해 원하는 바를 이루는 건 나에게 쉬운 일이다. _____

4. 나는 예기치 않은 일들이 생기더라도 효과적으로 대처할 수 있다는 자신감이 있다. _____

5. 나는 지략이 풍부해서 예기치 않은 상황에 어떻게 대처해야 하는지를 잘 안다. _____

6. 나는 필요한 노력만 한다면 대부분의 문제를 해결할 수 있다. _____

7. 나는 내 대처 능력을 믿기 때문에 어려움에 봉착해도 침착성을 잃지 않을 수 있다. _____

8. 어떤 문제에 직면할 경우, 나는 대개 여러 가지 해결책을 찾아낼 수 있다. _____

9. 어려움에 봉착할 경우, 나는 대개 한 가지 해결책은 생각해낼 수 있다. _____

10. 나는 어떤 일이 생기든 대개 잘 처리할 수 있다. _____

당신의 종점은 아마 10점에서 40점 사이일 것이다. 그 위라면 평균 이상으로 자신감이 많다는 뜻이다. 전 세계적인 평균 점수는 대략 29점이다.

참고 도서

『감추어진 여성 뇌의 힘 발현 Unleashing the Power of the Female Brain』 대니얼 에이멘
『고원 효과 The Plateau Effects』 밥 설리번, 휴 톰슨
『내 이름은 캐롤린이다 My Name Is Caroline』 캐롤린 밀러
『린인 Lean In』 셰릴 샌드버그
『생각이 너무 많은 여자 Women Who Think Too Much』 수잔 놀렌-혹스마
『성공의 새로운 심리학 Mindset』 캐롤 드웩
『슈퍼 걸들이 밝힌다 Supergirls Speak Out: Inside the Secret Crisis of Overachieving Girls』 리즈 펑크
『여성들은 묻지 않는다 Women Don't Ask』 린다 밥콕
『위미노믹스 Womenomics』 케티 케이, 클레어 시프먼
『진정한 행복: 명상의 힘 Real Happiness : The Power of Meditaion』 샤론 샐즈버그
『학습된 낙관주의 Learned Optimism』 마틴 셀리그먼

주요 인명 원문 표기

로라-앤 페티토 Laura-Ann Petitto

리처드 페티 Richard Petty

린다 밥콕 Linda Bobcock

린다 허드슨 Linda Hudson

마리 윌슨 Marie Wilson

마이크 티볼트 Mike Thibault

말랄라 유사프자이 Malala Yousafzai

모니크 커리 Monique Currie

모리스 로젠버그 Moris Rosenberg

미카엘라 비로타 Michaela Bilotta

바바라 타넨바움 Barbara Tannebaum

발레리 재럿 Valerie Jarret

베스 윌킨슨 Beth Wilkinson

빅토리아 브레스콜 Victoria Brescoll

셰릴 샌드버그 Sheryl Sandberg

수전 B. 앤서니 Susan B. Anthony

스티브 수오미 Steve Suomi

앙겔라 메르켈 Angela Merkel
Angela Dorothea Kasner

애덤 케펙스 Adam Kepecs

일레인 차오 Elaine Chao

제시카 라이트 Jessica Wright

제인 워원드 Jane Wurwand

크리스탈 랭혼 Crystal Ranghorne

크리스틴 길리브랜드 Kristen Gillibrand

크리스틴 라가르드 Christine Lagarde

클라라 샤이 Clara Shih

티아 쿠다히 Tia Cudahy

패티 솔리스 도일 Patti Solis Doyle

페기 매킨토시 Peggy McIntosh

힐러리 클린턴 Hillary Clinton

옮긴이 엄성수

경희대 영문과 졸업 후 집필 활동을 하고 있으며 다년간 출판사에서 편집자로 근무하였다. 번역에이전시 엔터스코리아에서 출판 기획 및 전문 번역가로 활동하고 있다. 주요 역서로는 《당신의 뇌 나이》 《오일 풀링 요법》 《1%의 횡재》 《필 잭슨의 일레븐 링즈》 《일하는 여성을 위한 명상록 I》 《일하는 여성을 위한 명상록 II》이 있고, 저서로는 《왕초보 영어회화 누워서 말문 트기》 《기본을 다시 잡아주는 영문법 국민 교과서》 《1분 영어 회화》 《친절쟁이 영어 첫걸음》 《초보탈출 독학 영어 첫걸음》 등이 있다.

나는 오늘부터 나를 믿기로 했다

초판 1쇄 발행 2014년 9월 30일
　 5쇄 발행 2014년 10월 20일

지은이 케티 케이, 클레어 시프먼
옮긴이 엄성수
발행인 홍경숙
발행처 위너스북

경영총괄 안경찬
기획편집 박현진, 노영지

책임편집 박현진
디자인 김보형
제지 한솔PNS(주)
인쇄 영신문화사

출판등록 2008년 5월 2일 제310-2008-20호
주소 서울 마포구 합정동 370-9 벤처빌딩 207호
주문전화 02-325-8901
팩스 02-325-8902

ISBN 978-89-94747-31-6 (13190)

* 책값은 뒤표지에 있습니다.
* 잘못된 책이나 파손된 책은 구입하신 서점에서 교환해 드립니다.

이 도서의 국립중앙도서관 출판예정도서목록(CIP)은 서지정보유통지원시스템 홈페이지(http://seoji.nl.go.kr)와 국가자료공동목록시스템(http://www.nl.go.kr/kolisnet)에서 이용하실 수 있습니다.(CIP제어번호: 2014026087)

위너스북에서는 출판을 원하시는 분, 좋은 출판 아이디어를 갖고 계신 분들의 문의를 기다리고 있습니다.
winnersbook@naver.com | tel 02) 325-8901